World as a Perspective

世界作為一種視野

Daisy Pitkin

黛西・皮特金

A Story of Class, Solidarity,
and Two Women's Epic Fight to Build a Union

楊雅婷　譯

On the Line
飛蛾撲火

兩個女人組織工會的故事

飛蛾撲火．目次

九——蛾 203
你舉手發問：為什麼有些人會被逼得反抗，另一些人卻在恐懼中倒下／他們喜歡被當騾子看待嗎？他們怎麼不他媽的更生氣？／你們並沒為真正的戰鬥做好準備，你們並沒準備好要罷工，因此這是我們所能拿到最好的合約。

十——火 245
蛾知道自己被驅使著飛向火焰，還是受火焰所驅使嗎？／工會成員絕大多數為女性，卻依舊由男性領導，而這些男人大抵仍堅決反對讓女性領導／我不是「勞動姊妹」，而將自己定位於這個我們中、在這段工會女性的悠長歷史中，是一項複雜的練習。

十一——蛾 261
只要再拚一下，就可以向大家證明多數工人都想要工會了／你轉了三班公車，送蔬菜熬的湯來給我，用浴缸的水龍頭把毛巾弄熱，敷在我脖子上。我小口喝湯，你一面從我頭髮中挑出碎玻璃／團結可以被組裝和包裝，完美地大量生產，工人階級的運動能以此方式有效率地建立——但我不相信。

十二——火 291
真正的組織工作發生在「地面」，遠離了它，遠離每天在洗衣廠冒著危險工作的生活和身體，我如今置身「空戰」／讓工會崩解是拯救它的唯一辦法／她已經三十一年沒

出席過工會會議了／不管我們依此計畫在組織工作投入多少心力，都會被更大的鬥爭吸收利用。

紀念以利亞撒・托瑞斯・戈梅茲[1]

向今日在危險中工作的每個人致敬

1　二〇〇七年三月六日，四十六歲、任職於奧克拉荷馬州陶沙市（Tulsa）信達思（Cintas）工業洗衣廠的以利亞撒・托瑞斯・戈梅茲（Eleazar Torres Gomez）在試圖鬆解卡住的衣物時，從輸送帶掉入大型烘乾機而喪命。

但大半時候我們都忘記自己也是死去的星星，我的嘴滿含
沙塵，我想要重新升起——

與你同在街燈的光暈中，倚向我們內在更大的東西，倚向我們誕生
的方式。

瞧，我們並非平凡無奇之物。

——艾妲・利蒙（Ada Limón），〈死去的星星〉（Dead Stars）

工會著實令人頭疼，真的。任何與工會打過交道的人都瞭解。……但美國人可能終會漸漸明白，工會對民主來說絕對必要。

——簡・麥克利維（Jane McAlevey）

《集體談判：工會、組織工作與爭取民主》

（*A Collective Bargain: Unions, Organizing, and the Fight for Democracy*）

作者注

本書為紀實作品，某種程度上是回憶錄，換言之，儘管倚重歷史資料、筆記和法律文件，它也依賴我的記憶及對事件的個人詮釋。我已竭盡所能地重新建構這個故事、時間軸與對話，因篇幅限制而壓縮某些次要場景，並為保護隱私而更改某些人的姓名與識別資訊。

本書任何版稅均將與大蛾阿爾瑪分享。

一——蛾 Las Polillas

抵達鳳凰城（Phoenix）的第一週我便開始夢到蛾。我們每晚只睡幾小時，甚至通宵熬夜，為你們工廠的工會組織運動做準備：蒐集你同事的姓名地址，然後勘查其住所，以得知哪幾家有圍籬，柵門會上鎖，哪幾家院裡的狗會吠，哪幾家是多戶合棟，不確定到時候該敲哪扇門。我們以這種方式繪製你同事的分布圖，標示他們分散在市內各處的住家，試圖擬出計畫，以期與他們大多數人商談組工會的事。我們稱此行動為「閃電戰」（blitz）：趁著你上班的公司還搞不清楚狀況，在一兩天內掌握到盡可能多的人。

這期間我和其他組織者住在東范布倫街（East Van Buren Street）的戴斯旅館（Days Inn），這家老舊的汽車旅館從二十世紀中開業至今，坐落於中古車行和名叫「藍月」（Blue Moon）的脫衣舞吧之間。我會在陌生的房間醒來，不知身在何處，也不記得怎麼睡著的。我多半讓電視開著——它的聲響使睡睡醒醒的轉換感覺不那麼突兀。夢裡的蛾從不曾降臨過。意思是，我沒看見牠們從別處飛來。沒看見牠們降落在我身上。牠們突然就覆蓋了我，彷彿一直都在那裡。我趴在汽車旅館床腳的髒地板上。睜眼。抬頭。往下看自己的身體。每個皮膚細胞都鋪滿了蛾。每一寸都是灰白褐相間。無數粉狀細鱗。撲拍著。

多年後，我在土桑市（Tucson）的酒吧上班，那時我早已離開工會，因為目睹（並造成，我知道）我們奮力打造的一切分崩離析令我疲憊、厭倦又悲傷，而且不知怎麼就決定這些感受可以讓我心安理得地不再做組織。我任職的酒吧原本將毛巾與餐巾外包給一家小型工會洗衣廠清洗，後來改交由另一家規模更大的區域性非工會洗衣廠。當初接這份工作，部分是因為它的世界與我在全國各地領導的工會運動相距甚遠，至少我這麼以為，但酒吧的髒毛巾當然也需要清洗。為了換廠的事，我先後向經理、老闆和房東抗議，甚至在酒吧的某位股東進來喝一杯時對她陳情，但那家非工會洗衣廠比較便宜，而我也不再跟工會的任何人聯繫，沒立場與酒吧同事組織任何形式的抗爭。有一天，非工會洗衣廠派了新司機來收件，他清空屋後儲物櫃裡的髒布巾時，我認出了他：在你們洗衣廠進行抗爭的那段時間，他是跟工會對幹的司機之一。他算是比較惡劣的那型，我仍清楚記得他開著卡車經過我們正在發傳單的停車場，汗流浹背、滿臉通紅地從車窗咆哮「婊子！」「蟑螂！」和連珠炮似的辱罵。他沒認出我，就算有也沒說什麼。

那星期稍晚，我因為高燒和背灼痛掛急診。兩個月來我已經跑三次醫院，每次都需要一劑嗎啡才頂得住感染的疼痛，有次是為了排出腎結石。護理師將藥劑注入點滴瓶，我的臉愈來愈重，腦袋嗡嗡作響，身體僵硬顫抖，體溫隨著冷藏過的輸液滴進血流而驟降。我們在你們洗衣廠發動工運已是八年前的事，我們最後一次說話是三年半前。而我索取被毯，再要一條、還要一條時仍想起你，阿爾瑪。當護理師走到簾幕隔間的角落，從金屬櫃抽出毯子，在床上方抖開薄薄的布料，當它們飄落下來，每張毯子都讓包裹我身體的繭再加厚一層，我想到你。我想到你和桑迪亞哥、安娜莉亞、安東妮雅、芮娜和西西莉亞。那間醫院是大學醫學中心，將被服布巾外包給你上班的工業洗衣廠。你觸摸過那些被毯。你觸摸過床單、枕套和我穿的病人袍。我出院後，組成這顆繭的布巾會被放進塑膠垃圾袋，跟其他塞滿布巾的垃圾袋一起裝進底部有滾輪的藍色垃圾箱，再被推上你們工廠的洗衣車——那種十八輪巨型卡車——連同其他數十個藍色垃圾箱，卡車會沿十號州際公路從土桑開到鳳凰城，垃圾箱會被卸載到汙物分揀部，你可能正在那裡工作，塑膠袋會被某個在作業線前端工作的人撕開，那大概不會是你，但可能是桑迪亞哥，被服和布巾會經由輸送帶傳到你工作的位置，而你會再度觸摸到它們。

那晚我獨自待在醫院。雖然我跟你一起花了許多年封守自己，絕口不提恐懼，但我承認我很害怕。害怕似乎沒人知道造成感染的原因，害怕它會蔓延至身體其他部位。這些既不屬於我、也不屬於你的床單被毯，我彷彿透過其粗糙的布料接觸到你，因而獲得撫慰。我記得你害怕時笑聲多麼尖銳響亮。從被毯裹成的繭裡，我聽到了。

隔天，在家裡沙發上發著燒的我，開始寫這些給你。

我在紙片上畫出時間軸，草草寫下發生的事件，但它隨即被注記、注記的注記、對注記的更正填滿，終至不知所云。於是我在茶几上鋪了五張紙，首尾相連，用膠帶固定。我寫下更多注記，用蜿蜒的箭頭串起它們，指向中央的主貫線。這張圖標示出我們在鳳凰城一起組織工業洗衣廠的那三年：你在我教你開車時撞上樹的那回；你在安東妮雅家客廳教我跳舞的那晚；你因為在工廠帶頭停工而被開除的那天；慢慢的，你告訴我你失去了兒子，我告訴你我母親的事。我跟他差不多年紀。你與她年齡相仿。

我試著回想發生的事，分析我們如何走到工會分裂、衝突升至最高的那一刻：我們站在二七三二地方支部玻璃大門的內外兩側，眼睛死盯著對方，你那邊的人推擠、叫囂、搥打窗戶，我這邊的人用身體擋住門，不讓你們進來，我們兩個在群眾中沉默不動。

二〇〇三年，當我們在索迪斯（Sodexho）——這家龐大的跨國綜合服務企業擁有你們洗衣廠——發動工運時，我還是工會新手，你也從未經歷過工會抗爭，所以我們是一起學習的。

就在我抵達鳳凰城的幾週前，紡織成衣工會（UNITE，全名為Union of Needletrades, Industrial, and Textile Employees，美國較勇猛善鬥的組織性工會之一）的組織指導員（organizing director），一名年近三十的白種女性，來土桑面試二十五歲、也是白種女性的我。我才剛與當時的女友搬到土桑，以逃離華盛頓特區——在那裡，有架飛機衝進五角大廈，[1]一對狙擊手在加油站和雜貨店停車場射殺人，[2]炭疽桿菌被放進郵件四處寄送。[3]

工會正在物色有經驗的組織者，我從事過幾年的國際團結運動（solidarity campaign），例如在全國各地的蓋璞（Gap）門市組織抗議行動，以支援瓜地馬拉的牛仔裝工人罷工，因此算是有經驗。這工作很重要，卻是間接的。我們在門市發傳單，不時與商場警衛（他們的工作也很爛，薪資又低）爭執可以站得離展示架多近，架上的衣服是由我們想支持的工人所製，但這些門市卻與那些工人和他們奮力要改變的血汗工廠相距數千英里。我覺得自己想更接近抗爭，想把我的身體擋在什麼前面，卻不真正明白那意味著什麼，也沒很努力思考為何想這樣，或我身為組織者與工會抗爭的關係可能是什麼。

指導員晚上十點來家裡接我，那是紡織成衣工會組織者每晚開會的標準時間，雖然我還不曉得。我們去第四大道（Fourth Avenue）上的酒吧喝啤酒，聊紡織成衣工會，談到他們想在亞利桑那州展開含括整個洗衣業的大規模工運，以測試有無可能在深紅州[4]組織低薪移民工人，其中大部分是婦女，許多是非法入境。我們一起搖頭笑說這他媽的太難了，根本是超級硬仗，但她接著告訴我更多這個產業的事，包括商業洗衣廠的工作條件，經理為了加速生產而移除或關閉機器的安全裝置，多少工人受傷、生病和死亡。開始喝第二杯啤酒時，我心中已燃起熊熊怒火。

過了午夜，我們坐進她租的車，開到位於南土桑的西爾斯（Sears）客服中心，這是工會考慮當作標的的另一類職場，因為該產業正在成長，那裡的工作條件也很糟。指導員想看看我們能否蒐集到任何有助於組織運動的資訊，雖然沒明講，她也需要評估我是否有能力以更積極大膽的方式蒐集這些資訊。她開進停車場時關掉車頭燈。在她示意下，我下車，迅速從垃圾箱拿出垃圾袋，塞進後車廂，直到倉庫牆上高處的自動感應器開始閃燈。當警衛從建築走出，我呆住了，還來不及躲回車裡，指導員已猛踩油門衝上街道。我跟在後面狂奔了幾個長長的工業街區，直到她停下來等我的地方。送我回家的路上，我們一口接一口抽菸，把發光的菸頭舉到微開的窗邊，看著餘燼在車周圍的氣流中復燃，再斜劃過車窗，一閃即逝。我想警衛沒記下車牌號碼，她說，但，該死，他大概還是認出了我們。

我下車時，她說紐約辦事處的人過幾天會打電話通知我有沒有錄取。

兩天後，紐約辦事處的人確實打來了。他要我在土桑機場租一輛車，開三百英里，越過大半個亞利桑那州到哈瓦蘇湖城（Lake Havasu City）。現在，他說，馬上。那裡有家洗衣廠失火，工人罷工。他們正站在工廠前的人行道上。

我大約六小時後抵達，另外三位組織者已從鳳凰城和加州趕到現場。工廠還在冒煙，起因是熨斗著火，這在工業洗衣廠經常發生，那裡的機器保養多半做得很差。經理叫工人繼續幹活——繼續操作洗衣機、壓平機和摺疊機，即使四周煙霧愈來愈濃。他們試圖離開時，他擋在他們和門之間，但其中一名工人鑽過他橫伸的手臂，走到門口，其他近百名工人跟在她後頭。他們到了外面，一位工人說她有表親在拉斯維加斯的工會洗衣廠上班。她走回幾條街外的家，打電話給表親，拿到工會的電話號碼，再透過免付費熱線打給紡織成衣工會。

我到達時，近百人站在工廠前，三五成群地製作標語牌，將攤開的床單固定在柱子與椅子上擋風，並登記輪班擔任糾察隊和做飯。他們手寫了一份請願書，列出危險的工作條件要求廠方處理。一位組織者要我去附近旅館拿一張紐約傳真過來的工會卡，[5]到鎮上的金科（Kinko's）連鎖影印店複印。當我帶著一疊影本回到糾察線，那位鑽過經理臂下的工人瑪莉安娜・李維拉（Mariana Rivera）召集了同事，要求他們加入工會。她站上椅子用西班牙話大聲宣讀工會卡，有位組織者站在一小群說英語的工人當中，翻譯她說的內容。瑪莉安娜告訴他們，他們已經在那間工廠被欺壓很久——大家都知道機器沒按正確方式運作，速度太快，危害到安全。她告訴他們，大家一定要同進退，訴求一致，不然就真的會被欺壓到底。站在那裡的每位工人都簽了一張卡片，罷工三天便贏得勝利，因為沒有一個人越過糾察線。整段期間，工廠悶燒的煙一直籠罩著停車場。

難得有如此乾淨俐落又迅速的勝利，趁著這股氣勢，我被派往鳳凰城，幫忙準備那裡的首波洗衣廠工運。頭一晚，在土桑面試我的指導員聽取組織團隊匯報——成員有達里歐、安娜和曼紐爾。達里歐曾是紐約市一家洗衣廠的工人領袖；安娜原本在成衣廠上班，十多年前加入工會的組織工作；曼紐爾曾在北卡羅萊納州與農場工人一起組織工會，歷時數年。等他們報告完當天蒐集的新資訊——工人姓名、住址和一些客戶資料，我們去汽車旅館的酒吧。簡報以西班牙語進行，但在酒吧打撞球時，組織者跟我說英語，詢問我的組織經驗，我猜他們也在評估我已知道和需要學的事。起初我試著用西班牙語回應他們，以為可藉此表明我想練習的意願，但要他們解析並糾正我說的內容——除了設法教我組織外，還要教我說話——顯然太荒謬又不公平，所以我放棄了。

我不曉得自己或其他人喝了多少啤酒或威士忌，但凌晨兩點時，我們決定要開車到其中一家洗衣廠——規模很大、二十四小時營運的索迪斯商用布巾換洗公司（Sodexho's Commercial Linen Exchange），去觀察換班狀況，計算做完第二班離開和進廠上第三班的工人數目。我們各自開著租來的車到洗衣廠旁邊的工業用地，分散開來，停在沒有照明的區域，保持怠速坐在車裡。清晨四點半，看著洗衣廠的所有部門都換過班後，我們開車到工會狹小的辦公室，那是紡織成衣工會向勞聯—產聯[6]（AFL-CIO，美國最大的工會聯盟）承租、位於其州總部的小房間，當時還沒被二手店買來的沙發和桌子填滿，但角落裡堆了好幾條菸，魚缸裡有散裝的提神藥片「莫吨」，[7]放在裝罷工標誌的箱子上。我們一面抽菸一面比較各自算的人數。兩位組織者潛入了廠區，神不知鬼不覺地從垃圾箱拿出幾袋垃圾。我們在地板上割開袋子，翻遍垃圾，尋找工人名字、客戶名稱，任何可能有用的東西。

你是我們在那間洗衣廠最先聯絡的人，因為鳳凰城只有必潔（Mission Linen）一家工會洗衣廠，其工會幹部（shop steward，由同事選出來捍衛團體協約〔collective bargaining agreement〕，並代表他們與老闆交涉的人）是你丈夫的表親。準備工作進行幾天後，我和曼紐爾一起去敲你家的門。那時我還沒什麼工會家訪經驗。我坐在你家客廳的橄欖綠沙發上，看著一張照片，那是個戴黑牛仔帽的青少年，照片擺在小架子上，周圍有蠟燭和乾燥花。我還不知道他是胡立歐·馬丁，不知道他是你兒子。

你說你在汙物分揀部（soil sort）上班。我請你描述一下工作內容——我對於「汙物分揀」仍毫無概念，也不曉得你每天在那裡十小時需要做什麼勞動。你從椅子上站起來示範，也許因為你從我笨拙的發問看出我不太會講西班牙話，也許因為如果不模仿工廠裡許多大型機器的運轉便很難解釋洗衣廠的工作。你起身時，我驚訝地發現你很高，你在門口招呼我們時我沒注意到這點。

你向我們說明那些塞滿布巾的巨大袋子——重達三百磅，你說——如何在推車裡從卡車後方卸下。這些推車被推進一架「傾倒」機，它像垃圾車一樣，用金屬臂夾起袋子，在空中翻轉它們。你把手伸高，比劃布巾如何落在汙物輸送帶上。一個叫「傾倒員」的人會固定站在那裡。你當班時，你說，那個人是桑迪亞哥。你彎腰示範他如何戴著薄手套扯開裝滿醫院髒衣物的袋子。你示範他如何把每袋裡的一大堆床單、袍服和毛巾分開。你說，公司不會每天更換手套，所以我們得沖洗並重複使用他們給我們的手套。有時手套破了，我們還是得繼續用。你用西班牙話講這些之前先轉向我，用英語說，對不起，不會講英文，我連忙揮擺雙手，想必一副窘樣，用英語說，沒關係，別擔心！曼紐爾得再翻譯給你聽。

布巾隨著輸送帶傳過來，你說，然後你來回擺動手臂，示範你和其他分揀員如何將床單扔進一個桶子，毛巾扔進另一桶，袍服又另一桶，以此類推。你說，有時布巾裡包著針筒和手術刀，有時是某部分身體。你說，有時他們把輸送帶調快，我們來不及留意。裡面很多血、嘔吐物和糞便。你說，我們沒有鞋套，所以有些人會脫掉鞋子，只穿襪子開車回家。你說，我們的手套太大，會從手上滑落。有時它們被扯破，我們只得赤手處理那些髒布巾。

曼紐爾當組織者的經驗較豐富，而且自有一套手勢來解釋事情。例如他以拳頭象徵工會。分散開來，他說，我們的手指可能被折斷，但緊握在一塊——他四指往下夾緊，用拇指扣住——我們會更強壯。你點頭。你祖父曾在墨西哥參與土地鬥爭；你父親在索諾拉（Sonora）領導銅礦罷工。你說，我知道抗爭是怎麼回事。

我們討論接下來必須做什麼，以準備在索迪斯推動組工會。並不是每個人都像你一樣瞭解抗爭是怎麼回事，至少他們不瞭解大多數工人必須經歷什麼樣的抗爭才能在這個國家建立工會。如果不想在還沒開始前就被識破身分，我們必須暗中準備——在水底下（*bajo el agua*），曼紐爾說。我記得你聽到這話瞇起眼睛，當時我不曉得這是否表示你下定決心要戰鬥，抑或你在他的語氣中聽出一絲屈尊俯就的意味而蹙眉，但經過這許多年、熟知你的個性後，我猜你那時正預想這祕密階段將如何展開——我們接下來要跟誰談；如何聯繫其他班和其他部門的工人；倘若一時失策使計畫從「水底」洩漏出去，你的上司會做出什麼樣的威脅；同事中有誰就算面臨威脅仍會堅持奮戰，誰會太害怕而打退堂鼓。

我們談到「閃電戰」，那是我們組織模式的關鍵。曼紐爾解釋，我們需要建立一份名冊作基礎，上面列出你全部同事的姓名、班次和部門、電話號碼，以及最重要的住址。我們將繪製一張圖，標示出他們的工作時間和居住地點，然後在紡織成衣工會任職的許多組織者，以及來自加州、拉斯維加斯、芝加哥和紐約的工會洗衣廠，受過訓練從事這種組織活動的工人，都會前來鳳凰城，我們將用一個週末的時間拜訪每個人——你所有的同事，二百二十人左右。那是我們行動的最佳時機，因為儘管你們工廠全年無休、全天候運作，大多數領班、廠長和人力資源代表從週五下班後到週一上班前都不會在工廠。我們在週五晚間開始家訪後，他們肯定會聽到組工會的風聲，因為有人會打電話給領班——不管是出於恐懼或討好，而領班會打電話給廠長，廠長會打電話給公司的專責窗口；索迪斯有一萬三千多個廠區，每個廠長都受過訓練：一嗅到工會的氣息就要打這支電話。雖然如此，他們可能無法在那麼短的時間內做出一致的反應。於是，你的同事可以在一個不受公司恫嚇的空間裡決定要不要組工會，儘管這個空間轉瞬即逝。

我在這裡使用這些說法——工人可以決定要不要和不受恫嚇——因為這是工會的用詞，它所描述的情境往往極度不公平又不穩定，很難以言語貼切形容，以致常淪為陳腔濫調——不公平的競爭環境、一場苦戰、飽受刁難，或這種不溫不火的法律術語：工人應該被容許在不受雇主恫嚇的狀況下決定是否要選出一個工會來代表他們。

這不是我們在你家客廳使用的說詞。你不需要我們來告訴你：在你們工廠組建工會很難成功，或制度受到操縱而偏袒公司。若非生活所迫，人們不會到工業洗衣廠上班。你需要這份工作維生，而在試圖凝聚力量以對抗老闆的變動過程中，並不存在真正「不受恫嚇」的時空。你已經知道公司會反擊。他們大概會把我們全部開除，你大笑著說，那響亮刺耳的笑聲我第一次聽到，至今猶在耳邊迴響。

曼紐爾用戲劇化的比喻來描述閃電戰術，連不太懂西班牙文的我都聽得入迷，接下來幾週拜訪你同事時，我試著模仿他，但總是沒辦法講得那麼自然：公司好比一個睡著的巨人。我們從經驗得知，在戰鬥中擊敗巨人的唯一方法，就是眾人同心協力，擬定計畫，並且趁巨人睡覺時進行。如果沒有為巨人醒來後的舉動做好準備，就會每次都被巨人一腳踩扁。

幾個月後，實際發動閃電戰時，你想到一個比較溫和、也許更優雅的說法來解釋火速家訪同事的迫切性。大意是：我們在打造一面盾牌，用來抵禦公司的反工會攻勢，我們得跟每個人談。就是現在。今天。打電話給跟你一起值班的人，叫他們打開大門，簽好卡片，星期天晚上來開會。我們必須擬定計畫，才能在下週一早上打勝仗。

譯注

1 二〇〇一年九月十一日，蓋達組織恐怖分子劫持四架民航客機，其中一架撞向位於維吉尼亞州、鄰近華盛頓特區的五角大廈。

2 二〇〇二年十月，穆罕默德（John Allen Muhammad）和馬爾沃（Lee Boyd Malvo）在華盛頓特區犯下連環狙擊案，之前兩人已於各州犯下多起搶劫殺人案，造成十七人死亡，十人受傷。

3 指二〇〇一年九月十八日起為期數週的生物恐怖攻擊，造成五人死亡——其中兩名為華盛頓特區郵務人員，多人染病，以及十多處建築受到汙染。

4 在美國，「紅州」（red state）指選民大多投票給共和黨，意識形態傾向保守的州。

5 編注：工會卡是勞工對於組織及加入工會的意願展現。根據美國國家勞工關係局（NLRB）所發布的規定，一間公司有三〇%以上的勞工簽工會卡表達想成立工會，NLRB必須召開工會投票，若大多數投票者贊成成立工會，則工會即可成立，並具有代表勞工與公司集體談判的權力。

6 勞聯—產聯（AFL-CIO），美國勞工聯合會—產業工會聯合會（American Federation of Labor and Congress of Industrial Organizations）之簡稱，位置相當於全國總工會。

7 「莫盹」（NoDoz）主要成分為咖啡因。

二——火

我第一次談一九一一年的三角襯衫工廠[1]火災是在工會培訓課上。我激動得講不下去，必須用力咬住舌緣才能鬆開哽住的喉嚨。那是二〇〇四年初，距我們第一次同坐在你家客廳已過一年。我站在二十到二十五人面前——他們都是在鳳凰城積極組織工會的產業內部領導運動的工人：鐵工、屋頂工、油漆工和洗衣工。

這是三日密集訓練的第一天，我應該要簡介紡織成衣工會的歷史，它衍生自已成傳奇的國際女裝服飾工會（International Ladies' Garment Workers' Union, ILGWU），該組織創建於一九〇〇年，在一九二〇和一九三〇年代持續擴展的勞工運動中扮演關鍵角色。我應該要講述的簡史是個開枝散葉的故事，一個工會追著產業跑遍全球的故事，情節大致如下：十九、二十世紀之交，服飾業以紐約為中心，那裡的工人組織起來，爭取安全的工作條件與合理的工時和待遇。產業為逃避工會運作而移到南方，那裡的工人也開始組織。於是這產業又遷至墨西哥及中美洲的加工出口區（maquila sector），在那裡，工人也組織起來了。產業再遷往南亞和東南亞，現正移入中國。隨著美國本土的服飾生產衰退，工會將焦點轉向其他產業，如商業洗衣廠，那裡的工人面臨著類似的機器帶來的類似危險，洗滌如今從世界另一頭製造出來的布料。

這段敘述不必提到三角廠火災——那場在遺臭至今的女用襯衫工廠發生的工業災難。週末培訓的重點是如何進行工會家訪，沒有人預期會聽到那場火災的詳情：數百人受困火場，大半是婦女和女孩，許多從八、九樓跳下逃生，身體撞上人行道的聲響。但此時你們工廠的運動已進行一年，我開始思索那段歷史概述有多空泛，它感覺一點都不像組織工作，少了生命、身體和產業工作經常怵目驚心的現實。我想到你和其他會來受訓的洗衣工人——里戈貝托、瑪麗亞、瑪莉安娜和蘇珊娜——為了將工廠組織起來而日夜奮戰，利用僅有的一點假期參加培訓。你們的抗爭，就像大多數的洗衣廠工運，主要訴求是健康和安全——生命與身體，因為工業洗衣廠是恐怖的工作場所。透過這些抗爭，你們在要求的是件看似簡單的事：值八或十小時的班，然後安然無恙地回家。你們想要醫院的針頭無法刺穿的手套。你們想要面罩來阻擋其他身體的血液和體液進入你們體內。你們希望被移除的安全防護裝置能重新安裝回機器上。你們希望清除椽梁上的布塵以防止火災。

你和其他受訓的洗衣工人都知道哈瓦蘇湖城洗衣廠的火災，知道那個試圖堵住出口、強迫大家繼續工作的經理。將近一世紀前，三角襯衫工廠的經理們從大多數工人無法進入的通道逃出，跑上屋頂。廠房的一個出口上了鎖——公司擔心工人竊取零頭布和線軸，或未經批准便偷懶休息，因而鎖上門，令工人下班時排成一列從唯一的出口離開，還要他們翻出口袋和皮包讓警衛檢查。當火勢延燒整間工廠，工人被鎖在裡面。他們跑到窗邊，爬出窗檯，再爬上大樓的簷口。有些工人跳下來；有些掉下來。經理們逃到屋頂，再往上爬到另一棟建築。從隔壁安全的屋頂上，他們可以看見身體跳／掉下去。

我想在培訓中談火災和人，談婦女，主要是移民女性，在一個世紀首尾兩端似乎彼此呼應的時刻奮戰。我首先指出百年前——甚至在火災發生前——製衣工人便在紐約市組工會，起初是一家接一家小工廠進行。當時尚未有聯邦政府支持的程序讓工人辦工會選舉，要想強迫公司注意只能靠罷工，所以製衣工人就罷工了。他們要求提高工資、縮短工時，也要求更安全的工廠：不必花錢租椅子坐，將縫紉檯移近窗戶以便更容易看見針，需要時便可去上廁所，清除廠房裡的碎布和成堆線頭以防止火勢蔓延。

這個逐廠進行的策略在一九〇九年改變，當時有位名叫克拉拉・萊姆利希（Clara

Lemlich）的工人，在一場工會會議上不按順序發言，呼籲總罷工。在場工人紛紛響應，第二天便起而罷工，參加者愈來愈多，最後超過兩萬人。我向受訓的學員，向你和其他工人領袖描述——你們正在組織的同事大多為移民——公眾，尤其是富裕的婦女開始支持工人的經過：她們發現廠方為了遏制罷工毆打少女和年輕女性，而自己每天穿的衣服就是由這些血汗工廠製造；她們再也無法忽視這種暴行就發生在自己的城市，離家僅幾個街廓；她們意識到只要自己願意，便可以走到蜿蜒過紐約製衣廠區的糾察線，站在那裡見證罷工者遭受的暴力。我解釋，十三週後，部分因為有錢的白人婦女支持——她們開始將罷工者保釋出獄，但主要因為罷工者本身鬥志高昂，大部分製衣業者——事實上除了三角公司之外，幾乎每家公司都默默同意了工人的要求。他們提高薪資，設立工時上限，並制定一些基本安全措施：消防規約、消防演習與碎布處理規則。我在數月前得知這場罷工的故事，當時和團隊其他組織者坐在汽車旅館房間，但直到上培訓課的前一晚，我才曉得當初三角公司的老闆硬槓到底，拒絕承認工會，不接受上述任何要求，也不遵從兩萬名製衣工人罷工的調解結果。

　　我就事論事，平靜地講完這部分故事——一九〇九年的抗爭及後果，而且我想我當時非常認真，態度就像在傳達某個迫切的教訓，不是基於個人經驗，而是根植於集體的過去。那正是我的感受，覺得培訓屬於一個近乎神聖的悠久傳統：教導工人組織與獲勝的必要技能。但當我開始談三角，那家拒絕與罷工者達成協議的襯衫公司，十六個月後發生美國史上最慘烈的工廠火災，害死一百四十六名工人，我的聲音哽住，不得不停下來，尷尬地站在教室前方，過一會兒才有辦法繼續。

火災的故事對培訓來說並非必要，但對紡織成衣工會很重要——不僅攸關其自我認知、起源與意義，也提醒我們組織工作的迫切與高風險，以及如果輸了會怎樣。講述與重述火災的故事有其目的，每年人們都會聚集在紐約的三角工廠舊址，全國各地的工會辦事處也會舉行守夜活動，以紀念這場火災。透過這管道很容易激起義憤，那經常是戰鬥的動力。它對我就有這種效果——提醒我這多麼慘無人道：漠視某些人的生命，好讓其他人能從這世界多揩一點好處。但它對我還有別的作用；它讓我情緒激動，組織者——至少我在紡織成衣工會認識的組織者——其實不該這樣，尤其不該在講述用來打動別人的故事時激動失控。我們基於義憤而做這一切，除此之外便不應情緒化地投入組織工作。我們的職責是擔任嚮導，幫助工人打他們的仗，而非我們的仗；要贏取的工會不是我們的，而是屬於那些冒險奮戰、被鼓動建立它們的工人。

目前保存在各種檔案中的火災紀錄多半以類似文句寫成，某些措辭重複，甚至一字不差，大概因為它們都源自相同的一手資料：當時在華盛頓廣場的旁觀者威廉·薛普（William Shepherd）一面看工廠燃燒，一面打公共電話給記者，記者寫下他的敘述，透過電報發布後登上全國報紙：

我聽懂了一種新的聲音——恐怖得無法用言語形容。那是活生生的軀體加速撞上人行道石板的重擊聲。

砰—死了，砰—死了，砰—死了，砰—死了。六十二聲「砰—死了」。我這樣稱呼它們，因為那個聲音與死亡的念頭每次都同時襲向我。要看到他們落下的過程並不難。高度有八十英尺。

最初十聲「砰—死了」令我驚駭。我抬頭望——看見窗邊有數十名女孩。從樓下往上竄的火焰撲打著她們的臉。不曉得為什麼，我知道她們也一定會落下，我內心有什麼東西——某種我沒意識到的東西——讓我堅持站在那裡。

我甚至看著一個女孩墜落。她揮擺雙臂，努力讓身體保持直立，直到撞上人行道的瞬間，她一直在試圖平衡自己。接著傳來砰一聲——然後是一團靜默不動的衣服和扭曲的斷肢。

這篇報導據稱是即時轉錄薛普的現場敘述，卻以過去式寫出，不同於那些從火災倖存工人的陳述拼湊而成的版本。工人的敘述雖記錄於事後，卻多以現在式表達，彷彿在要求讀者注視他們所目睹的，與他們一同見證這場慘劇。這些檔案許多都保存在相關組織中——它們關注現今工廠的工業暴力，以及身體在工作中持續面臨的危害；用現在式講述這場火災兼具隱喻與影射的效果。其內容大致如下：

一九一一年三月二十五日，接近下班時間，大火吞噬了三角襯衫公司所在的埃什大樓（Asch Building）第八、九、十層，短短十八分鐘造成一百四十六名工人死亡。消防隊的電話在下午四點四十五分響起。一通，又一通，再一通，再一通，總共四通電話。消防員趕到現場，但救不出鎖在裡面的工人。窗戶冒出滾滾濃煙，接著火焰竄出，衝向街道上空。然後工人出現在窗檯上。許多人往下跳。有些被燒死在建築裡。有些人跳向停止回升的貨梯，結果摔死在電梯井。有些人被崩塌的太平梯壓死，那是大樓唯一的太平梯，梯道被屍體堵塞，因為它沒通到地面。廠房裡僅有幾桶水可用來滅火。大樓外，消防員的雲梯只搆得到六樓，水帶的水噴不上九樓，安全網承載不住墜落的身體重量，像紙一樣應聲破裂。

培訓前夕我很緊張——那是我第一次幫忙輔導培訓課程。我將是教室裡最年輕的人，是僅有的四名女性之一，也是唯一西班牙話不流利的人。我熬夜準備，複習想講的內容，再三讀我在網路上找得到的那場火災資料，大聲練習發音。我草草寫下筆記，扔掉它們；條列要點，也把它們扔掉。最後，我決定相信自己到時候就會知道要講什麼。

睡著時，我又夢到蛾。鱗翅僅餘灰燼，焦黑的軀體黏在我身上。牠們並沒有真的起火，只是悶燒著。

這種合併的感受至今仍跟著我。有時候，宛如一種聯覺，當我在世界上看見一隻蛾，就會聞到煙味。

我對自己講述這故事的反應令其他工會的培訓者不舒服。接下來一整天他們都保持距離，彷彿怕染上我的敏感脆弱。那晚，在氣氛明顯緊繃的匯報中，他們理所當然地建議我下次上培訓課時略過那場火災的所有細節。他們說那些內容讓人聽了太難受，而且我占用太多時間，以致今天到最後只能草草進行一些角色扮演。人們不是透過情緒爆發來學習組織，一位培訓者說。那時我已控制住激動的情緒，可以平心接受他一針見血的直言，而其訓斥帶來的羞愧刺痛，我覺得自己罪有應得。組織工作是一套理性、可傳授的系統。家訪包含五步驟，有廠房地圖和工人評估，我們蒐集並分析數據資料，我們建立時程表，設定明確目標，然後據此調整策略。

我相信這套系統（至今依然相信並傳授它）。但這種打動別人、自己卻不為所動的技法，講述意欲喚起情感的故事，身為講述者的我卻不該去感受——我不確定它有助於使工會（或我，或任何人）更堅強。畢竟，工會建立在團結的基礎上，而團結是一種親近、甚至可能親密的形式，一種深度連結的網絡，將碎裂的集體重新組接。根據定義，團結是「感受或行動上的統合或一致」。感受或行動。同時以兩者為基礎來建立工會，將意味著什麼？

一九〇九年十一月二十二日，三角廠火災發生前一年又四個月，克拉拉·萊姆利希在庫珀聯盟學院（Cooper Union）的大會堂挺身提議總罷工。當時她二十三歲。她起先在臺下發言，數百名工人已在那裡站了兩個多小時，聽臺上的講者——工會領袖，全是男性——呼籲謹慎行事，從長計議，企圖勸阻憤怒的工人在紐約製衣廠發動罷工。他們的保守取向源自這樣的信念：女工難以組織，罷工時不願堅持到底，或純粹體力不濟。

克拉拉打斷剛開始發言的工會組織者雅各布・潘肯（Jacob Panken）。她講意第緒語，聲音非常洪亮，似乎不太可能湧自她嬌小的軀體；她的身材顯然是重要細節，幾乎每個記錄這故事的版本都提到它。周圍的婦女把她舉上講臺，她吼出下面這番話，完全沒料到它將在長久的未來一再被閱讀：「我聽了所有講者的發言。我對空談已失去耐性，因為你們所描繪的一切，是我們在感受，是我們在受苦。我提議發動總罷工！」

數十年後，一名研究生研究隨後發生的大規模罷工——後來被稱為「兩萬人抗爭」（Uprising of the 20,000），在一九六五年寫信給克拉拉，當時七十九歲的克拉拉回信了。那封信是唯一用她自己的話寫成的書面會議紀錄：

> 突然間，觀眾裡有個年輕女孩要求發言。當她被允許發言，她說：「我提議發動總罷工。」全體觀眾都站起來。男人把帽子拋向空中，女人揮舞手帕。
>
> 提出動議的女孩被叫到臺上。……會議主席舉起女孩的右手，要她複述那句著名的猶太誓詞：「我若背叛此刻宣誓效忠的志業，願我的〔右〕手從臂上萎死。」次日，

兩萬名襯衫工人響應罷工。

克拉拉用第三人稱的「女孩」稱呼自己，彷彿是在實際發生的狀況與故事變成的工會寓言之間取一個中距離來書寫，彷彿她從外部見證那場會議，或是透過別人講述故事的濾鏡來見證她對那場會議的記憶。

＊＊＊

三日培訓結束時，我們舉行一場結業式。我和其他輔導員頒發證書給參加的工人，然後大家坐在一起，吃從「瘋雞」（El Pollo Loco）連鎖餐廳買來的燉豆飯。我們一同度過漫長的三天，其間發生不少趣事，被拿來互開玩笑：賈斯帕把打預防針（*inoculation*）講成接種疫苗（*vaccination*），結果改不回來，我們都學他用「接種疫苗」來指組織性談話的那個步驟，讓工人預知公司會提出什麼威脅而做好準備；在「你不該說的事」這個單元，一位培訓者裝腔作勢的角色扮演；我可怕的英語口音不斷被取笑；以及其他只有自己人才懂的笑話。培訓結束時，我們已準備好在全市的不同產業各自發動抗爭，但我們承諾會互相支持，團結一致。我們也做到了。接下來許多年，我們出現在彼此的集會和罷工線、遊行與會議中。

吃完飯我問大家，有沒有什麼最後要提出的問題或宣告，猜想有人會用另一個笑話來回應，或誇張地叫我趕快結束就好。大家靜默半晌，然後你舉手，阿爾瑪——如此正式，讓室內的氣氛突然嚴肅起來。你問了一個至今仍縈繞我心頭的問題，儘管我聽到的不再是你的聲音，甚至也不是西班牙語——我記得的是自己的翻譯。你想知道何謂戰鬥的意志，那是我講述一九〇九年襯衫工人罷工時的說法。我當時講西班牙語，*Las ganas de luchar*，你提問時也用同樣的詞。你想知道是什麼驅使某些人戰鬥，另一些人則不，或者不願，或者不能。每個人都害怕，你說。所以是什麼讓某些人跨過恐懼的門檻？全憑憤怒嗎？你想知道。是勇氣嗎？那些在恐懼中倒下的人，是太害怕，或只是不夠生氣？

* * *

二〇〇四年初那時，你和我已開始用西班牙話的「蛾」(Las Polillas)自稱。夜晚，我在汽車旅館讀一本關於米拉瓦爾三姐妹（the Mirabal sisters）的書，她們做地下工作，反抗特魯希略（Trujillo）在多明尼加共和國的獨裁統治，被暱稱為「蝴蝶」（Las Mariposas）。我們開玩笑說自己是她們的醜表親，在南鳳凰城的沙塵裡做家訪，一次一戶，辛苦地進行組織工作；深受戰鬥意志驅使的我們，奮不顧身地撲向門廊的燈光。

離開工會後那些年，我對蛾愈來愈著迷。我在夜裡出門探險找牠們，對其古怪的夜間生活充滿好奇，牠們在天黑後變得格外活躍，但接著便群集在光源四周，盤桓不去。我開始研讀牠們的生態——那似乎是想念你的好方法。

在我學到的知識中，有一項頗傷腦筋的事實：對於蛾為何受光吸引，並無確切的解答，儘管人們長久以來一直對其招致不幸的習性感到好奇。自從莎士比亞在一五九六年的《威尼斯商人》寫出「於是燭火燒焦了飛蛾」，[2]無數詩篇、小說、流行歌曲、甚至廣告宣傳都拿蛾的死亡本能來比喻人類行為。就像大多數成語，飛蛾撲火也是以簡約的方式來表達較難描述的境況，形容無法抗拒、通常非理性地受到某個可能導致欲求者身敗名裂的人事物所吸引。大多數成語都言簡意賅，因為其涵義在文化上有共識。但對飛蛾撲火所形容的關係，各家詮釋卻似彼此矛盾，有些將能動性放在主動追求火焰的蛾身上，另一些則以引誘飛蛾赴死的火焰為主體。

我們知道蛾靠橫向定位（transverse orientation）在黑暗中找路，如果牠們找得到的話；那是一種天體導航系統。牠們透過一系列本能的肌肉收縮，讓身體與光源保持固定角度，藉以定向。當來自光的訊息隨飛蛾移動而產生變化，牠的肌肉會立即反應並彼此協調。關於牠們被光吸引的現象，目前盛行的理論是蛾無法調整這種導航機制以適應人造光點，根據其生理設計，蛾的飛行隨距離改變。牠們誤將人類的門燈或營火當成月亮而撞上去，因為牠們在演化中學到，繞著月光定向飛行將幫助牠們抵達某處，雖然永遠不會飛到月球本身。

儘管這理論得到鱗翅學家——研究蛾的科學家支持，卻無法教我信服。蛾是複雜精細的生物，已演化出在後半生陡然徹底改變身體的能力。在反覆成長至表皮無法包納、並歷經一連串蛻皮後，蛾毛蟲在最終階段會吐絲自纏，結成繭。在這個靜止不動的家裡，毛蟲使自己變性（denature），牠的身體分泌出多種酶，之前是用來消化食物，現在卻要分解自己，將現有的組織全部溶化。這個過程是全面的：一個生物完全變成另一個生物。「如果你在正確的時機剖開一枚蠶繭或蝶蛹，」《科學人》（*Scientific American*）上有篇文章說：「就會看到毛蟲的漿液流出。」

但這枚蛹的內容並非完全無定形。某些高度組織化的細胞群，稱為成蟲盤（imaginal discs），會在消化過程中存活下來。之所以叫「imaginal」，[3]因為它們在生物上預見了成蟲的形態，即成年的蛾：那覆蓋著粉狀細鱗，夜間活動，軀體粗實，具羽狀觸角，重新活了過來，隨時準備要飛的東西。

二〇一二年，考古學家在南非發現目前所知最古老的營火遺跡，可追溯至一百萬年前。如果飛蛾撲火的主流理論是正確的，那麼蛾已有一百萬年可調整其導航機制以適應人類的火、局部的光，卻未能做到。這種誤讓自己活活燒死的特性，怎麼會沒被自然淘汰呢？

你在培訓結束時提出的問題令我吃了一驚：是什麼驅使一個人戰鬥？我不確定我的驚訝是否與這問題出現的時機有關——在緊鑼密鼓的三天結束時；還是因為憑我對你的瞭解（即便在當時），我知道你會提問，是因為自從我提到戰鬥的意志後，你便一直在想這件事，你要的是認真的答覆，而不是制式回應。過去一年來，公司在你們工廠強力展開反工會作戰，儘管這令你憤怒，讓你想更奮力戰鬥，但你有些同事卻嚇到了，不肯再打開家門見我們。

另一位培訓者談到鬥爭需要領導人，而那些領導人（也就是在座各位，他說）的職責便是鼓起勇氣帶領同事克服恐懼，我一面聽一面點頭。假使我那時試著回答，我想我會說戰鬥者和不戰鬥者的差別並不大，或者說，那差別比較不在於憤怒或恐懼，而更關乎願景——有些人無法或還沒想像戰鬥能帶來什麼好處，看不到那個尚未存在的世界樣貌。

自從你在二〇〇四年提出這個問題後，我想了又想，如今我懷疑戰鬥的意志說不定與願景或想像力無關，而可能是一種變態（metamorphosis），一種極度渴望改變、以致自己被改變了的狀態。日益緊繃的表皮緊箍著毛蟲的頸項和身軀，而毛蟲走動時，體內已藏著另一個未來身體的某些部分。戰鬥前的你使自己變性，出於必要而爆發成新的存在。（納博可夫〔Nabokov〕描寫一隻處於最終階段的毛蟲：「牠必須蛻去那層緊繃的乾皮，不然就會死。」）

譯注

1 三角（Triangle）工廠生產有腰身的女式襯衫（shirtwaist），這種以男性襯衫為藍本、綴有蕾絲和褶邊的襯衫在二十世紀初蔚為時尚，產業競爭激烈，工廠主要設在紐約市與費城，員工多為移民女性。

2 "Thus hath the candle singed the moth"，出現在《威尼斯商人》（*The Merchant of Venice*）第二幕第九場。

3 英文imaginal同時有「想像的」和「成蟲的」之意；名詞imago亦兼具雙重涵義。

三——蛾 Las Polillas

初次見面的那個下午，你在客廳告訴我和曼紐爾，你出生於墨西哥阿拉莫斯（Álamos）的集體農莊。你講出*ejido*這個字後轉向我，假定我沒聽懂——我確實不懂——體貼地慢慢用西班牙話說，像個協力合作的小鎮，像個合作農場（*Es como un pueblito donde se hace todo junto, como una cooperativa*），我還是一知半解。你解釋，集體農莊其實已不再像合作農場那樣運作。等到你出生時，那裡只剩你的家人在耕作。

在你家，離閃電戰開始還有兩個月，你答應幫忙建立我們需要的名冊。你坐在我旁邊的沙發上，拼出跟你同在汙物分揀帶（soil-sort belt）上工作的同事姓名。你協助我在帶來的小筆記本上畫出該部門的簡圖。你畫了一條橫貫的長線代表輸送帶，在紙的右側寫個*d*——表示傾倒機，你說，然後從那個字母連一條線到輸送帶開端。坐得這麼近，我頭一次注意到你在眼周紋了眼線，明知現在不是問的時候，卻很想知道紋眼線的詳細過程——有多痛，花多久時間。我試著想像忍受針刺在柔嫩的眼瞼邊緣，但辦不到。

你在畫好的橫線上劃出八個截點，代表輸送帶上的每個工作崗位。做那些標記時，你腕上戴著的一串金屬細環叮噹作響，那是你的招牌，雖然我當時還不曉得。工作最重的是「一號」位置，你說，指著傾倒機旁的那一短劃，因為在那裡工作的人要拋投醫院的大床單。你就是在這時起身示範——輸送帶在前方移動，你說，站著但稍微前傾，雙手模仿輸送帶的動作。你的手移動的速度令我吃驚。那麼快？我問，你點頭，加重西班牙語是（Sí）的氣音以示強調。你示範在一號位置工作的人如何從自動輸送帶拎起床單，雙手並非齊上齊下，而是交錯舉落，不僅讓動作速度加倍，我想也讓一定時間內拋投的床單數量加倍。你比劃著表示床單被拋過輸送帶，投進對面的桶子。我試著想像以這種動作連上八或十小時的班。我試著想像旺季的工作狀況，在亞利桑那州，現在就是旺季——時值二月，從北方南下避寒的雪鳥族[1]已陸續抵達，使全州的醫院和診所流量大增。你告訴我們，那天洗衣廠處理了三萬五千磅的醫院髒布巾。你興致很高，精力旺盛，甚至有些「亢奮」——我同曼紐爾回到車上後在筆記本上這樣寫。但你一定也很累了。

一號位置最辛苦，但並非你那天工作的地方。你解釋，領班會依據個人偏愛和員工體力來分派崗位。那天你在「五號」位置，負責挑揀出病人服。這些袍服經常沾附各種形式的身體分泌物，那天也不例外。你就是在這時告訴我們手套太薄，你必須日復一日清洗它們，重複使用，你沒有鞋套，有時床單和袍服裡還裹著輸液袋、點滴管和手術工具。橫線末端是「八號」，算是公認最好的位置，輸送帶到那裡只剩擦手巾和洗臉巾等小物件要分揀——比較輕鬆，但也不是那麼容易，你說。大部分日子都在那裡幹活的女工前一天才開始服用一輪預防性抗病毒藥物，因為有支被摺進小毛巾的皮下注射針刺破了她的手。

你把同事的名字寫在他們通常負責的崗位旁邊，標記誰跟誰談得來，誰喜歡和討厭誰，誰動作太慢，或遺漏了該放進其分類桶的物件，導致整條作業線卡住，誰愛開性別歧視的玩笑，但因他下班後會跟領班一起喝啤酒，所以就沒事。你收在廚房抽屜裡的小紙片上有一些同事的電話。我仔細把號碼抄到我的筆記本上，你再檢查一次，確定沒抄錯。你告訴我們工廠到處都有布告欄，部門主管有時會在上面張貼各班工人名單。第二、三班汙物分揀工人的名單現在就貼在塑膠門簾內側的布告欄上，那道門簾將工廠的髒汙區和潔淨區隔開，你說。你把那位置描述得如此詳細，彷彿在設想要怎麼偷到它。我會趁著去洗手間的途中把它拿走，你說。

當我們談完，你送我們出來到門階，融入愈漸朦朧的燦爛天色，那想必就是所謂的魔幻時刻，在鳳凰城冬季，黃昏漫長而美麗。你跟我握手，堅實的握力令我驚訝。而今思之，我想像你當時與我四目相接，點了點頭，後來我發現那是你的習慣，當我們在某人家或某場會議上做出重要決定，離開時你就會這麼做。我記得你很快地掃視街道，望向對面公寓，彷彿在查看鄰居有沒有從院子裡窺探，他們可能好奇為何有兩個二十多歲的人，其中一個是白人，開著嶄新的車到你家。曼紐爾說別擔心，我們也會去敲其他幾家的門。他讓你看他手上的板夾，上面有一疊假調查表，關於路況或社區交通之類的題目，我們會找幾位鄰居填寫，倘若有任何人注意到我們，會以為這是市政服務性質的拜訪。

這就是我來鳳凰城的第二或第三天，我們認識的經過。隔天晚上下了雨，雨勢之大，在二月的沙漠很不尋常。向組織指導員做完每晚匯報後，我跟曼紐爾、達里歐和安娜待在酒吧，這時外面街上突然淹起水來，那裡的街道在夏日雨季有時會淹水，但極少發生在冬天。酒吧打烊後許久，我們還困在它的門廊上，看著街道積水，看著水流在角落交會，形成小小的白沫。

也許是這場雨或隨後爆發的豐饒生長帶來了蛾。很難描述那片沙漠在一場豪雨後，萬物的復甦生長如何迅即，但到第二天早上，荒瘠的土地已冒出各種各樣的綠芽。庭院草木和花園從披覆的沙塵下嶄露，欣欣向榮。仙人掌和其他乾旱植物綻放纖薄如紙的花朵，有白色和近似霓虹的粉紅、紫色。南鳳凰城大部分的棕櫚樹平常看起來總像在掙扎求生，奄奄一息，此刻一身嫩綠，生氣飽滿，大口呼吸。

今年是暖冬，連州北部的山區都不太冷，昆蟲學家相信天氣暖和加上忽然繁茂起來的綠色植被，導致大量的蛾和其他昆蟲在冬、春降臨亞利桑那的某些地區。據報導，這場「襲擊」始於數量龐大的行軍切根蟲（army cutworm），牠們一面長大一面蛻皮，全體一齊行進，並因天氣不冷而未相繼死去。這些蟲循正常程序化蛹，接著便冒出漫天蓋地成群飛行的切夜蛾（miller moth），[2]其英文名之所以有「磨坊主」（miller）這個字，是因為牠們大量脫落的鱗片如粉塵殘留，令人想起覆在磨坊主人衣服上的麵粉。

距我們初次見面的那個二月下午又過了幾個月，直到五月初——應該就是你和同事在工廠發動停工，對上司宣稱不管他們高不高興，你們都要組工會的那週——蛾的飛行才達到襲擊的等級。所以我開始做那個夢時，並無從得知蛾群正到處爆量繁殖。我們沒注意到汽車旅館、你家院子和我們開車經過的街坊庭院，以及工業倉庫停車場周圍的樹葉皆已爬滿切根蟲。那年孵化的切根蟲數量如此龐大，以致有家報紙寫道：「看起來像地面在移動。」

做完假調查以掩飾我們對你的拜訪後，曼紐爾和我驅車回紡織成衣工會辦公室，它位於勞聯—產聯大樓一樓，一條露天走廊末端，我們這個小團隊不分晝夜都可能拖著疲憊的腳步穿過走廊。我猜對走廊上其他小辦公室裡的工會職員來說，我們是一幅奇怪的景象；他們大多是年長的白人男性，會在天氣好的日子敞開門以利通風，因為上世紀中葉造的那些小窗只能往外斜推幾寸，無法讓空氣流通。我們搬進辦公室不到一週，但這些「業務代表」（我後來才得知其職稱，他們大多任職於建築工會的地方支部）見過我們在早晨筋疲力竭地離開辦公室，那時他們才剛要上班。我們已經把一輛優運（U-Haul）搬家卡車開到大樓前門，卸下從善願（Goodwill）舊貨店買來的沙發、椅子和茶几。這些業務代表負責處理申訴案件，確保工會契約能在他們代表的各類建築工人中切實履行；他們一向很友善，每當我們經過，他們都會揮手打招呼。

我在那頭一週、也許甚至頭一個月都不瞭解的，是亞利桑那州的大多數工會——就像許多地方的工會支部——都不是（現在仍非）組織性工會，亦即不組織非工會的工人。它們若不是在產業對勞動力的需求上升時，透過學徒計畫（apprenticeship program）招募新會員而成長，就是萎縮。而自一九七〇年代中期以來，它們幾乎年年都在萎縮。它們沒興趣組織那些未被組織的人，理由有許多，包括某些保守州以工作權為由，讓未加入工會者可坐享其成，從事別人辛苦爭取到的工會工作，要在這些州進行組織真是天殺的難，需要許多資源；同時，許多非工會工人，尤其在亞利桑那州的建築業，來自墨西哥或中美洲，這些經選舉而擔任支部領導的白人明白，在基層的人口比例大幅變動後，他們連任的機會微乎其微。

得知有工會不組織非工會的工人時，我很震驚。而且我承認，當時我認為單憑這點，紡織成衣工會就比其他工會強，身為其組織者的我們，某種程度上也優於這些業務代表及其任職的地方支部。畢竟，我當時想，假如工會不進行組織，就無法凝聚力量，而若不凝聚力量，就肯定會把權力拱手讓給老闆和公司，讓給產業。

這番對於工會與權力的理解當時似乎非常清晰，現在想起來，我卻感到很困惑。組織當然比不組織好——這不是問題。但我不再贊同那套由上而下的理論，也不認為權力是某種有限的總和，必須從有權勢者手中奪取——無論多麼強猛——才能獲得，彷彿組織工作與切一顆柳橙差不多，彷彿團結與壓迫在實質上沒兩樣。我的意思是，我不再認為工人的權力源自老闆，或工人只能從上班的公司拿走權力。工人權力是透過完全不同的系統建立和行使的。

我們在鳳凰城建立的工會是一支完全憑空打造起來的部隊。它的權力並非奪自索迪斯或其他洗衣公司，或監督生產的經理們，而是透過構成我們組織工作的日常雜務與交流，一步步建立起來。我們在金科複印傳單。我們開車在城裡繞來繞去。委員會開會時，我們自己準備折疊椅，排好座位。我們敲了幾千扇門。我們要求大家信任，他們也做到了。我們一同站在停車場開部門會議，從午夜到凌晨四點，聽著蛾的身體叮叮地接連射向泛光燈。

回到走廊盡頭的工會辦公室，曼紐爾和我走進掛著UNITE硬紙板招牌的門，穿過有沙發、椅子和茶几的小前廳到後面房間，那裡有張從樓上的勞聯—產聯辦公室借來的桌子，組織指導員就坐在桌前使用筆電。曼紐爾和我蒐集資訊為索迪斯工運做準備的同時，安娜負責淨珂（CleanCo）：一家清洗旅館、酒吧和餐廳布巾的餐旅洗衣廠，達里歐則負責另一家餐旅洗衣廠艾喜（ACE）。我們計劃於十週後左右的四月底同時在這三家公司發動閃電戰。

我們回報從你那裡蒐集來的資訊——你同事的姓名電話，並根據你對他們的描述，以及你對他們會不會支持工會的判斷，將他們初步評定為一至五級。指導員將這筆資料輸進她儲存的電子試算表。她在另一個資料庫中加進兩、三個醫院名稱，據你所知，它們是洗衣廠的大客戶，日後抗爭進行到最激烈時，這份名單會很重要。

我們向她匯報家訪情況時，她不斷逼問曼紐爾為何如此信任你，為什麼我們還沒測試你有多認真支持工會，就先透露運動的全部戰術？為什麼不等著看你會不會從布告欄偷取工人名單？曼紐爾一直說：我相信她，我信任她，和別擔心。我們的身分不會敗露。指導員沒問我——我是新人，而且她不知我是否擅長看人，像組織者學會做的那樣——但我也信任你。

次日，我開著租來的車，跟在洗衣廠的卡車後面，試圖建立你們工廠的客戶名單，以便屆時對他們施壓，令其要求索迪斯不可侵犯你們籌組工會、秉持誠信談判協議的權利。進行閃電戰前，我們需蒐集所有大客戶的名單，以及你同事的姓名與住址，至少百分之八十五以上。我先尾隨其中一輛大型半掛車，從工廠開上高速公路，一直跟到城南的希拉河保留區（Gila River reservation），然後我掉頭，想說這輛車應該是要開往土桑的大學醫學中心，你列舉公司主要客戶時已提過它。我繞回來時，一〇六．三頻道的西班牙流行音樂電臺大概在播放〈攝影〉（Fotografía）這首歌。我大概有跟著唱，唱得又爛又大聲，希望能幫助我快點學會講西班牙話。

我停在對街一棟空辦公大樓的停車場，等著下一輛卡車開出來，等它沿百老匯路（Broadway Road）行駛到視線之外，才把車開上街跟蹤它。我盡可能離它遠一點，像指導員開車載我時示範的，但當卡車穿過交通較繁忙的鳳凰城市中心，我得緊隨其後才不致跟丟。等紅燈時，我確定司機從卡車的長方形後照鏡看著我。他在下個街區換車道，我也跟著換，雖然我知道為了安全起見，我當下該放棄才是。駛過幾個街區後，他開進聖若瑟醫院（St. Joseph's Hospital）的封閉式停車場，我在筆記本記下送貨時間。

那晚我輾轉反側，在汽車旅館的床上直冒汗，夜深人靜時，被卡車司機看見的憂慮愈發強烈，直到它在腦中變成赤裸裸的必然。我編織接下來會發生的情節：即使這位司機沒被訓練要提防工會組織者跟蹤其卡車（許多司機都受過這種訓練），也一定會向上司稟報被跟蹤的怪事，上司會明白那表示什麼。我想像公司隔天便召開會議，告訴工人若有任何人跟工會談，他們就關閉工廠，或許他們會以某種方式掩飾威脅：工會將害我們花大錢。我們將得削減開支。工會須根據可用的資源來衡量組織目標與策略——尤其像紡織成衣工會這樣的小工會。有這麼多非工會洗衣廠要組織，對於明知毫無勝算的仗，我們付不起開戰的代價。我想像必須告訴你我搞砸了，我在跟蹤一輛卡車時害我們露了餡，這間工廠終究不會有工會。

我沒對其他組織者或指導員提起跟蹤時出的差錯，幾天後沒出現災難的風聲或跡象，我也不再嚇唬自己。

那星期你打電話到工會辦公室：你拿到名單了。我直接開車去你家。你開門時滿面笑容。*我辦到了*，你用英文說，遞給我一張摺得緊緊的紙。

你開始在某些晚上和休假日進辦公室，我想你迫不及待地想發動閃電戰。你不開車，所以我去你家接你一起去辦公室，頭幾天我們大半沉默，或聽收音機一〇六．三頻道。然後慢慢的，我們開始交談。我中學時學過一點西班牙語，後來又在中美洲待過幾個月——半是從大學輟學，半是追一個我愛的女人，她當時在尼加拉瓜，愛上另一個人；現在逐漸進步，能聽懂更多你說的話，也能表達大約一半自己的意思。

起先，你問我能用一兩句話回答的問題：我在俄亥俄州出生，很鄉下的地方。我住在農場上，但農場不是我父母的。我有三個兄弟。我二十五歲。每答完一題我就問：你呢？（*¿Y tú?*）心裡很感激你先開口，這樣我就能直接反問，不必費力串接單字。我已知你在墨西哥阿拉莫斯的農場出生，與大家庭一起生活，分住在兩幢房屋裡。你們主要種植豆類，但也飼養牛馬和其他牲畜。後來你搬到更北邊的索諾拉，在加工出口廠

（maquiladora）工作。你家有十二個小孩，其中三個很年幼就死了，另外九個還活著。

初次到辦公室那晚，你坐在沙發上。我為它濃重的菸味感到很不好意思——對不起（*Lo siento*），我說，聞起來很可怕（*huele horrible*）——即使我在隔壁房間抽得更凶。你逐一撥打我們蒐集到的電話號碼，說要贈送免費的洗髮精樣品——那是我們用來探聽住址的伎倆之一。這招是跟安娜學的，她是在不曉得哪裡的另一場運動上跟另一位組織者學的。電話那端的工人，或其子女，或碰巧在家接起電話的人，告訴你洗髮精樣品該寄送的地址。我們把地址加到名單上，每一天，我們離完成名冊的目標都更近一點。

我們也謹慎地擴展廠內連繫。要發動閃電戰，必須有一群已決心投入抗爭的工人——包括你在內，也許五、六人。這些人會搭組織者的車一起做家訪，要求同事加入你們，一起建立工會。你帶曼紐爾和我去見桑迪亞哥，他是你鄰居，也是跟你值同一班的傾倒員，大家都叫他「老中」（Chino），這些年我問過你許多次，你告訴我那綽號來自他的一頭鬈髮，但我怎麼也想不通它何以成為鬈髮的代稱。你信任他不會洩漏我們的工作，因此曼紐爾、指導員和我也都信任他。

他住在一間鐵皮屋頂翹曲的小屋裡，位於某個人家後院，主屋只比他住的地方大一點，似乎無人居住。進到裡面後，我們坐在塑膠椅上，聊了幾分鐘他掛在牆上的海報，那是他家鄉阿卡普科（Acapulco）的棒球隊。曼紐爾問他在那裡成長的情形，何時離家，何時來到美國，在洗衣廠工作了多久，接著你便切入正題。你要他給我們看他的肚子，他從椅子上起身，掀開襯衫，露出肚臍上方的腫塊。這是工作時發生的，他說，戳著疝氣處，但公司一直說，不，一定是在別處發生的。他把襯衫拉好，再度坐下，雙臂交叉蓋住腫凸。

我們四個人同時搖頭：集體無聲的怒氣沸騰。然後我們談工會和閃電戰，談我們知道接下來會在工廠發生的抗爭。桑迪亞哥說我們需要跟波洛談談，他是洗滌工，符合曼紐爾所描述的「領導人物」——其他洗滌工都喜歡他，不管機器、薪資或班表出了問題都找他幫忙。而且波洛很生氣，桑迪亞哥說；他會毫不猶豫地投入抗爭。

於是我們一起去波洛的公寓。這是我們頭一次自己做家訪，只有你和我。開車途中，我問你知不知道他為何叫波洛，那不是指雞這種動物嗎？[3] 你告訴我這綽號被用來稱呼隨人蛇偷渡入境者，波洛在穿過邊界時出了事，使得腿瘸了，這綽號一直跟著他，因為他的瘸腿總是令人想起此事。

波洛的公寓四周沒什麼建築，一邊是寸草不生的泥土地，另一邊是坑坑窪窪的停車場；鳳凰城有許多像這樣的米色公寓樓房，用塑合板建造，外牆粉刷的灰泥已龜裂剝落。我們爬水泥階梯上二樓敲門。波洛來開門，瞇著眼從黑暗的房間望向陽光。他穿四角褲和汗衫，看似從睡夢中被吵醒。他當然認得你，但接著看見我便衝出公寓，跟我們一起站在樓梯口，關上背後的門。

多年來他不曾讓我進這間公寓，很久以後才告訴我，那裡住著許多人，有些人可能會以為我是移民局派來的；我問：你可以跟他們說我不是嗎？他回答：可以，但說也沒用。我至今仍常想起此事，想到我在鳳凰城跑來跑去，後來又四處奔波於旗桿市、佛雷斯諾、維斯塔和康普頓[4]等城市——這些地方的洗衣廠工人不乏非法移民，許多人被迫在恐懼中度日，而每當我出現在某人家門口，都很可能使這持續的恐懼瞬間升至尖峰。

我們站在樓梯頂端的狹小空間，三個人靠得很近，你跟他說你認為工廠需要改變，你厭倦被當成機器對待，厭倦在這麼危險的環境工作，而且是為一家不在乎你死活的公司工作。你介紹我是來自工會的組織者。一個大工會，你說，代表全國各地的洗衣廠。波洛一面聽一面點頭，神情木然，不看我們，一副半睡半醒的樣子。我把他的姿態解讀為漠然，甚至惱怒，我擔心我們在錯誤的時機找上錯誤的人，感覺之前因魯莽追逐卡車而生的恐懼再度湧上心頭。

我問起波洛工作的部門「洗滌巷」(wash alley)，說我從未見過他操作的那種機器。

他描述廠裡的隧道式洗滌機，雙臂比劃著。像一輛公車那麼長，他說。他描述一袋袋布巾如何從汙物分揀區移往洗滌部，解釋那些塞滿的沉重袋子被鉤在頭頂的軌道裝置上。洗滌工人推著它們在空中沿軌道前進，直至洗滌輸送帶。波洛個子矮，跟我差不多高，五呎三吋，因此他伸手示範解開袋上的拉繩時踮起腳尖。他說，那些髒布巾，仍沾滿汙穢——*asquerosidad*，我回到車上後在筆記本寫下這個字，之後再查字典——落在輸送帶上，繼續往前移動，被送進隧道式洗滌機入口。他告訴我們，有時他得爬進隧道，淌過將布巾上的汙垢溶出的熱漂白水，以清除堵塞。他說他在裡面時，領班沒照規矩切斷機器電源。說到這裡他第一次與我們目光相接，對於必須以這種方式進入隧道感到憤怒。他知道若不遵守職業安全與健康管理局所要求的上鎖／掛牌程序[5]與受限空間作業[6]標準，爬進機器有多危險，有些公司因這些標準在時間和生產上成本高昂而規避它們。我的時薪是七塊八毛，他說。

布巾從隧道另一頭出來，接著去「蛋糕」（the cake），這個詞他是用英語說的。我們來回對彼此複述幾次後，他看出我一頭霧水，便豎起手指表示「等一下」。他走進公寓，再出來時穿上了長褲，拿著無線電話，打給在「壓蛋糕機」（the cake prensa）工作的表弟。

正當我抗議說我們現在還不該跟別人講，必須在「水底下」行事，那位被認識他們的同事謔稱為「波利托」[7]的表弟從樓下公寓大門走進來。他的手臂打上石膏，波洛解釋他就是被這種壓蛋糕機弄傷的，我開始意會到那是一種脫水機。它把水擠出去，把布巾壓成巨大的圓蛋糕，波洛說。他不該靠近那臺機器，但布巾卡住了，他得去清理才行，他說。那位害羞且年輕得令人吃驚的表弟站在樓梯底下，一聲不吭。

據政府統計，工業洗衣廠的洗滌與烘乾部並非最易受傷的部門，但致死率最高。至二〇〇三年三月底為止，即我們一同站在波洛家樓梯口時，當年麻州已有一名工人在工業洗衣廠喪生，因為一臺商用洗衣機意外啟動，砍下他的頭。那年結束前還會有兩名工人喪生。（我寫這些給你的期間又死了二十二人。）

波洛告訴我們，要蒐集生產部工人的資訊，就該跟西西莉亞談。剛洗淨的布巾從工業烘乾機移至生產部，那其實是一系列工作站，將乾淨的布巾熨燙、摺疊、包裝好準備運送。於是我們去找西西莉亞談。然後她帶我們去見安東妮雅，安東妮雅帶我們去見安娜莉亞，靠她們三人，只花一個多星期便蒐集到我們需要的姓名和地址。

安娜和達里歐也一直在建立名冊，並有足夠資訊可在淨珂和艾喜對其各自的目標展開閃電戰。指導員打電話給全國各地的組織者——總共十多人，要他們在四月的最後一個週末飛來鳳凰城，距現在約兩週。既然都準備好了，我們想早點發動——每多等一天都是風險，但我們無法更快找到足夠的人進城，在兩天內完成五百戶家訪——我們只有兩天的時間可以在公司開始反擊前跟所有三間工廠的工人談。

結果證明兩星期對艾喜來說太長了，公司的經理發現我們一直在跟一名工人商談，他是我們在那裡的聯絡人之一。有天他們宣布停工，召集工人開會。我不知道開會時發生什麼事，因為之後那家工廠的人都不肯再跟我們說話，但老闆把工人帶出工廠，走到前面的人行道上，公司在那裡掛起一幅尼龍布條，固定於圍繞廠區的鐵柵欄，上面用英文和西班牙文寫著：**即日起招聘所有職位**。

達里歐把車停在對街。他看見隊伍，看見公司提早叫工人回家，以示說到做到。跟他談過的工人當天沒一個回他電話，沒一個肯開門見他。所以到了晚上，指導員決定取消該廠的運動，將閃電戰集中在索迪斯和淨珂。（直到二〇二一年七月，艾喜仍是鳳凰城最大的非工會洗衣廠。）

閃電戰前的那個週末，我們需要休息。我們已經很久沒好好睡一覺了，而指導員說，閃電戰發動後，這場仗只會愈來愈艱難。我記得這事，因為她講 *difícil*（艱難）這個西班牙字的方式——特別加重第二音節的長音——變成團隊歷久不衰的玩笑。這玩笑並非針對她，我們大家都欽佩她，只是在搞笑，輕描淡寫地形容我們有時會遇上的糟糕或荒唐、不然就是失控的狀況。（花一整天敲門，結果工人都太害怕而不敢開門：艱難哪。在工會辦公室收到你同事在脅迫下簽名的信，要求退還其工會卡：艱難哪。）

她放我們全部回家三天。安娜去佛羅里達，達里歐去布朗克斯（Bronx），指導員自己回布魯克林的家。我下班回家的路程最短：從汽車旅館退房，開車南下到土桑；做完星期四晚上的匯報後，約莫十一點動身。

十號州際公路在夜晚這時間很通暢，汽車爭相搶道，時速很容易便超過一百英里。我一直開到鳳凰城邊界，看著刺葵（Phoenix palm）漸漸被巨柱仙人掌（saguaro）、木焦油灌木叢（creosote）和木麻黃（ironwood）取代，才讓自己把收音機從一〇六．三轉到英語電臺。切換頻道令我放鬆許多。話語從汽車音響喇叭傾洩而出。可以輕易將聲音立即轉換成意義，這讓那些話變得像卡通般，飽含感覺如色彩的東西。我在那些話語內找到自我。我深吸一口氣，意識到自己已經好幾星期沒在呼吸、至少沒像那樣呼吸了。

流利表達的輕盈感帶來撫慰。在那波如釋重負的心情裡，我好奇你對英語的感受。你生活中絕大部分都是西語（我想像至今依然）——大半的工作、上雜貨店和交友，以及幫忙照顧外甥女的日子。但那流利表達的核心被一道堅硬的英語障壁包圍——路標和公共運輸、政府與醫療表格、廣告看板，還有愈來愈常出現的武裝警察。

沙漠中到處是破繭而出的切夜蛾。牠們柔軟的身體砰砰撞上行駛中的擋風玻璃。我啟動雨刷和清潔液清除其粉狀殘留，但它們結成塊，被雨刷抹在玻璃上。我得在駕駛座挪動位置，好讓視線不被擋住。不知我夢見的是這種蛾抑或其他品種。飛蛾撞上擋風玻璃之前被車頭燈照亮的時間太短，來不及看清其顏色和形狀。牠們濃密地遮蔽了景物，有時一群蛾會被稱作「蝕」(eclipse)，宛如開車穿過一大片死去的小星星。

那個週末在家裡，我沒照原定計畫好好休息。我在土桑的一家女同志酒吧「干卿底事」(Ain't Nobody's Bizness)喝了太多酒，爬上音響喇叭又摔下，結果被趕出酒吧。回家後跟女友爭執到天亮，指責她對酷兒社區中心的同事態度太輕浮。剩下的時間我都在等酒醒、又喝醉、再等酒醒的過程中度過。到了星期一，我已等不及要回鳳凰城。

閃電戰前的星期四，另有十幾位組織者抵達，他們從全國各地的戰場被調來待一個週末。你和桑迪亞哥、波洛、西西莉亞、安東妮雅及曼紐爾找的聯絡人勞爾，在汽車旅館迎接他們。那晚你們六人一同在大廳簽了工會卡，然後相約為你們工廠成立一個組織委員會，就叫「委員會」(comité)。

星期五早上，我們訓練這些新到的組織者掌握你們工廠的具體狀況——工人的族群分布、廠房結構、經理與領班的名字及其拿手的整人手段、低工資與安全隱患。你請了病假來協助培訓。你告訴這些組織者，這裡有許多恐懼，但也有許多憤怒。我們看哪邊會贏。

那個週末我們被分為一組，這是有道理的——我仍是最資淺的組織者，而你顯然是最強的工人領袖。我們給自己分派的任務是跟你的某些同事談——他們不一定支持工會，但我們若想要贏，非得有他們支持不可。在一到五級的初步評量上，我們給這些人三或四分，但我們知道如果他們簽了，其他同事也會跟著站到工會這邊。這是一組困難的家訪，我們的對象若有可能簽字，大概也只肯跟你簽。「委員會」的其他成員與曼紐爾和外地飛來的組織者搭檔，我們給他們資料夾，裡面有家訪單，被分配到各組的工人每人一張，然後照我們的說法，大家就「上門」了。

閃電戰本身很難記得。我想我們都沒睡。幾乎沒時間尿尿或吃東西。我們從加油站買加侖裝的水，整桶抱起來直接喝，家訪時水一直放車裡都變熱了。我的西班牙語有進步，但某些話還是不知道怎麼說。你包了墨西哥粽（tamale）趁家訪的間隔在車上吃，並拿給我一個，但我聞得出裡面有豬肉。我不用，謝謝你，我說，我是素（*Soy vegetaria*）。

我要說的是「我吃素」。很久之後你才告訴我，你得用力咬嘴唇才沒放聲大笑，因為我聽起來就像在說自己是顆青菜。

我們動作非常快。一位工人簽完卡便上車隨我們去另一個工人家，那個工人打電話叫另一名工人來她家，一起開一場臨時會議。跟我們談過的人幾乎都簽了卡，我們也同時標注新資訊——誰認識誰，誰在哪裡工作，接下來該跟誰談，之後又該找誰。到了週六，已簽卡的工人打電話告訴我們怎麼去那些還沒簽但想簽的工人家。工人打電話要我們到家裡接他們，載他們去那些想簽的同事家。這就是運動，如野火燎原。到了星期天晚上，當我們召集你同事開第一次全體大會，閃電戰已發揮應有的效果；我們已拜訪過工人，在公司還來不及反應時給他們打過預防針，短短兩天內，你大多數的同事都簽了工會卡。

譯注

1 在加拿大十一月至三月期間，許多退休人士會移居美國南部或墨西哥等地過冬，待春來再返回加拿大，這些人被稱為「雪鳥族」(snowbirds)。

2 編注：為*Euxoa*屬的夜蛾，臺灣沒有此屬的蛾，其大多分布在北半球歐亞大陸及北美洲西部的乾燥地區，亦出現在中國及日本，中國通常稱作切夜蛾或切根夜蛾。

3 西班牙文的pollo是「雞」的意思，被用來稱呼墨西哥偷渡者，帶領偷渡的人蛇則稱「郊狼」（coyote）。

4 旗桿市（Flagstaff）在亞利桑那州，佛雷斯諾（Fresno）、維斯塔（Vista）和康普頓（Compton）都在加州。

5 依據美國職業安全與健康管理局（Occupational Safety and Health Administration, OSHA）規定，當員工需解除或繞過防護裝置及安全設備，或在調整與維修等作業期間，其身體任何部位必須置於設備區域時，必須對機器和設備使用安全上鎖掛牌控制程序（lockout/tagout）。上鎖是指在動力源隔離設備上放置鎖定設備，以確保受控設備在鎖定設備卸除之前無法操作。掛牌是指在動力源隔離設備上放置標記設備，以指示在卸除標記設備之前不得操作動力源隔離設備和受控設備。

6 OSHA將受限空間（confined space）定義為能容納一人在裡面從事指定工作、進出受到限制、非為人員長時間停留而設計的空間，並針對在這類空間作業所具之各種潛在危險訂出相應的安全防備措施。

7 西班牙語pollito意指「小雞」，因為波洛（Pollo）這綽號的意思是「雞」，所以他表弟被戲稱為小雞。

四——火

本質上，工會就是工作者聯合起來，團結一致，在職場甚至更多地方形成集體力量。這種型態的力量在美國可溯源至一八二四年，當時羅德島的普塔吉（Pawtucket）有數百名女孩——大多十幾歲，但有些僅七歲——領導了一場她們所謂的「出走」（turnout），變成美國史上的首次工廠罷工。

這些女孩在一家水力驅動的棉紡織廠[1]上班，她們的上司前一晚開會時，決定將她們的工資削減百分之二十五，同時把原本十三至十五小時的工時再延長一小時。上司宣布這些新條件的隔天，一百零二名工人於開工時堵住工廠入口，就在工廠外頭，當著上司和其他鎮民的面開會。她們決議不進廠工作，到了第二天，她們的罷工已蔓延至鎮上其他棉紡織廠。罷工持續一週，直到其中一家工廠神祕地失火，在美國漫長而豐富的工業破壞史中，這也許是第一次工業破壞行動。火災次日，工廠老闆與十幾歲的罷工領袖協商出較合理的工時、薪資和更安全的工作條件。

工運的這個根源——普塔吉棉紡織廠——與奴隸制緊密交織，若將工會想成一種為了集體生存而反叛、抵抗、團結的必要實踐，對抗奴隸制的多面向鬥爭亦形成現代工會的另一種根源。棉紡織廠的建立與資金部分來自販奴所產生的財富，這些工廠又反過來帶動對棉花的需求，從而助長美國南方農園蓄奴體制之擴張。普塔吉的一大部分產品被稱為「廉價布料」，它們被運回農園，用來做衣服給採收棉花的奴隸穿。

儘管有可追溯的強大系脈，許多勞工史卻漠視這些奠基的鬥爭，而以一八七七年左右為起點，那年發生的鐵路大罷工標誌著一種新型勞工運動的開始，在美國工業革命中對抗日益嚴重的不平等與壓迫。這些工人聯合起來組工會，它們至今仍是代表美國工作者權益、唯一影響重大的機構。

「兩萬人抗爭」是一波罷工潮的一部分；在邁入二十一世紀之前，鍍金年代[2]一直是美國史上貧富差距最大的時期，不論當時是什麼勢力遏制著工人殘餘的憤怒與鬥志，都被那波罷工潮重創。為了因應這時期愈演愈烈的巨大勞資衝突，其中一項措施便是立法——一九三五年的《國家勞工關係法》（*National Labor Relations Act*, NLRA）。《國家勞工關係法》旨在建立一套管理產業衝突的系統。法案透過它所促生的政府機構「國家勞工關係局」(National Labor Relations Board, NLRB），運用其強制雇主承認工會並協商工作條件的權力，支持勞工進行組織。國家勞工關係局代表政府對於工會的立場出現重大轉變：從壓制到所謂的「整合性預防」(integrative prevention)。立法也標誌著工會密度[3]的轉捩點——會員人數激增，因為政府突然開始規範並保護工人的權利；同時，促使法案通過的罷工潮逐漸平息，罷工愈來愈局限於工資與福利等生計議題，這些議題通常出現在已組工會的職場進行續約之爭的期間。

當然，賦予工人組織權（right to organize）的並非《國家勞工關係法》。不管有沒有這個法案，工作者都有集會的權利，並可停止提供勞務。早在一九三五年之前，他們便已在美國及世界各地這麼做，且贏得勝利。更何況《國家勞工關係法》通過後，它曾經建立起來的層層保護幾乎立即被剝除。

一九三八年，《國家勞工關係法》才通過三年，最高法院便在麥凱廣播電臺（Mackay Radio）案的判決中裁定：工人雖不能因罷工而遭開除，卻可被永久替代。根據後來所稱之「麥凱原則」(Mackay doctrine），倘若工人是為加薪與改善工作條件等經濟性利益而罷工，雇主可聘用永久性替代者（permanent replacement）——或稱「工賊」(scabs），罷工結束時也不必讓罷工者復職。對工人來說，開除與永久替代二詞的區別毫不重要，因為兩者都表示他們失去工作。而經過短暫摸索，學會使用這個新鎮壓工具後，老闆便明白，既然能僱用工賊在罷工期間維持生產，就不必急著在談判桌上與現職員工達成協議。

儘管《國家勞工關係法》沒能提供太多保護，「麥凱原則」又帶來積極威脅，工人仍在一九四〇年代中葉發動另一波大規模罷工潮，包含任職於公共設施及煤礦、鋼鐵、肉品包裝和汽車製造等產業的五百多萬名工人。一九四六年單單在匹茲堡，便有十二萬名工人罷工。這次國會沒像一九三五年那樣通過可平息衝突的法案，卻反其道而行。一九四七年，國會批准《塔虎脫—哈特利法》（*Taft-Hartley Act*），又稱《勞資關係法》（*Labor-Management Relations Act*），甚至推翻杜魯門（Harry S. Truman）總統的否決。這條惡法對工會活動設下一連串限制：禁止某些罷工與抵制行動，不許勞工組織在聯邦競選活動做政治性捐贈，以限制工會的政治權力。它允許各州通過工作權利法（right-to-work laws），這些法規最初由種族隔離法[4]的創制者提倡，用以防止黑人與白人勞工加入相同的工會。

儘管遭受打擊，工會會員仍維持在全體勞工的百分之三十上下，直到一九六〇年左右，當工運的領導階層日趨保守，其「生計工會主義」[5]演變為陳腐又官僚的「事業工會主義」，[6]而且，坦白說，不再組織工人。工運中較進步群體的「社會正義工會主義」

（social justice unionism）自有其根系，可一路追溯到一八六九年成立的勞工騎士會；[7]它在組織農民工上有所斬獲，並透過各種努力結合民權與勞權，例如馬丁·路德·金（Martin Luther King Jr.）一九六八年在孟菲斯（Memphis）聲援罷工的清潔工人。但因工會普遍未能進行組織工作，以及全球化的壓力與民主黨日益企業化，致使會員人數在一九七〇與一九八〇年代一落千丈。

一九八一年，雷根總統斷然開除罷工的航空管制人員，並將其「航管人員工會」連根拔除，[8]此舉昭告天下：聯邦政府已採取反對工會的明確立場。在有工會組織的產業中，雇主們看見壓低勞動成本的良機，紛紛採用攻擊性策略來擺脫工會。打擊工會（union busting）發展成一種產業，有各式各樣的商業顧問、律師事務所、產業心理學家，以及私人保全公司的罷工管理服務。工會會員人數降至谷底。

迨二〇〇〇年代初，你和我在鳳凰城組織洗衣廠時，不論是工會密度或對於工會勞工的保護，幾乎皆已退回百年前紡織成衣工會的前身，即國際女裝服飾工會成立時的水準。

出於對自家傳統的珍視，勞工運動總愛追溯譜系，探究前輩組織及其合併的深義，以及它們所促成的內部文化轉變。美國的工會大多由其他工會合併而成。紡織成衣工會是國際女裝服飾工會與製衣紡織聯合工會（Amalgamated Clothing and Textile Workers Union, ACTWU）在一九九五年合併的結果，後兩者亦均為合併的產物：一九七六年，美國製衣聯合工會（Amalgamated Clothing Workers of America, ACWA）與美國紡織工會（Textile Workers Union of America, TWUA）合併，誕生了製衣紡織聯合工會；一九〇〇年，斗篷與襯衫業的七個小工會在紐約市聯合組成國際女裝服飾工會。

製衣紡織聯合工會是個火爆的組織性工會，主要因為它繼承了美國製衣聯合工會的文化，後者是聯合服裝工會（United Garment Workers, UGW）的進步成員與保守領導層發生內訌而分裂的結果。內訌的根源要追溯到一九一〇年的芝加哥總罷工，當時，聯合服裝工會的男性領導層接受服飾業老闆偷斤減兩的和解條件，下令罷工者回去工作，但以女性為主的四萬多名工人受到前一年紐約「兩萬人抗爭」激勵，決定持續進行罷工。

為了報復女工不服從命令，聯合服裝工會的領導層試圖在一九一四年的大會褫奪這些婦女及其地方支部的選舉權，於是地方支部帶頭出走，幾乎帶走工會的所有女性成員——占會員總數三分之二，並自組工會：美國製衣聯合工會。這個羽翼未豐的工會由希爾曼（Sidney Hillman）領導，他是聯合服裝工會經選舉產生的領導人，但反叛的婦女信任他，因而請他領導新工會。他在一九一〇年罷工期間是基層領導人，他的未婚妻貝西・艾布拉莫維茲（Bessie Abramowitz）則是那場罷工最初的工人領袖之一。分裂的過程很不愉快，聯合服裝工會尋釁報復，接下來幾年不斷從新工會挖角，為資方提供替代罷工者的雇員，並瞞著美國製衣聯合工會的領導層討好被罷工的雇主，簽訂爛契約。

紡織成衣工會的另一個前身——國際女裝服飾工會也經歷過內部衝突，它發生在芝加哥婦女罷工之前，並激勵了她們。國際女裝服飾工會在最初四年迅速發展，但隨後停滯不前，因為其領導層只有興趣組織男人，即熟練的裁剪師和打版師（工會雖由縫製女裝的工人組成，卻非由「女」工組成，至少當時還不是），而不願（也認為不可能）組織女性——婦女很快便從家庭血汗工廠被引進這個產業的新廠房，並占該產業工人的絕大多數。

工會的男人說女人是靠不住的士兵，會貪圖一分錢的加薪而當工賊破壞罷工，只要一找到丈夫就會離開工會。這並不符實情：這些婦女在悶熱、昏暗、擁擠的環境中長時間工作，被騙去薪資，遭上司和男同事性騷擾，有時還被侵犯，她們不准去上廁所，每天下班都要被搜身，數以百計的婦女在火災等工業事故中喪生。她們早就不惜一戰。一九〇五年，克拉拉・萊姆利希和這些女工的其他領導者成立了她們自己的支部：國際女裝服飾工會二十五地方支部。

那些男人仍不承認這群女人，告訴她們若無職級更高的當選幹部在場，她們就不能開決策會議，但當選幹部又不肯跟她們開會，只私下召開他們自己的會議。有時克拉拉會得知有自己沒受邀的會議，硬闖進去。她後來說：「啊，那時我罵起人來可凶的。」經過數月的施壓與抗議，並證明她們是可組織的，這些婦女迫使國際女裝服飾工會的領導層正式承認二十五地方支部。

我任職紡織成衣工會期間，對航管人員工會或普塔吉市一無所知，也沒聽過霍姆斯特罷工、[9]麥基岩、[10]亞特蘭大洗衣婦罷工[11]或瑪麗．哈里斯．瓊斯夫人。[12]我不曉得凱特．穆蘭尼（Kate Mullany）領導的衣領洗衣工會（Collar Laundry Union）早在一八六四年便組織了商業洗衣工人，發動罷工，而且贏得勝利。我對勞動史瞭解甚少，只曉得幾個對紡織成衣工會有如神話般重要的故事，他們告訴我那些故事，並訓練我以同樣的方式講述：三角襯衫工廠火災，兩萬人抗爭，《國家勞工關係法》是立法上的勝利，之後通過《塔虎脫—哈特利法》又抵銷了這項勝利，一九七〇年代製衣紡織聯合工會對織品製造商J．P．史蒂文斯公司發動聲勢浩大的全民抵制，以及企業運動的誕生。[13]

我當時並沒想到要探究這傳統之外的種種，去看看我們在培植的東西還有哪些根柢賦予它生命，因為那些年裡，任何對我們推展運動無立即用處的事，我都沒時間做。相對的，當我退出組織工作後，生活突然變得很沉悶。我有大把時間，卻無意拿它來思考工會的事，反而在土桑萎靡度日。我讀很多東西。我睡太多，超過健康的程度。我領養了一隻狗，夜裡帶他散步走很長的路，穿過小城「暗空」鈉燈的昏黃光暈，[14]注意到這種路燈不會像你們工廠的泛光燈那樣吸引昆蟲。我在本地社區大學修藝術課程，將一直在讀的蛾生物學融入精心設計的計畫，為了這些計畫，我走進土桑四周的山裡採集蛾。

起初，我不曉得怎麼捕捉牠們，也不曉得如何麻痺牠們，或冷凍牠們，或鬆展牠們以便插針固定。我在圖書館找到書，照著說明學做這些事，有天在書架上搜尋時，發現另一種關於蛾的書：菲特威爾（John Feltwell）寫的《絲綢的故事》（*The Story of Silk*），封面的背景圖案是一幅繡著花朵和果樹的綷絲掛毯，前景是一隻蠶蛾（silk moth）的特寫照片，毛茸茸的身體柔和而華美，站在一顆已布滿卵的蠶繭上。這本書詳述蠶蛾的生命週期，讀過後，我得知那隻蛾幾小時前才破蛹而出，她張開溼漉漉的翅膀，上面還沾著身體的漿液，抖顫著直到翅膀變乾，她將體內的性費洛蒙排放到空中，如強大的咒語，她一面產卵，一面等待附近的雄蛾回應。我得知，由於被選中要繁殖而羽化，這隻蛾已破繭而出，所吐的絲因此不能用了。雖然不再具經濟價值，但這絲的製造已完成其生物目的，改由這隻蛾的卵——她的生殖——來完成她對蠶業生產的貢獻。

但即使岔入歧途，即使藉著鑽研蛾來轉移對工會及其抗爭的關注，牠們還是把我帶了回來。這本書讓我瞭解繅絲紡綢的辛苦過程，明白飼養蠶蛾已有五千年歷史。經過這麼長的時間，牠們已喪失漫遊的能力，只能移動幾英寸的距離——幼蟲期的蠶躺在飼主提供有邊框的木製蠶座裡蠕動，幾十隻擠在一起。羽化為成蟲後，牠們可以張開翅膀，但無法飛行。我得知做一件衣服需要兩千顆蠶繭，為了繅絲，每個繭都必須煮過以洗去裡面的漿液，再輕輕刷掉外層的繭衣，直到可看出繭絲的末端在哪裡。

我得知里昂（Lyon）曾是法國的產絲重鎮，在那裡，如同歐洲各地的產絲城市，飼育和繁殖蠶蛾的工作大多由婦女來做：從隨身攜帶蛾卵，把牠們放進特製的小袋，置於雙乳間以保暖，到日夜餵食剛孵出的幼蠶新鮮桑葉，到以手工將枝條細心搭建成簇器，讓長成的熟蠶爬進去吐絲營繭。這一切工作，即所謂養蠶（sericulture），皆在蠶房進行，蠶房規模不一，大至鎮郊的石砌建築，小至穀倉、工棚，或只是屋頂上某個有遮蓋的地方。

養蠶的工作規矩很多，其根據不僅有代代相傳的集體知識，也包括神話和迷信：人們相信鐵的存在有助於蠶蟲進食，所以蠶房裡到處擺著鐵製品，或用鐵絲把蠶座綁在鐵水槽上。人們相信蠶在甜香中長得比較好，於是婦女每天在地板上灑醋，再鋪上新採的薰衣草、迷迭香和百里香。人們相信暴烈的聲響會殺死蠶或令其停止進食，因此如果打雷，就得拿一塊燒紅的炭到蠶房各處安撫牠們。不過，這些蠶室並不安靜。據菲特威爾說，數千隻蠶蟲嚼食的聲音有如傾盆大雨。

我對這工作持續、慎重和固定不變的性質很感興趣——採桑葉給各階段的蠶吃，依蟲齡和大小調整切碎的程度；用枝條構架出恰到好處的帚狀簇器，以安置蠶繭；在蠶進食的房間，工人——這些養蠶婦女——安靜地踩踏地板。

我是在谷歌上搜尋里昂仍營運的蠶房圖片時，才知道這些女工也抗爭過。她們加入卡努反抗運動（the Canut revolts），這些抗爭有時被描述成工業化之首次工人階級起義。「卡努」（Canut）一詞源自法文「線軸」（canette），指絲織工人，他們與家人同住在巨大的織布機周邊，擠在天花板很高的作坊角落裡煮飯和睡覺。

一八三〇年代，他們厭倦了銀行家和貿易商不斷降低絲綢定價，於是起而反抗。第一次抗爭發生在一八三一年十月，絲織工人從作坊湧出，占領城市，以刺刀和路障抵擋法國軍隊，至少維持了一陣子。地方長官說他們走過一排排作坊，連一架在紡紗的織布機都找不到。

第二次卡努反抗運動發生在一八三四年四月，春天的最初幾週，是蠶蛾生命中最敏感的時期。那年的蠶已從卵孵出，如同人類的新生兒，牠們每兩小時就得被餵食桑葉的嫩芽，分量逐漸增加。我能找到的紀錄都沒描述婦女罷工時那些蠶怎麼了。

譯注

1 當時許多棉紡織廠都建在湍急的河溪旁，以水車驅動機械，這家工廠利用的是來自水壩的強大水力（dam-powered）。

2 「鍍金年代」（Gilded Age）指一八七〇年代到一九〇〇年代，美國重工業快速發展，資金大量湧入，財富也迅速累積的時期，同時還有數百萬移民從歐洲來到美國。

3 工會密度（union density）指加入工會的人數占全體勞工的比例。

4 一八七六至一九六五年間，美國南部各州對有色人種（主要針對黑人）實行種族隔離制度，相關法案被稱為《吉姆．克勞法》（*Jim Crow Laws*）。

5 相對於以社會議題為主要抗爭訴求，「生計工會主義」（bread-and-butter unionism）將重點放在工資、工時、工作環境與福利等個人工作條件上。

6 「事業工會主義」（business unionism）是「生計工會主義」的另一種說法，強調在資本主義的框架內，透過集體協商獲致實際而有限的物質利益（如加薪、減少工時、改善工作環境），而不以廣泛的社會改革為目標。

7 勞工騎士會（Knights of Labor）原為一群費城裁縫師所建立的祕密團體，一八七八年轉為公開活動，活躍於一八八〇年代，致力提升工人社會與文化，跨越性別與種族界線，團結所有專業與非專業的工人。

8 一九八一年八月三日，美國航管人員工會（Professional Air Traffic Controllers Organization, PATCO）宣布罷工，要求改善勞動條件，爭取合理待遇。雷根總統以危害國家安全為由，依《勞資關係法》宣布罷工違法，要求罷工者在四十八小時內回到工作崗位，否則將予以解僱。八月五日，雷根總統下令開除一萬多名未遵指令復工的航管人員，並限制其終身不得任職聯邦機構；聯邦勞動關係署（Federal Labor Relations Authority）於十月二十二日撤銷該工會資格。

9 霍姆斯特罷工（Homestead Strike），一八九二年七月，美國鋼鐵工會（Amalgamated Association of Iron and Steel Workers）在匹茲堡附近的霍姆斯特（Homestead）對卡內基鋼鐵公司（Carnegie Steel Company）發動罷工。

10 麥基岩鎮（McKees Rock）位於賓州俄亥俄河南岸，一九〇九年七月，普列斯鋼鐵汽車公司（Pressed Steel Car Company）的移民勞工在當地進行罷工。

11 亞特蘭大洗衣婦罷工（Atlanta Washerwomen Strike），一八八一年夏，亞特蘭大的數千名黑人洗衣婦發動罷工，要求提高工資、受到尊重，以及自主安排工作。

12 瑪麗·哈里斯·瓊斯夫人（Mary Harris "Mother" Jones, 1837-1930）生於愛爾蘭，移民加拿大，後到美國工作、結婚。曾加入勞工騎士會，以教育家和組織者的角色參與美國二十世紀初的許多工會組織運動。

13 在抵制J·P·史蒂文斯（J. P. Stevens）公司的過程中，任職於製衣紡織聯合工會的雷·羅傑斯（Ray Rogers）研發出「企業運動」（corporate campaign）策略，暴露、攻擊並破壞支持該公司的權勢網絡，亦即與其往來密切的銀行、保險公司、大客戶等，迫使它們對該公司施壓，要求與工會盡速達成協議。

14 常用作路燈的鈉燈是氣體放電燈的一種，發黃光，亮度較低，可減少光害。土桑市自一九八〇年代起推行暗空（dark-sky）保護運動，立法控制光害，並成立國際暗空協會（International Dark-sky Association），以期使城市照明能兼顧安全、節能與寧靜。

五——蛾 Las Polillas

對你們工廠發動的閃電戰，在星期天晚上的大會達到高潮，前幾個星期，我曾隨口問起你掛在牆上的照片。我注意到它底下有花朵，但並不瞭解那意味著這個空間是紀念之用。你說，那是我兒子，胡立歐・馬丁・賈西亞・羅培茲，兩年前死於街頭暴力。你說出他的全名，語氣有點尖銳，我當時以為那表示你不想多談。我們剛剛閒聊過一下，正要走出你家大門，前往工會辦公室，也可能是去桑迪亞哥或波洛家，我們已陷入接下來幾年將維持的模式：組織行動永無止境的狂熱。回想那一刻，我不再確定你是在要求我別問。而今我很想知道，當我不置一詞時你在想什麼。

那個星期天晚上你對同事發言時，我看著你要求大家——其實就是在激使他們——與你並肩戰鬥；再過十小時左右，你就要回到工廠裡，直面公司對你發動這一切的暴怒。你做這事就跟你做大部分的事一樣，游刃有餘。那一刻，我試圖想像你哀悼的樣子，但沒辦法。

如今我明白這是因為我覺得丟臉。堅強女性的肖像（希望這本書也是其中之一，不論它還可能有什麼作用）通常都不容許在狹隘的堅強形象——堅忍、刀槍不入、直來直往——之外表露太多，於是堅強的女性被要求扛加倍重擔，並加倍抹除其艱辛。當時我還不瞭解你，至少不夠瞭解，不明白悲痛、憤怒、愛與膽量可以彼此壓合，融成同一塊灼亮的餘燼。另一件可怕的事是我居然會這麼做：會試圖把悲痛，或我對悲痛的任何幼稚想法，塗畫在別人身上，在你身上，就在你散發另一種力量的時刻。

不曉得你是否知道這一切，知道我之所以沒多問你兒子的事，是因為我還不太瞭解悲痛與堅強的關係，因為我需要你在運動中扮演某個角色。而你當時也沒多說，因為你也需要扮演那個角色。你想要贏。

那晚稍早時，我們一起站在會議廳入口。當你同事穿過雙層門，走向一排排折疊椅，你同他們打招呼，把工會的圓形小徽章按進他們掌心。會場上瀰漫著蓄勢待發的沉靜，我們當時還不熟悉它，如今知道在每場運動的首次全體大會前都會出現這種氣氛。我們曾談過這感受，覺得沒什麼能跟它相比。

會議廳對我們來說太大了——這空間可容納五百人，而我們約有一百人出席。大家三五成群地站著，如衛星般圍繞著我們在場地中央排好的折疊椅。他們互相點頭致意，講話非常小聲，或不發一語。剛到的人會緊張地環顧四周，然後才朝某一小群人走去。他們握手的方式，就像人們參加一個不知它有多正式、或其正式程度尚未確立的聚會，有時會表現的那樣。在你們這種全天候運作、全年無休的工廠，各組工人輪流休息、用餐，許多人從未交談。他們現在遇見的人，之前說不定在清晨或深夜的停車場看過，也可能在打卡鐘或洗手間錯身而過，然而一旦開始上班，被工廠吞沒，便很難再跟鄰近區域以外的任何人說話。此刻他們正互相介紹陪著來參加聚會的丈夫、妻子、男友、小孩和寶寶。對場內許多人來說，這是頭一次看到彼此穿便服，而非上班必須穿戴的工作服和髮網。

我負責簽到，意思是在工人進場時傳遞板夾，請他們寫下全名、地址和電話，好讓我們整理並完成名單——對於能夠迅速溝通的必要，我的理解一直停留在理論上，直到這場大會後的那天才改變。有幾位工人不會讀或寫，你說，沒關係，夥伴（*Está bien, compa*），搭著他們的肩膀，問他們相關資訊，好讓我寫下來。有些工人不曉得地址，只能描述自己住在哪裡。我會寫下這樣的內容：離第二十五街和欅柳街口兩棟房子的粉紅色公寓第三扇門。

大會開始，組織指導員歡迎工人來到紡織成衣工會。曼紐爾在會場前方歡呼，鼓勵大家熱烈回應，你和同事禮貌地鼓掌。曼紐爾說，不，不，不，夥伴們，然後重複一遍指導員的話，並加重每個字眼，以凸顯其蘊含的迫切重大意義：「歡迎來到紡織成衣工會！」(*Bienvenidos a* UNITE) 我們全都拍手拍得更用力一點，你有幾位同事開始跟著曼紐爾一起歡呼。

指導員對工會的描述很簡潔，大意是：我們是洗衣與成衣工人的國際性工會。數千名移民組成這個工會，以爭取更安全的工作條件與更高的工資。近百年前，紐約市的一家工廠發生恐怖的火災，之後他們起而反抗，爭取並贏得更安全的工廠、合理待遇，以及工作上的發言權。我記得她說，那些工人會因你們加入的勇氣而感到榮幸。

然後輪到我。我用已有進步但仍不太流利的西班牙話說：短短四十八小時內，你們廠裡的大多數工人都簽了工會卡。對此，在場每個人都叫好，你開始喊「你可以的」(Sí, se puede) 口號，愈來愈大聲，最後變成曼紐爾一直想聽到的歡呼。我接著重複我們在週末家訪時給大家打過的預防針：在工會贏得承認前，我們還有很長的路要走，而要達成團體協約，以確保協商的改善措施能切實執行，則需更長的時間，戰爭其實尚未開打。

此時此刻，經理和領班大概正在開會或進行電話會議，決定該如何對付這個剛萌芽的工會，決定他們將如何瓦解它，設法迫使你們屈服。

打預防針時，一定要準確描述情況。預料到上司的攻擊套路，搶先一步說「他們會這麼講」，可以削弱其力量，把經理和領班變成漫畫人物，與自古以來反對工人組工會的所有經理和領班沒兩樣。正確預測其反撲有助於將組織者定位為值得信賴的嚮導，他們見識過老闆的攻擊手段，知道如何帶領工人安然度過腥風血雨。

嚮導的角色其實頗複雜。舉例來說，決定往哪裡去的通常是嚮導。有嚮導便有追隨者、被帶領者，甚至一群信徒。你能跟著嚮導走向自由嗎？嚮導與領導有何區別？嚮導與牧者有何差異？嚮導與人蛇又有什麼不同？那是個寬廣的角色，有充分空間讓權力漫遊。

大會上，我談到公司會採用的幾種策略：好上司、壞上司和傷心的上司。當時所說的，我至今已在聚會和家訪中說過數千次，內容大同小異：好上司是當他們收買或試圖收買工人，藉由施予好處、解決問題甚或加薪來平息憤怒，令組織工作失去動力，弄得像工人終究不需要工會的樣子。壞上司是當他們透過威脅來恐嚇或試圖恐嚇工人，如關廠或「工會到哪裡，移民就跟到哪裡」之類的謠言，讓恐懼壓過驅動組織的憤怒。傷心的上司是當他們玩奇怪的遊戲，假裝自己為了工人決定要組工會而非常傷心，希望工人的憤怒會因為同理老闆而混淆或減弱。

最後這想法引來一些笑聲。幾乎屢試不爽。想像約翰、亞當或某個領班，我說著扮個哭哭啼啼的孩子臉。笑聲有些緊張，但如我所望地慢慢擴散到整個會場。人們彼此對看，嗤笑莞爾。我從達里歐那裡學到這個玩笑，我猜他是從更有經驗、訓練過他的組織者那裡學來的。它效果很好。週末家訪時，上司無所不能的門面開始出現裂痕，現在這裂痕加深了。工人坐在一起，以共同的輕鬆諧謔想像霸道上司換上幼稚的面貌，會場的氣氛亦隨之改變。

接著曼紐爾談索迪斯，談其不義之財，談它作為一家低薪公司惡名遠播。他談到我們的「致勝計畫」——我們這樣稱呼工會會議中，描述運動接下來步驟的部分。那晚的計畫是介紹勞動法，說明經由國家勞工關係局舉行工會選舉的過程非常麻煩且勝負難料。曼紐爾傳達的意思是：接下來幾天，我們希望讓你們盡可能多的同事有機會加入工會，然後我們會共同行動——包括在場每一位和任何想加入者，一起去勞工局提出選舉申請。我們不知選舉何時會舉行。假如公司認為他們會贏，便可能把日期訂在幾週內。若公司認為他們會輸，就會故意拖延，利用法律在每個步驟提出異議，推遲選舉，以爭取更多時間來挑撥離間，分化你們和工會。

接下來輪到你發言。你站在會場前方，要同事從座位上站起來，看著彼此的眼睛，承諾為彼此堅持奮戰。你承諾會奮戰「到最後一刻」(hasta las últimas consecuencias)。你一一與同事對望，目光銳利而強烈，彷彿要把自己縫到他們身上，把自己寫進他們想像中可能發生的任何狀況。

然後你將紡織成衣工會的團結徽章別在襯衫上，你大多數的同事也跟著將徽章別上襯衫，然後大會結束。時間是晚上九點半左右——在場的第三班工人該去上班了。

大會結束後，我們走進位在大廳隔壁的辦公室。安娜和達里歐，以及週末對淨珂發動閃電戰的組織者正從該廠工人的首次會員大會回來。他們在鳳凰城另一頭借用貨車司機工會(Teamsters)的大廳開會，出席率沒我們高，雖然我們以為那邊會有較多人參加，因為那家工廠並不像你們是二十四小時營運。整個團隊，包括飛來支援而還沒飛回去的組織者，一起擠在沙發和椅子上，有的盤腿席地而坐。我們拿簽過工會卡的工人名單來比對兩場大會的出席名單，藉以推測哪些人可能是公司派來的奸細。

我們在掛圖上填資料，那是我們釘在房間四周、巨幅放大的工人名單，根據班次與部門分類，覆蓋了整間辦公室的牆面。姓名與住址欄後面有打勾的記號，表示此人有沒有簽工會卡，勾號之後是數字，以一至五標注我們對每位工人支持工會程度的評估。然後有空白欄，用來追蹤開會出席率，及我們接下來幾週將策劃的示威與廠內行動的參與情況。這些圖表是動能的視覺展現，使我們能觀察工人對工會的支持是否隨時間而增長、停滯或瓦解。

大會後的這段匯報時間，你顯得很安靜，頭一次與這麼多同事共聚一堂，在緊湊忙亂過後，你像洩了氣的皮球。圖表上有許多空白，你坐在沙發邊緣，腳後跟敲著地板。你指著一個工人名字旁邊的空白處，他曾答應會帶兩位同事一起出席，但他們都沒來。

不久，大多數組織者都出發去機場趕搭夜間航班，或回汽車旅館睡一覺，搭明早的班機回去。我協助指導員在筆電上做傳單時，你在辦公室走來走去，瀏覽牆上的掛圖；後來在車裡你一直很安靜，卻堅持要跟我去金科複印傳單，並多印些工會卡，因為它就在回你家的路上。

我還記得那家影印店的味道，混合著糖果、燒焦的墨水和地毯清潔劑。我們在那裡養成一個習慣：依據傳單內容來挑選紙張的顏色。這習慣很可能是從那晚開始的，雖然我已不記得第一次選了什麼顏色。結帳時，櫃檯後的年輕人用西班牙話對你說，你好，小姑娘（*Hola, señorita*）——隨著運動推進，我們經常在晚上遇到他值班，他不會講西班牙話，但我猜他想表示親切，所以才這樣打招呼。你差點笑出來，但憋住笑直到上車。說實在這沒什麼好笑的：不過就是個不諳西語的人，拿用在小孩身上的稱謂來叫一位成年墨西哥婦女。關鍵其實在情境和時機——我們都知道你才剛成為一場動亂的核心，企圖顛覆根深柢固的權力；而且我們都累壞了，所以一開始笑就停不下來。我笑到沒辦法看路開車，只好把租來的車停在路邊，閃著警示燈，直到我們能喘過氣平靜下來。

重新上路後，我們都沒再說話。接下來我還得整夜守在工廠外面，因為週末比較難找到在家又醒著的第三班工人，我們談話的人還不夠多。

明早你就要上戰場。雖然已做好準備，但知道主管很可能當晚已開會盤算如何回應，很可能指名道姓地談論你，仍令你心情沉重。我們停在你家門口，我想我有祝你好運，我想你說，走著瞧吧（*A ver qué pasa*），然後就下車了。

我在午夜左右抵達工廠，停在街上，與洗衣廠共用停車場的碎紙倉庫旁。其實我兩點到就可以，但我知道如果先回汽車旅館，我會睡著，而若睡著，大概連鬧鐘也叫不醒。所以我把車停在工廠隔壁，將空調轉強以保持清醒。停車場很暗，只有兩、三支燈桿照亮零星的柏油路面——這個安全問題我們週末時曾聽工人說起，他們必須在夜間往返於車子與工廠間。坐在車裡沒睡覺的我，望著蛾在這些光圈裡瘋狂盤旋。

凌晨兩點，曼紐爾開著租來的車停在我後面，閃個燈讓我知道他來了。我拿著傳單、工會卡和橫幅下車。那橫幅是一週前你跟我在汽車旅館停車場的一處空地畫的。陽光下，我們跪在攤平的紙板箱上，將**你可以的、刻不容緩、團結自救**（*SÍ SE PUEDE, AHORA O NUNCA, UNITE*）等字樣塗在一張雙人床單上。完成時，兩人的指尖、手肘和牛仔褲都沾上紅、藍顏料。

那晚，曼紐爾和我走進工廠停車場。這是頭一次，我們毫無遮掩，管理部門的任何人都可以看見。我們停在柏油路邊碎石分隔島的一張野餐桌旁，頭頂上的泛光燈嗡嗡作響。運動如今已浮出水面，公開進行，工廠裡任何人都看得到我們。我們把橫幅綁在野餐桌上，但它掛偏了，拗折起來，遮住我們塗上的大部分文字。蛾身不斷撞向燈具的金屬和玻璃部分，發出叮叮叮的聲響。

曼紐爾招募的工人領袖勞爾和另一位夜班洗滌工跟我們說，他們會試著把同事帶出來開會。我們從停車場聽得到鈴聲響起，表示髒汙區下班了。起先，勞爾穿過出口，帶著四、五名工人——遠少於我們希望看到的人數，曼紐爾轉向我，狠狠罵了個無聲的幹。

但隨後其他工人開始從工廠陸續走出，三三兩兩地加入我們，直到桌子周圍聚集了四十人左右。

我站上長凳，連珠炮般地複述先前在大會講過的內容，曼紐爾和勞爾則一對一地找工人談，發工會卡和傳單。這裡也有首次大會那種充滿能量的張力，但此刻，在公開活動的脆弱中，這能量的流動還伴隨著一股不安。幾分鐘後，夜班經理與生產部領班從工廠出來，走向人群。曼紐爾見他們過來，便張開雙臂朝他們走去，告訴他們這是工會會議，是受法律保護的活動，他們不可以監視工人參加受保護的活動等等。經理說她想看看有誰在場，然後她和領班停下腳步，後退一點，一面掃視工人的面孔，一面在夾板上做筆記。最後，他們成功打斷了會議，我猜那正是他們的用意，站在我們這邊的人群很快散去，隱入黑暗的停車場。

我回旅館睡了一會兒——和衣躺在被單上，電視開著，發出刺耳的聲響，因為在那麼多天的持續談話與聚集、會見並組織工人後，獨處且感到孑然一身令人很不舒服。夢中的蛾一齊在我身上顫抖，鱗屑撒在我皮膚上。

早上六點，指導員、曼紐爾和我回到停車場散發傳單，你和第一班的其他人準備全體一起進工廠。我們跟你同事站在一塊兒，約莫五十人，高呼口號：「團結的人絕不會被打敗」（El pueblo unido jamás será vencido）和「我們可以的」（Sí, se puede），口號的節奏與整齊的呼聲從工廠牆壁反彈，在我們四周的空間來回飛射。你站在群體中央，周圍眾人的身體擴展到超出表皮的界限，不相碰觸卻彼此接連，其間的空隙在光天化日下閃爍光芒。世界及其容量在我們四周擴展。這種感受，它的來源，是這個故事最重要的部分。

加油！（*¡Con ánimo!*）你呼喊的方式一掃這類口號固有的俗濫，隨即帶領大家進入廠房。

那天，公司展開反擊，又快又猛。早上八點，那位珊卓拉（La Sandra）——這是你對人力資源經理的稱呼，她像個凶巴巴的大姐頭，管著在那裡上班的幾位女性——開始把工人叫進辦公室，先是一個接一個，然後兩、三人一組。（在她名字前面加上冠詞那位〔*La*〕，就變成同時取笑其職位和作風的綽號。）在這些會談中，那位珊卓拉開門見山地告訴工人，假使有一場工會選舉，而工會又贏了那場選舉，工資和福利就會被凍結。她說就算真的會談判，也可能要很久。她問工人曉不曉得工會組織者如何找到他們的住處。她提到前晚的工會大會，我猜是要讓對方覺得她對一切瞭如指掌。

這些內容只有部分是法律規定不能說的；這番話經過精心算計，她很可能接受過索迪斯的律師調教，他們的工作是引導公司鑽《國家勞工關係法》處處可見的漏洞——即使在目前已大打折扣的狀態下，這項法案仍堅持雇主不得以此方式威脅員工。說它精心算計，是因為縱使工會日後能在法庭上證明公司曾做出違法的威脅，他們也不必為此付出任何代價。法院頂多會命令他們「停止並終止」違法行為，並在餐廳的布告欄上張貼臨時公告，告知員工這項命令。我猜他們將此後果與恫嚇可望產生的效益相衡，而沒太認真考慮風險——因為根本沒有風險。

那位珊卓拉警告她的「受制聽眾」[1]——這是法律名詞，指這類脅迫性會談——他們簽的工會卡是「空白支票」。然後她播放影片，標題是《小卡片，大麻煩》(*Little Card, Big Trouble*)：一群演員飾演某不知名職場的工人，在陰暗的房間裡圍著會議桌坐，談論工會會費和裁員，以及工廠和整個產業的倒閉狀況。影片裡的人講英語，卻配上非常正式的西班牙文字幕，讓你和委員會的其他成員取笑了整個漫長又炎熱的夏天。

影片結束後，廠長現身，收放自如地扮演傷心的上司；你叫他「El Mero Mero」，意思是「頭頭」或「老大」。根據數月後他本人的證詞，他告訴你和同事，「員工的行為令他難過而受傷，他在公司待了二十八年，從沒見過這樣的事，也無法理解為何會發生在自己身上，他一向把工人當朋友看待，沒想到他們有任何問題竟不來找他，而去找第三方，他一直在他們身邊啊。」然後他會走出會議室，面色凝重，看起來泫然欲泣。

老大演完後，那位珊卓拉便從壞上司搖身一變為好上司，至少是仁慈的上司。她要工人別擔心，說她可以幫他們討回簽了名的工會卡。如果他們希望她這麼做，請到她的辦公室來。在那裡，她發給他們內容相同的信函，要他們簽字，並告訴他們，他們應該當場簽，這樣才有證人——即珊卓拉本人——見證其撤銷工會卡的要求。後來有位法官寫到這巧妙的手段：「在此，〔經理〕不只告知員工權利，也鼓勵他們跟她聯繫，以瞭解如何取回工會卡，而當他們這麼做，她還收集其撤銷申請書。……此程序讓〔經理〕得以觀察員工是否利用此機會撤銷其工會卡。」

公司後來承認進行了兩百多場這樣的會談。你計算應該有近五百場，每個工人至少都參加了兩場大同小異、編劇鬆散的演出。許多工人確實在那封信上簽字，接下來幾週，他們的信如洪水淹漫工會辦公室的信箱，之後又湧入勞工局。多年後，當其行為受到質疑，索迪斯（Sodexo，那時的拼法已無*h*）會發表聲明，堅持它不會恐嚇參與組工會的工人。公司說：它「相信我們的員工有絕對權利在不受干涉、恐嚇、騷擾和脅迫的氛圍中，自由做出知情的決定」。

經營商業洗衣廠只是索迪斯營運的一部分，這個龐大的企業總部設在巴黎附近，業務遍及八十國。公司如今承認鳳凰城的廠房經理舉措失當，但把他們在二〇〇三年對你和同事做的事稱為「陳年舊帳」。在二〇一〇年的報告中，索迪斯堅稱它「不會歧視任何參與工會組織活動的員工」，並已採取「適當措施」來確保鳳凰城的管理人員未來會遵守勞動法。

那週一的休息時間，你從工廠出來。曼紐爾和指導員站在門外，拜訪我們仍在試圖接觸的其他班工人，追查前一晚從野餐桌散去的人。我坐在租來的車裡等你，車停在一棵棕櫚樹的樹蔭下，隨著太陽跨越過天際，我不時得往前挪一點以追逐陰影。

看見你穿越停車場，我下車跟你打招呼。情況不妙，你搖著頭說。你尚未被叫去參加強制性會談，但它們散播的謠言已對你同事產生影響。你聽說了那部影片，它讓你同事覺得他們所簽的工會卡將造成「大麻煩」。但你接著露出微笑——狡黠而認真——從皮包裡掏出兩張新簽的卡片。我告訴他們那是一堆謊話，你說。你讓他們在洗手間簽好卡片。

指導員、曼紐爾和我，連同在淨珂大顯身手的達里歐和安娜，繼續每晚十點在辦公室進行匯報，更新掛圖上的資料，辯論策略，並為隔天做計畫和傳單。我們談了很多美國勞動法虛有其表的狀態。

第一個週一晚上，我義憤填膺又天真無知地去參加匯報，確信我們能立即對公司採取法律行動，可以申請某種禁制令來阻止他們撒謊和嚇人，阻止他們迫使工人參加反工會會談——工人在上班時間別無選擇，只能坐在那裡聽。是的，指導員說，我們會向勞工局提出「不當勞動行為」(unfair labor practice，簡稱ＵＬＰ)的指控，因為法律仍不允許上司用報復行動來威脅組工會的員工，不過要證明某項威脅違法的門檻很高，因為《國家勞工關係法》曾要求雇主在組織運動期間保持中立，而這部分法規只維持了十二年就被《塔虎脫—哈特利法》修改，在法條中列入一連串工會不再被允許做的事（某些類型的罷工、抵制行動，及其他被證明太有效，致使老闆和其國會議員吃不消的戰術），同時賦予雇主「在工作場所傳達反工會訊息」的法定權利，其界定廣泛又模糊，好用得很。

匯報完畢後，我們回到工廠。當晚、次日、次晚和第三天，我們晝夜不停地與各班工人開會，即便公司也在廠裡夜以繼日地開會。每隔幾小時，警察就會應那位珊卓拉和老大的電話要求出現，每次都把我們不許越過的界線再往後移，將我們推得離工廠愈來愈遠，直到我們在對街商家的人行道上開會。寬闊而大半黑暗的停車場橫亙在我們與工廠之間，成為唯一沒有工人在參加某種會議的空間。

但你和勞爾等委員會成員奮力反制公司的訊息，到了星期三早上，我們在三班工人中皆已占大多數。透過輪班開會，我們策劃一組行動來向公司表明：儘管受到威脅，你和同事仍在組建工會，他們將須承認它，並與你們協商出一份契約。晚上我們站在隔壁停車場的泛光燈下，白天則站在幾個街區外一座小公園的樹蔭下。我們拖著一個鋁製立架和可翻頁的大掛圖往返於這兩個地點。一群接著一群，你同事承諾一起將工會卡送到勞工局辦事處，並提前在工廠前集合，好讓上司明白我們要去申請工會選舉。立架上，我們列出你和同事想解決的主要議題——改善廠內安全條件，降低生產壓力，提高工資，提供可負擔的健保；然後我們傳一份請願書給大家，每個人輪流將紙按在同事背上簽名。我們擬定提交請願書的計畫，讓你們同事組成代表團，人數愈多愈好，把它帶到工廠的管理部門，同時傳達一條訊息：這就是我們要爭取的，無論是威脅或強制參加的會談都無法阻止我們。

星期三當天，我們租了一輛巴士，在第一班與第二班交接時開到停車場。當你和其他委員會成員、以及幾位較強硬的支持者登上巴士，我們吹起紡織成衣工會的紅哨子，並高呼口號，即便那位珊卓拉和老大、其他經理與領班，還有辦公室職員都在窗戶後面看著。巴士把我們從產業工廠與倉庫的宇宙運送到鳳凰城市中心，在那裡，閃亮的玻璃帷幕大樓伸入亞利桑那永遠湛藍的天空，反射、折射並放大四月下旬已十分灼熱的陽光。

國家勞工關係局位於一棟高樓內，巴士停在對街的漢堡王速食店前。我們排成一列縱隊，沿著潔淨的人行道，穿過這部分市區鬱鬱蔥蔥的熱帶景觀，進入大廳涼颼颼的中央空調系統。需要很多趟電梯才能將所有人載到十四樓。我們在電梯口等大家到齊，再一同穿過雙層玻璃門，進入勞工局辦事處，肩挨肩擠在狹小的前廳裡。組織指導員填寫工會選舉的申請表時，仍穿著工作服、戴髮網的你和同事們，遞交一箱已簽名的工會卡作為你們想組工會的證明。箱子太大，放不進遞件窗口，收件主管只好繞過將前廳與收件員的工作空間隔開的防彈玻璃，從辦公室的門走出來拿；她一頭紅髮，人很好，後來我們跟她熟了起來，公司律師經過時，她會誇張地翻白眼。

乘巴士回工廠的路上，你跟我坐一起，累得癱在座椅中，即使因為開戰時處於劣勢，腎上腺素持續的涼爽刺激使我們亢奮而清醒。你告訴我，一九八〇年代你在索諾拉的加工出口廠待過四年，製造變壓器之類的電子產品。我追問你在那裡做的是什麼，你說，我不曉得。我把一小片東西放進另一個東西裡。你談起鳳凰城的麵包店——你在美國的第一份領薪工作，那個老闆想勾搭你，對你毛手毛腳，結果你用抹刀扔他，辭職不幹。後來你拿到工作許可，便去索迪斯上班。一九九四年十二月二十二日。你記得準確的日期。我一開始的時薪是三塊七毛五，你說，挑起眉毛，讓我明白這麼低的數目有多荒唐。

我告訴你我曾在俄亥俄州的一家餐館工作，從我十一歲那年夏天起，先是洗玻璃杯，接著清理餐桌，再來是烤土司、煮咖啡、泡茶，之後才為客人點餐送菜，直到我十六歲。大多數早晨，店主都醉醺醺地走進廚房，堅持要負責烹煮。他會把手放在我腰上，惹人厭地按摩我肩膀，拿毛巾抽我小腿肚和屁股，用噁心的溼嘴唇親我臉頰，有次還親我脖子；這樣過了許多年後，有天他叫我脫去上衣。就在廚房，當著同事的面。我不肯，他便開始朝我丟生雞蛋，蛋汁潑上我的T恤正面，當我從食品儲藏室的門走出去，又濺到我的頭髮和背上。我應該扔抹刀的！我跟你說，真希望自己可以更勇敢些，能反擊而不是逃跑，我們都笑了起來。但你接著稍微轉過來按著我的手腕說，你那時還很年輕。

你告訴我，你本來不想搬去諾加利斯[2]到加工出口廠工作，但集體農莊周圍的土地日益乾涸，無法再養活住在那裡的所有家庭。我告訴你，我生長的那塊土地——俄亥俄州荒野中的二十幾幢房屋——本來是沼澤，直到人們把水抽乾以便耕作，每年春天水都會湧上來，我們便等著看溝渠能否及時發揮作用，讓農人種植作物，有些年氾濫會嚴重到種不了東西。雖然你沒說出來，但你點頭的樣子便清楚顯示：我一直以為我們各自成長的農耕社區會有些相通處，但我們的故事在缺乏與過剩上的差異，卻超過了這些社區表面的共同點。

我問你胡立歐．馬丁在哪裡出生，是不是諾加利斯，你在加工出口廠上班的時候——我仍不知他遇害時幾歲。不，你說，身子略縮起來。他在諾加利斯時五歲。如果他還活著，會跟你一樣年紀。然後你轉頭看窗外，我也跟著看窗外，我們望著城市的光芒被機場附近林立的不知名企業總部取代，之後是一望無際的倉庫，直到又回到索迪斯。巴士停在停車場入口附近的街上，讓大家下車，那裡有棵孤零零的棕櫚樹，被混凝土包圍，只留下一小方泥土給它，然其強韌的根卻溢出來到混凝土上。彷彿它們一度曾是液體，但在過於明亮的太陽高溫下變成化石。

第二天，星期四，是五朔節：五月一日，國際勞動節。你在工廠帶頭停工。我們的計畫本來不包含中止廠房運轉，但遞交請願書的代表團人數比我們預期多——每一班、每部門都有工人想參加。因此，在週三夜以繼日的會議中，你和同事投票決定改變行動性質——你們將關掉機器，離開各自的工作崗位，全體一起去工廠辦公室。

一群下班的工人在離工廠有段路的公園集合。他們舉著我們做的「刻不容緩」（AHORA O NUNCA）橫幅，以及工人在輪班開會時簽好的請願書，從公園沿人行道前進，橫越停車場，穿過警報系統早已關閉的緊急出口，直接進生產部。他們吹起哨子，對廠房裡的每個人發出行動已開始的訊號。

你在工廠另一頭的工作崗位等著，一聽見哨聲便脫下手套和防止身體受汙染的紙圍裙，桑迪亞哥接著脫下手套和圍裙，同部門的其他人也跟著脫下手套和圍裙。你們一起通過那道隔開工廠髒汙區與潔淨區的塑膠簾，加入更大的一群人。當安東妮雅聽到信號，便率先關掉她在生產部操作的熨燙機。然後她揮舞雙臂，示意同事加入罷工，於是一個接著一個，他們也關掉手邊的機器。隨著人群聚集，哨聲和口號聲都停下來，有一會兒，工廠一片寂靜。後來你說，我從沒聽過它這麼安靜。當你和同事朝辦公室移動，可以聽見自己踏在廠房地板的腳步聲。

接下來發生什麼事大家都搞不清楚。我們知道你和其他罷工者走到了辦公室，那位珊卓拉企圖阻擋，也許你們繞過她繼續前進，或者根據那位珊卓拉本人的說法，是六十四歲、不到五英尺高的西西莉亞粗暴地推開她。我們知道你和勞爾試圖將請願書交給老大，但他拒絕接受，於是你們把它放在他桌上，他拿起來丟進垃圾桶。我們知道那位珊卓拉打電話報警，打了兩次。我們知道她聲稱她打去報案說自己被西西莉亞攻擊，但我們從電話錄音得知她沒提到攻擊的事，而是要求警察來工廠制止暴動。我們知道你透過會講一點英語的勞爾翻譯，對只懂英語的老大說，*我們是團結的紡織成衣工會，我們不怕。*

我們也知道，想當然耳，你被開除了。就在經理、領班和行政人員面前。當著你同事的面。

你們行動時，我在人行道那棵棕櫚樹的小片樹蔭下來回踱步，一面啃指甲邊的皮。我問同樣在人行道上等的曼紐爾：「多久了？」次數之多，逗得他笑出來，儘管他也不斷握緊拳頭，用力得指節發白。這次行動遠超出我們仔細策劃的停工十分鐘。我們在等當天還沒上工的勞爾從那道門出來，告訴我們裡面的狀況，但率先走出那道門的卻是你，而你應該回工作崗位的。你面帶微笑，卻同時搖著頭。憤怒，即使隔著停車場我也看得出來。你的笑聲響徹我們之間的空間。你喊道：*至少我現在有更多時間家訪了。*

你才走到一半，桑迪亞哥與另外兩位同事——伊莎貝爾和瑪麗亞——也從工廠出來了。你們還有兩小時才下班，但當他們試圖回到汙物分揀帶，老大把他們趕出廠房，吼著：*沒你們的工作，沒你們的工作。*他一手撐開緊急出口的門，另一隻手把他們推出工廠。

隔天早上，他們開除了西西莉亞，然後透過全工廠都聽得到的對講機把安東妮雅叫進辦公室，要記她一支警告，因為她率先關掉機器。在場還有兩名領班，加上那位珊卓拉和老大，安東妮雅一直打斷他們，告訴他們這樣做違法，他們不能因為她參與工會行動而威脅或懲戒她。結果她又因為打斷他們而被記第二支警告。

安東妮雅回到生產部，一面哭一面發抖，後來在她家客廳，回想起這件事便漲紅了臉。她知道別人看見她，以為她很害怕。她說她不怕，她滿腔怒火時就會不由自主地哭泣，她說她從小就這樣。她在客廳告訴我們這些時又哭了起來，隨即用力捶自己的胳膊，以致家訪結束時手臂都出現瘀青。

他們記安東妮雅警告後，又把其他所有遊行到辦公室的工人一一叫進去盤問，用掉週四、週五全天和整個週末：他們做了什麼，誰關掉機器，有沒有看見西西莉亞推珊卓拉，誰舉布條，知不知道你和桑迪亞哥等人已被「永久替換」，而且這完全合法，任何參加停工或罷工的人都可能有此下場。

我們埋頭苦幹，堅守陣地。被開除固然令你憤怒，但不必每天花十小時分揀汙物也讓你精神大振。在車上，你堅持要再拜訪一位同事才肯停下來吃飯，再多拜訪一位同事才收工回家。你想讓大家看見你，看見你的堅定。

我們的家訪旨在評估與重新評估你的同事。我們需要數據。聽過公司威脅後，有多少人還會開門見我們？多少人會讓我們進屋？多少人仍願意簽署請願書？多少人仍跟我們同進退，多少人太害怕而無法繼續？我們會進行所謂的「逕付表決」，意思是開門見山地詢問工人，在勞工局主持的選舉中，他們會投票支持還是反對工會。我們去第一家做這種探訪時，你在路上說：這似乎有點太分敵我了——你希望等我們談到這部分內容時，我再提出這個問題。但當我們到了那裡，坐在碧翠絲·桑契茲的沙發上，談她當初簽工會卡的理由，你就盯著她的眼睛發問了。你說，聽著，我們現在就得知道。

星期一，勞工局宣布工會選舉日期：五月二十九日——還得再等漫長的三個多星期。

我每天早上接你一起去辦公室，跟指導員和曼紐爾分攤要探訪的工人名單。大多數的日子，他們一個會去西西莉亞家接她，另一個會去桑迪亞哥家接他。然後大家分頭做家訪，直到工廠換班，那時我們會在工廠前的街上集合，分發你和我在金科複印的新傳單。有些傳單表達支持，來自全國各地工會洗衣廠的工人或鳳凰城的社區與學生組織。有張傳單談工資——強調你們工廠的加薪上限為百分之四，大多數工人要不是根本沒加薪，就是上調百分之一，以目前的時薪換算，約每小時多賺七分錢。這些是年加薪率，一整年只給一次加薪。時薪調高七分，每週工作四十小時，全年工資僅增加一四五．六美元，傳單幫你們做了算術。我們用淺綠色的紙複印，美金的顏色，你說。

大多數傳單的主旨都是嚴重的工廠安全議題：公司迫使你們日復一日清洗手套上的糞尿、血液和其他液體，重複使用，而不提供新手套；生產定額[3]經常調高，且看不出什麼道理；熨燙機是由熱滾筒組成的巨大機組，一組工人從工廠這端將潮溼的布單餵進機臺，另一組工人則在彼端接住機臺吐出的布單，有時「接布員」的手和指頭會被機器燙傷。一份關於燙傷的傳單上有張照片，那是西西莉亞的手，手背上的小傷疤像地形圖皺攏起伏，皮膚呈現液體般的柔和光澤。我們原本選了紅紙來印這張傳單，但紅色襯不出傷疤的細節，於是改用純白的紙。

停車場僅有一個入口，所以我們站在那裡發傳單。洗衣廠的卡車開出去時會經過我們，掛車裡裝滿洗淨、熨平且摺好的布巾要送去醫院，等它們開回來時，裡面會塞滿數千磅的髒衣物。依據國家勞工關係局的規定，洗衣車司機很少符合與廠內工人同屬一協商單位[4]的資格，因此我們開會時沒找他們，而他們對公司那套說詞也深信不疑。這使他們充滿敵意：經過我們時故意開大引擎油門，或把車頭對著我們加速，或用力長按喇叭，用噪音轟炸我們。有些司機開著車窗朝我們啐口水，扔溫蒂漢堡或墨西哥速食店的包裝紙。其中最惡劣的是我多年後在土桑酒吧看見的那人，他會斜眼狠狠瞅著我們，咆哮一堆髒話。有時他開過來，我們會搶在他破口辱罵前先對他吼出那些字眼。「婊子！」我們用英語喊，然後大笑。

一旦知道選舉日期，大部分的工作便轉移到計算投票結果，必須百分之百確定，才能更準確地鎖定家訪目標，並設計出有效的催票計畫。我們將所有資訊標示在新掛圖上：誰會投贊成票，誰會投反對票。各部門、各班次中，哪些工人舉棋不定、或簽了工會卡但現在很害怕，哪些工人能夠影響他們。哪些工人投票當天不上班，誰會在什麼時候去接他們來工廠投票。哪些工人會跟其他工人談，確保他們投了票。我們將此網絡能涵蓋的範圍繪製成圖，找出誰被遺漏在外，以及應如何擴展網絡以延及那些人。

然後我們評估這些圖表，研判它們勾勒出的工會結構。工人戴著工會徽章進工廠，午餐時間，委員會成員帶著名單出來到人行道，列出誰還戴著徽章，誰已取下。我們收集工人講述為何要投票支持工會的聲明，幫他們拍大頭照。我們在金科熬夜剪貼並複印這些照片和聲明，簡單裝訂成小冊子，讓委員會成員帶進餐廳疊放。徽章和相冊都是測試，我們據此調整對工人的評估，推斷他們會投票支持工會的可能性。

我們製作了一段電臺廣告。你和十一位同事到市中心的錄音室，輪流戴上全罩式耳機，對著巨大的圓形麥克風，報上姓名、在工廠工作多久、任職於哪個部門，以及投票支持工會的理由。我們向生產部播放的廣播電臺購買廣告時段。廣告播出的頭一天早上，工人們出來人行道開會時爆笑不止，回報說那位珊卓拉從辦公室一路跑到工廠來拔掉音箱的插頭。

依照法律要求，公司寄給我們一份名單，列出它認為有資格在選舉中投票的員工及其住址。這份名單填上了一堆我們從未聽過的名字，其中許多都沒資格投票——這是公司慣用的伎倆，用來分散我們的注意力，以剝奪我們跟那些將參與選舉的工人商談的時間。我們花好幾天開車到這數十人的地址，在公司設計下進行徒勞無益的追逐，以便從名單上刪除已離職多年和從未在工廠工作的人；還有一些員工在大醫院上班，擔任被服室的服務員，我們之前並不知道他們存在。他們沒一個肯跟我們說話——公司已先找上他們。其人數足以左右選舉結果，因為勝負差距已非常小。

勞工局舉行不記名投票選舉的前兩天，有謠言傳遍廠房，說公司已在餐廳安裝隱藏式攝影機，可看出誰投票支持工會。基於某種不尋常的「巧合」——如那位珊卓拉後來在法庭上所稱，謠言出現的時機正好在餐廳的舊監視器被移除、天花板上鑽了幾個小洞的時候；投票將在餐廳進行，而那幾個小洞顯然是公司打算日後要裝新攝影機的地方。

謠言發揮了效果。一些較低調的支持者突然不肯來應門，儘管我們知道有人在家。我們可以聽見電視或收音機被關掉，看到百葉窗移動、有人從窗後窺視。你的一位同事茱莉亞在閃電戰期間簽了工會卡，當我們試到第三、四次，她終於來開門，雙手顫抖，不停地說，對不起，對不起，對不起。

發生這種狀況時，你會迅速轉身離開，當我們回到車上，你硬裝出滿不在乎的神情，卻難掩內心激動。他們到底在怕什麼？你會說，怒火中燒，他們怕情況變得更糟嗎？還有：情況還能怎麼更糟——人們被燙傷，被針刺，胳膊被壓碎？還有：他們擔心公司會停止給我們加薪七分嗎？還有：他們為何要相信公司說的任何話？還有：他們怎麼沒有更生氣？還有：他們怎麼沒有更生氣。還有：他們怎麼沒有更生氣？

我沒有答案，我想你把我的無言以對——我笨拙的「我懂，我懂」——理解成冷靜。又有一位同事躲在門後不肯見我們，回車上後，你質問我，你幹嘛來做這個工作？為什麼做這個，你說，而不去做你能找到的其他工作？你沒說「你這個白人，你這個念過大學的人」。你沒說「你這個在這場抗爭中沒什麼好損失的人，事實上，你是領著薪水來組織這場抗爭，而不是儘管抗爭仍希望保住工作，或希望打贏後還能回去工作的人」。

但我瞭解。你正直指一種不曾受到正視的含糊或間隙，也許我們節節敗退的痛苦使你將它看得更清楚，但我猜想，打從我初次坐上你家客廳的橄欖綠沙發，你便已經想到這點了。

我說起一項事實：這個世界是由已經擁有太多、卻仍貪得無厭的富人所掌控；要在這樣的世界做出真正的改變，唯一的辦法是把工人組織起來，那就是我這麼做的理由。這當然是實情，或其中一個實情。但我們都知道它並未回答你的問題。

另一個實情是我沒花足夠時間思索專業組織者和我們協助組織的工人之間的間隙，或其核心差距。大部分的專業組織者，比如我，都不是來自工會基層——大多數人似乎都覺得沒關係，因為我們很擅長、或愈來愈擅長對抗高度組織化的公司，那是非常艱鉅的工作。我們認為自己出現在工會有正當性，因為那是必要的干預，藉以提供我們的全套專業技能。我的職責不在於思考工會結構，懷疑其公平性，或它可能賦予權力何種形貌，或它能否促成內部民主。我的職責是組織你的同事並贏得勝利。我的職責是組織你。

我也沒思索我們在這場抗爭中的角色差距，因為運動節奏太快，除了每天時時刻刻努力將人們拉近工會以致勝外，幾無餘裕做其他事。事實上，我只有在試圖理解組織者用來描述運動的取巧言語時，才注意到這差距；他們使用代名詞的方式，會視工人是否在場而改變。我很早就學到要說這是你們的戰爭、你們的工會，我們是來協助引導你們、跟你們並肩作戰。但在深夜匯報或之後的汽車旅館酒吧裡，專業組織者說的我們單指我們自己，我們言談中的介係詞經常令語意截然不同：我們要透過組織工作來壯大工會。我們要為工人建立權力。我們將打敗公司，贏得這場戰役，或我們會輸掉這一仗。

我希望你明白，我在那幾星期並不冷靜，並非不受影響。我們節節敗退，而我們若未能獲勝，將有下列後果：你的同事，還有你——假使我們有辦法讓你復職——將繼續不受保護地在危機四伏的工廠工作。輸掉你們這場仗後，就更難在鳳凰城的其他洗衣廠獲勝了。如果這些運動看起來缺乏勝算，工會很可能會縮減在紅州進行組織的資源，而全國數以萬計的洗衣工人將繼續處在無組織的狀態。

＊＊＊

選舉前夕，即停工後四週、你被解僱四週後，安娜、達里歐和曼紐爾在汽車旅館酒吧拿開票結果打賭——這是傳統，他們解釋，用以測試每位組織者判讀情勢的準度，以及我們每個人預測工會運動的實力相對於老闆恐嚇威力的技能。賭注是一百美元，但他們不肯收我的錢。這次先旁觀吧，安娜說，畢竟是你的第一場選舉。曼紐爾預測我們會贏一票，達里歐說贏五票，安娜認為我們會輸二十票。

次日清晨天還沒亮我們就到工廠了。第三班工人會在回家前先投票。國家勞工關係局派兩名代表來執行選舉，他們在餐廳角落用硬紙板搭一個小隔間當投票亭。指導員和曼紐爾是廠內工會代表，各班工人也推選出代表，共同見證投票過程。他們整天都坐在一張折疊式長桌前，旁邊是那位珊卓拉和一位大力反對工會的工人，他們代表公司來見證。我要等到計票時才能進去，而被解僱的你根本就不准進去。

我們站在停車場入口，拿著承諾會投給工會者的名單，一一核對名字，確定每個人都有來上班，然後在下班時跟他們確認已投過票。我們從某人帶來的冰桶拿萊姆冰棒吃，從街尾的加油站買柳橙飲料喝。無人來去的空檔，我們就在樹蔭下休息。我們用冰桶裡的冰塊敷脖子和手腕。我們聊音樂，記得我試著對你描述「暴女」，[5]你皺起眉頭，要我哪天帶一張CD給你（後來我有這麼做）。你告訴我你喜歡樂團，北部的，任何有點節奏和手風琴的曲子，我們一直在車裡聽的西班牙流行音樂臺，一〇六・三頻道，簡直快把你逼瘋（我們再也不聽它）。

我們聊天氣，入冬以來很少下雨。我們談到蛾，牠們無處不在，每次開門都難免會有一隻飛進來。

傍晚，我們去接一位三天前才生產的工人——我們需要每一張票。途中向西西莉亞借安全椅，這樣才能載寶寶。我從沒安裝過安全椅，等到你和我在華氏一百度的氣溫下裝好安全椅，兩人都汗流浹背。我們去接那位工人、她的寶寶和寶寶的姊姊，兩個小孩都在去工廠的路上睡了一會兒，寶寶在安全椅上，姊姊蜷在媽媽腿上。到工廠時，工人不願帶寶寶進去。太多汙染了，她說，於是你接過寶寶，讓她伏在你肩上，她媽媽進去投票時，你就在副駕駛座上輕聲對她唱歌。寶寶在你懷裡睡著，當她媽媽和姊姊回來，我們決定讓她繼續睡，一面等開票。大家一起坐在有空調的車裡，感覺過了好久。

投票結束時，寶寶的媽媽、姊姊和我進去看開票，把你留在車裡搖著寶寶唱歌。這是我頭一次進工廠。我長大的農場附近有番茄罐頭廠和福特衝壓[6]廠，除了它們，這是我第一次置身於任何工廠內，雖然我為這個空間畫過平面圖，標示各種位置，站在它外面，非常努力地想像並理解它，但我們一進入那涼爽安靜、幾無一人的行政管理部門，我便失去了方向感。我跟著那位母親繞過前臺，穿過一個出入口，進入洗手間所在的走廊，再穿過另一個出入口，才進入餐廳。

勞工局代表一一唱票，宣布每張票是「同意」或「反對」，我在筆記本上分兩欄記票數。我坐在指導員和曼紐爾旁邊，看著反對票累積得比贊成票快。

當其中一位代表宣布「反對工會獲勝」，那位珊卓拉和另兩位經理拿出他們那天帶到工廠、準備慶祝用的綵球，從長凳爬上桌——那是你和同事每天吃午餐的地方，表演一套經過編排的歡呼動作，我猜他們選舉前便已在辦公室一起排練過。

多年後，調查世界各地違反人權狀況的非營利組織「人權觀察」（Human Rights Watch）在二〇一〇年發表一份詳細報告，指控索迪斯的諸多惡劣行為，包括不當強制員工參加會談，並威脅工人可能因參與工會活動而被解僱。公司答道：實際上，發生在你們工廠之事乃一時偏差，公司對勞工大抵公平，甚至支持工會。公司聲稱人權觀察抓住「一組早已成往事的例外狀況，以……描繪一幅虛假圖像，但〔公司〕其實不斷在努力改進確保其政策被遵循的方法」。

譯注

1 受制聽眾（captive audience），指人像俘虜一般被迫接收他不想聽聞的言論。

2 墨西哥索諾拉州的諾加利斯鎮（Nogales）位於美墨邊界上，與美國亞利桑那州的同名城鎮相鄰，鎮名在西班牙語是「核桃樹」之意，黑核桃樹曾遍植於美、墨兩個諾加利斯鎮之間的山隘上，至今仍可見於城鎮周圍。

3 生產定額（production quota）指根據生產設備的容量、運轉速度、質量檢驗標準和技術要求等數據，為大型連續生產設備制定的日產或班產實物量標準。

4 協商單位（bargaining unit）指由工會代表的工作職位。在協商單位中，工會須獲得過半數勞工支持才能取得團體協商權。

5 「暴女」（riot grrrl）是一種音樂風潮，結合女性主義、龐克風格與政治的次文化運動，一九九〇年代初興起於美國西北岸，經常探討性侵、家暴、性別與種族歧視、父權與階級等議題。

6 「衝壓」是一種加工法，利用專用機具「衝床」以壓力重擊金屬或非金屬板材，將其裁切、折彎或塑形。

六——火

我不知道里昂蠶房的婦女對其蠶蛾有何想法。我並不抱任何幻想，以為除了養活牠們，她們還會致力呵護貪食無饜的蠶或一身細鱗的成蟲。畢竟，養蠶是為了取絲，然後賣掉，以養活她們自己和家人；除了蛻化成另一代蛾，蠶能生產的也就只有絲，而絲滑的繭將在燒煮過程中脫離其軀體。這工作需要密切瞭解蠶蛾的生理機制與生命週期：出生、進食、排泄、蛻皮、變態、交配與死亡。密切，但我猜並不感情用事。即使其飼養與照顧必須遵從各種規矩和神話般的迷信，卻仍講究實用。然而，就像在我長大的小農場上照顧和屠宰動物，與操作重機具來耕田犁地、種植收割，兩者似乎有天壤之別，蠕動的蛾所展現的生命力也迥異於婦女在其他產業、甚至蠶絲業的其他部門所可能操作的無生命機械；我想要相信這生命力意味著什麼，相信它賦予這份工作某種無法換算成金錢或不適合出售的意義。

一八四八年，正當法國的卡努絲織工人在不到二十年內發動第三次武裝起義，英吉利海峽彼岸的業餘鱗翅學家R．L．艾德斯頓（R. L. Edleston）將一隻罕見的黑蛾釘進他已十分可觀的收藏中。這個標本是一種新型態的樺尺蛾，[1]此物種通常帶黑斑，這隻全身煤黑的蛾是已知被採集的首例。艾德斯頓住在曼徹斯特，那裡的狹小排屋與工廠交雜，他就住在其中一間；工廠將黑煙排放到空中，煙塵瀰漫，遮蔽太陽，鎮日陰暗，天天如此，宛如狄更斯描寫的夢魘。當時，每年有重達五萬磅的工業落塵沉積在該市每平方英里的土地上。從一八四〇到一九六〇年代，只要在曼徹斯特的街區走一遭，皮膚、頭髮和衣服就會沾上一層惡臭黏糊的黑膜。

樺尺蛾原本黑白錯落的型態細緻華美，像一幅晴天傍晚椋鳥群飛的靜像，或似掩埋在雪中的深色雪松樹枝，或如盲人用的點字。茱迪絲．霍珀（Judith Hooper）的《蛾與人》（*Of Moths and Men*）講述科學界關於此物種的骯髒事，書中描寫這種型態的蛾：「當我在牛津大學的赫波昆蟲學系（Hope Entomology Department）看到實物——死去的蛾像珠寶吊墜釘在黑絲絨襯底上展示，不禁為其美麗驚詫不已。珍珠色澤的翅膀蝕刻著深色斑紋，呈現出某些日本織物的低調優雅；相形之下，那些色彩鮮明的燈蛾（tiger moth）便顯得俗豔張揚。」相對的，活在工廠的煤煙中並倖存下來，經過好幾代而出現的全黑型樺尺蛾，或稱黑化型，[2]則經常被形容為單調或不起眼。霍珀寫道：「除了十九世紀迫切想要奇異變種的昆蟲學家外，很難想像有誰會覺得這黑漆漆的黑化型樺尺蛾可愛。」

但我看到的那隻被釘在橡木玻璃盒裡的蛾卻很迷人：深邃的黑色，帶著針尖般的銀點，在幽暗中散發柔亮的光澤。細看陳列的兩種型態，很難記得牠們屬於同一物種，甚至很難理解在如此顯著的差異下，物種的意義究竟是什麼。在匹茲堡的卡內基自然歷史博物館（Carnegie Museum of Natural History）向我展示牠們的鱗翅學家解釋：英格蘭工業化初期，在曼徹斯特這樣的城市，樺尺蛾族群僅花短短三、四十年便從淺色型轉變成深色型。約一世紀後，當工廠被迫開始淨化，樺尺蛾又同樣快速地變回原貌。這使牠們成為有史以來最清楚、最容易觀察到的演化適應證據。

我記得中學時學過這些蛾，也記得在課本上看過兩種型態的圖像並列。我念的鄉下中學只有一位生物老師，他是嚴格的神創論者（也是全郡最會製作動物標本的人，把教室當成陳列室），曾警告我們課本會胡說八道，說這種蛾是演化的經典範例，但若我們無法從照片看出神的光輝，就會直接下地獄。基本上，樺尺蛾的故事正是這樣發展：配合著互爭長短的敘事左彎右拐，述說這兩種蛾及其顏色轉變背後的機制，以及鱗翅學家和其怪癖與漏洞百出的實驗。

二〇〇三年，當你和我為了在你們洗衣廠組織工會而馬不停蹄地家訪，夜晚在成群飛舞的蛾下方輪班開會，樺尺蛾成為爭議的核心。茱迪絲．霍珀的書於前一年出版，書中對一系列實驗提出質疑，這些實驗賦予樺尺蛾作為天擇說活證據的地位。她聲稱德．凱特威爾（Bernard Kettlewell）在實驗中作假；凱特威爾是蛾類收藏家，於一九五〇年代中期研究樺尺蛾適應[3]背後的機制，其實驗據說得出下述結論：在煤煙覆蓋的樹上，深色蛾存活的機率為淺色蛾之兩倍；從而支持這樣的想法：蛾已適應於較深的體色，因為這讓牠們在工業汙染的背景下較不易被發現。但凱特威爾並未如其所宣稱，將兩種型態的蛾以相同數量釋放到樹林中，觀察牠們會停棲在哪裡，並記錄獵食者是否會發現牠們，以及有多快發現牠們；他居然將蛾的屍體黏在樹幹上，結果只證明鳥兒對於現成的死蛾自助餐確實會大快朵頤。至少心存懷疑的霍珀這麼認為。

她進一步指出，凱特威爾與他對蛾的業餘愛好一直受到狂熱的達爾文主義者支持和利用，如牛津大學的動物學家E．B．福特（E. B. Ford），他們一心想讓科學界普遍接受演化論，而這正是那些實驗導致的結果。多年來，各領域的科學家發表了好幾篇論文批評凱特威爾的研究，儘管如此，一旦樺尺蛾演化的故事被講述、複述並相信了夠多次，它就變得不容置疑，對生物科學來說神聖不可侵犯。

直到霍珀從新聞報導的角度調查凱特威爾的研究，揭發其核心的偽科學爛帳，那對黑、白樺尺蛾並排的著名照片才漸漸從中學課本消失，過程中有狂熱的神創論者相助，他們受到霍珀的抨擊鼓舞，大張旗鼓地撻伐凱特威爾的研究與多數科學家對它的盲目接受，宣稱它證明演化科學只不過是一套灌輸給無知者與無神論者的學問。

《蛾與人》不僅關注蛾本身，也關注這部傳奇裡的鱗翅學家——他們有時以「蛾人」自稱。霍珀將他們描繪成古怪的書呆子，像卡通人物般拚命工作。她寫道：「有些蛾人社交技能之差，不下於更接近偏執狂的電腦駭客，襯衫釦子亂扣、頭也不梳就到處跑，滔滔不絕地講一堆拉丁文學名。」霍珀在最後一章寫道：「我探究捕蛾人的世界時，感受到一股我並不瞭解的強大衝動。與這些在親緣上離我們如此遙遠的生物產生親密交流，似乎具有某種原始特性。鱗翅學顯然會令人上癮，它是一種精神熱病，患者主要是男孩，在接近青春期時染病；我所得知的科學家個人故事中，對於寂寞、缺乏愛與失親的少年來說，捕蛾的撫慰力量似乎不言可喻。」她在別處指出女孩和婦人較偏好蝴蝶。

不同於十九世紀中葉的大多數收藏家，艾德斯頓也是個製造白棉布的紡織工人，而非有錢人，無法像大部分收藏家那樣用閒暇時間收集蛾。他的採集法不為人知，但可能跟大多數蛾人一樣有自己的糖漿配方：某種他偏好的啤酒與糖的混合液。他可能花一個下午將糖漿塗在樹上，夜裡再提燈出去，尋找被群蛾包圍的膠黏樹幹。他釘製這個史上首見的標本後，深色樺尺蛾開始出現於英格蘭各地的收藏，綜而觀之，牠們形成一幅蛾轉變的時空地圖，對應著工業化的擴展與空氣中黑煤煙的存在。

霍珀提到其他知名蛾人的糖漿配方，包括大文豪兼鱗翅學家弗拉基米爾·納博科夫（Vladimir Nabokov）用糖蜜、啤酒和蘭姆酒調製的獨門糖漿。他在《說吧，記憶》（*Speak, Memory*）裡寫道：「穿透疾風陣陣的黑暗，你的燈籠可照見樹皮黏稠反光的溝紋，和兩、三隻停在上面吸吮甜汁的大蛾，牠們緊張的翅膀像蝴蝶那樣半張，灰若地衣的前翅下方，展露出令人難以置信、緋紅如綢的後翅。」霍珀指出，納博科夫在此描寫的是一種夜蛾，看似平凡無奇——灰或褐色，可融入任何背景。休息時，這些蛾毫不起眼。但當牠們展開前翅，便會閃耀出底下珊瑚紅、紫紅、藏紅或血紅的色彩，鮮豔得足以驚嚇獵食者，從而爭取到足夠的時間俯衝至地面躲藏或飛走。飛行時後翅在空中閃爍，宛如微小的火焰。

《蛾與人》出版後，昆蟲學家麥克·馬傑魯（Michael Majerus）出面為樺尺蛾（與凱特威爾）解圍，對任何肯傾聽的人抱怨這本書「充滿錯誤、不實陳述、曲解和謊言」。他進行一場精心設計的實驗，歷時六年，將四千八百六十四隻蛾釋放到一座鄉村花園，所觀察的數量遠遠超過任何一項樺尺蛾研究。他來不及發表實驗結果便去世了，其研究確切證明了保護色和鳥類捕食實為導致蛾類黑化盛衰的首要因素，也讓樺尺蛾重新成為達爾文式演化在運作的最清楚範例。這篇平反之作在他死後才發表，那是二〇一二年，當時我正在讀《蛾與人》。

當然，我一向站在蛾這邊，覺得自己是牠們的盟友，基於這無可否認的古怪心態，牠們身為工業問題通報者的冤屈得以昭雪，頗令我感到欣慰。

然而，縱使身為業餘愛好者，感覺與蛾人十分親近（我是個組織者，非科學家），我仍能理解霍珀對他們的看法，以及她何以認為鱗翅學家對這些小夜行動物的渴欲很不可思議。儘管我自己在夢中與蛾緊密相連，但若非牠們先找上我，我不會對牠們產生任何興趣。

樺尺蛾之戰令我著迷的甚至不是蛾本身（雖然牠們在那裡，可說是故事的情境核心），而是爭奪控制權——對於牠們應該具有什麼意義，以及關於牠們的故事如何隨其身體形態而演變。

我們知道克拉拉・萊姆利希的故事應該具有什麼意義，至少當它以最精煉且廣泛報導的形式被講述時。帶頭反叛的瘦小女孩突然從數千名觀眾中站起來號召罷工，好幾萬人跟隨她走上街頭——如此緊湊的敘述令人除了敬畏無法有其他感想，也沒留下空間給人謀劃類似的行動。克拉拉挑戰工會領袖並號召罷工，而讓此事成為可能、也成為必要的，是推展運動的艱苦工作，一旦脫離了這個脈絡，它就變成偶然事件、奇蹟般的行為、無法複製的違抗。我猜這正是如此講述故事的目的之一，不管他們是否意識到。這個版本的故事說：激進行動——尤其由移民婦女或有色人種婦女所採取者（想想民權運動者羅莎・帕克斯受到的待遇）[4]——需要超凡的勇氣與天賜良機。它告訴我們：工會其實不是這樣建立的，不是透過自然發生的高度戲劇化時刻；當然，此言非假。

就連克拉拉也似乎對這個故事感到驚訝。據一九五四年與克拉拉談過話的《猶太生活》（*Jewish Life*）雜誌採訪者說，她不喜歡談自己。要是被逼著談自己，她會冷冷地斜睨地板，彷彿從很遠處看著一個非常小的東西。當她談到並肩作戰的婦女及抗爭本身的意義，克拉拉變得更熱情而有活力。如雜誌為她做的傳略所述：「『那才是你必須寫的！』這個目光炯炯的嬌小女子仍寧可談罷工的意義，而不願談自己在其中扮演的角色。『人們過去常說你根本沒辦法組織女人，她們不來開工會會議，她們是「臨時」工人；她們老是扯男人後腿。好吧，我們就讓他們瞧瞧！』」

隨著時間過去，當時的情境被重新建構，克拉拉步步為營、辛苦推展的組織行動，被改編成自發、甚至偶發事件。但她被舉上臺時，肋骨可能還在痛。當她用力將空氣吸進肺部，以便對數千名群眾呼喊時，想必感覺到尚未癒合的骨頭和瘀傷的肋間肌一陣酸疼。當她舉起右臂——說自己若背叛宣誓效忠的志業，就讓這隻手萎死——舉在空中，望著數以千計的手臂隨她一同舉起，她的身體可能正隱隱作痛。

她之所以疼痛，是因為在庫珀聯盟學院舉行的群眾大會，亦即她說出那著名言論的場合，發生於罷工的第十一週；那是克拉拉已經在領導的罷工，參加的數百名工人來自紐約市最大的三家女式襯衫工廠：萊瑟森（Leiserson's）、羅森兄弟（the Rosen Brothers）和三角襯衫公司。舉行大會的十週前，這些公司僱用一名男子，在她從糾察線去工會辦公室的路上尾隨她；十週前，他從背後欺身上前痛毆她，打斷她六根肋骨，任她倒在巷弄裡流血。舉行大會的九週前，她帶著猶未消腫癒合的傷口回到糾察線，站上倒扣的板條箱，對罷工的夥伴吶喊，說她寧可快快餓死也不要慢慢餓死，因此她將繼續留在糾察線，就算再挨打也不怕。

在這之前，她已被逮捕十七次，被法官教訓說婦人和女孩本該聽命行事，她現在這樣是在跟上帝作對。舉行大會之際，她所屬支部的罷工基金已告罄，她曾向工會高層長官尋求支持，將罷工擴展到紐約市約六百家工廠，但工會的領導階層建議她結束罷工，因為有些婦女厭倦了逮捕和毆打，也害怕領不到罷工工資，[5]會影響生計，正重返工作崗位，除此之外，三角和萊瑟森公司將工作發包給紐約市其他非工會工廠的工賊，繼續維持生產。在這之前，她也去過全國婦女工會聯盟（Women's Trade Union League, WTUL）——一個促進「職業婦女福利」的上流婦女參政組織，要求她們來視察糾察線，以幫忙遏止對罷工的暴力攻擊；她們來了，卻未能嚇阻暴力。全國婦女工會聯盟對於擴大罷工的想法也表示遲疑，勸克拉拉應該慢慢來，應該更守紀律，別那麼莽撞。

大會舉行前，克拉拉已與二十五支部的其他領導人在數百家製衣廠展開實地工作，建立組織委員會，並為更大規模的罷工爭取支持。大會進行的當下，克拉拉知道這些工人有戰鬥的意志，有罷工的意志。事情發生時，大廳裡的大多數工人、甚至全部工人都很清楚她是誰，聽過她許多次演講，當他們看見她從講臺前的地面舉手，便把她抬到臺上，因為他們已經知道她要說什麼，那正是他們來這裡要聽的。

在臺上發言的她其實是這樣的人，而非她通常被形容的「脆弱小女孩」或「不知名的纖弱少女」。

克拉拉十歲時，會躲在閣樓天花板的橫梁間讀書，那時她住在烏克蘭的一座小鎮。有次鄰居發現她在那裡，像隻鳥兒蹲坐著，手捧一本幾乎比她還重的俄國小說，作者是杜斯妥也夫斯基、屠格涅夫或托爾斯泰。克拉拉察覺自己被發現時，懇求鄰居別告訴她父母；她媽媽在街尾開雜貨店，爸爸是正統派猶太教學者，禁止他們在家裡說俄語，以抗議猶太人不准上附近的小學。她付錢請俄國女孩教她讀俄文，並擱下家務溜去上課。她籌學費的方法也是從家裡溜出去，到鎮上一家裁縫店縫鈕釦孔。為了請俄國女孩幫她上課，她得跟她們交朋友，為此她從住在鎮郊她家附近、不是猶太人的農民那裡學來幾首民謠，再提議教那些俄國女孩唱。

鄰居沒去告密，反而帶給她更多書和政治小冊子，接下來六年，她便在閣樓裡，或等夜晚家人都睡著後，躲在闃暗的廚房饑渴地讀這些書冊。

克拉拉十七歲時，基希涅夫（Kishinev）市的神父帶領做復活節禮拜的會眾走上街頭，針對當地猶太人展開凶殘的暴動。大屠殺過後，克拉拉後來說，有些長老呼籲猶太人組織自衛隊。但當倖存者開始描述其目睹的慘況——猶太孩童的屍體堆在街上，這些屍體，包括嬰兒，被暴徒撕扯成碎片——她的家人與其他數十萬同胞在一九〇三年逃離那個地區。他們先到英格蘭，在那裡花數月等候登船，克拉拉住在工業無限制製造的汙穢、霧霾和煤煙中，亦即將樺尺蛾變黑的環境，直到航向美國。

在紐約，她很驚訝地發現大家看起來都好累，不論大人小孩，個個眼窩深陷，衣衫襤褸，因彎腰操作工廠機器而駝背。後來她說，她踏上這個新世界，想不通情況怎麼可能會變得更好。

克拉拉的母親從烏克蘭千里迢迢拖來一臺縫紉機，設法帶著它長途跋涉到英格蘭，再搭船到紐約，歷經埃利斯島[6]的混亂。憑著這臺機器，加上向廉價公寓的新鄰居借得的針線，克拉拉在高譚（Gotham）襯衫工廠找到一份工作。她每天揹著縫紉機上下班。沒有它，她就不會被僱用，或得為使用公司器材而付費，因為工人在製衣廠內碰到的任何物品幾乎都要收費——針線、置物櫃、座椅，以及服裝或布匹的任何損傷。他們在淡季每週工作六十五小時，到了旺季變成八十五小時；春秋換季時要趕工推出新裝，他們在煤氣燈下工作至深夜，有時到黎明。克拉拉後來說：「整個星期我都看不到天光。」

工廠沒暖氣，工人不許穿外套，以防他們下班時夾帶用品出去。環境很不衛生。「那是一般的講法，」克拉拉後來說：「但情況其實更糟。」廁所的便溺溢流到廠房，經理鎖上了門，所以沒人可出去外面找廁所。工人每天只能去一次洗手間，之後若憋不住，就得尿在地上。機器嘈雜地嘶嘶響，工頭不斷喊叫，工人如果在上班時間交談，就會被開除。克拉拉在一九一二年投稿給《好管家》（*Good Housekeeping*）的文章中寫道：「不僅你的雙手和時間，連你的心靈都被賣了。」

第一份工作才做幾個月，克拉拉便與同事為了公司的薪資制度而罷工。根據規定，工人要自行保管一疊疊代表其生產量的小票券。他們不准把票券放在縫紉臺上，也不許收進口袋。公司料準他們會忘記將票券放在哪裡，而他們確實記不得。有些參加罷工的女孩才八歲，她們在被叫作「幼稚園」的工廠角落幹活，修剪成衣的線頭，每天工作十四小時，偶爾有督察來執行禁止兒童夜間工作的新法規，她們還得躲進箱子裡。

克拉拉說這工作就是要讓她覺得自己像一部機器，而她不甘心這樣過一輩子。夜晚下班後，她會走到公共圖書館，閱讀其中收藏的大量俄文經典，再步履蹣跚地回家睡幾個鐘頭，直到早晨回工廠上班。在紐約的第二年，她報名一所免費夜校，學讀英文，並趁各製衣廠的午休時間朗讀狄更斯、雪萊、喬治・艾略特和托瑪斯・胡德[7]的作品給年輕女孩聽。她也開始在蘭德學院[8]修課讀馬克思，然後組一個小讀書會，利用午休在街上邊走邊討論，以免被老闆監聽。

這個小組自稱「火爆女孩」（the fiery girls），一九〇五年某天午休時，她們走到《猶太前鋒日報》（*Jewish Daily Forward*）的辦公室，徵詢關於組工會的建議。

一九〇九年，聚集在庫珀聯盟學院的工人決定罷工、舉手宣誓後，一個由十五名婦女（連同一位被任命領導她們的男士）組成的代表團跑到鄰近各會場，向主會議廳容納不下的數千名工人傳達此決定。在這些會場，罷工亦獲無異議通過。次晨，他們走進城市各處的襯衫工廠上班，坐在機器前，等罷工開始。在一間工廠，一位名叫羅絲·佩爾（Rose Perr）的十六歲工人後來敘述，婦女靜靜坐著，感覺過了很久，廠房裡充盈著某種能量，但沒人移動，直到她們在無人帶頭的情況下，不知怎地全部同時站起來。

罷工人數超過工會預期——單單第一個早上就有一萬五千人。罷工首日，克拉拉和二十五支部的其他幹部急忙在城裡到處租場地，以容納大量湧上街頭的工人。每個場地都有罷工領袖在收集工人的訴求清單，「用意大概只是要打發時間」，記者大衛·馮·卓黑爾（David Von Drehle）在其著作《改變美國的「三角」大火》（*Triangle: The Fire That Changed America*）中寫道，因為在工人匯整出這些希望能解決的議題清單之前，國際女裝服飾工會的領導者已發表他們自己的訴求，包括調高薪資和縮短工時，但完全沒提到改善安全條件或工廠衛生。克拉拉與數千名隨她步出工廠、走上街頭的人，跟他們的老闆同時得知這些訴求，方式也一樣：從報紙上看到。罷工第一天近尾聲時，全國婦女工會聯盟的有錢婦女造訪這些會場並舉辦工作坊，強調為了贏得公眾同情，必須禮貌且有秩序地執行糾察任務。不到二十小時，罷工者不僅被告知自己是為了哪些訴求而戰，也被教導究竟要如何進行抗爭。

儘管被這些勢力包圍，罷工卻是克拉拉的生命。她在糾察線上從清晨六點站到半夜，然後與其他罷工領袖開會，為次日做計畫。頭一個月有七百二十三人被捕，十九人被判進勞改所，包括一名無證詞即被審判的十歲女童。由於罷工基金用罄，二十五支部只好請求全國婦女工會聯盟幫忙付保釋金和訴訟費，平均每天七千多美元。全國婦女工會聯盟的有錢婦女力挺罷工者，並在競技場劇院（Hippodrome theater）、卡內基音樂廳（Carnegie Hall）和市政廳（City Hall）籌劃群眾集會，將罷工與爭取女性選舉權的運動連結。

這場罷工在我任職工會的那些年顯得特別重要，它是工會創立的關鍵事件，是工會自述的主要情節。那些年輕女性的黑白影像——穿著深色長大衣，戴深色絨帽，披上白色的罷工肩帶，肩並肩站在嚴寒中——懸掛在全國各地的工會大廳牆上。我將這張照片印出來掛在我們鳳凰城的辦公室。與你一起工作的那幾年，當我們建立名冊、策劃抗爭，背景裡總是有它。

但多年來我一直搞錯了罷工的故事，至少搞錯它與那場火災的時間順序。我以為火災先發生——以為這幾千名婦女是因為那場火災才起而抗爭，其罷工迫使服飾業、所有產業和國家整體做出改變。

但先發生的其實是罷工，一場在十一週後被「斷然取消」的罷工。一場依消息來源而被視為「成功」或「非常成功」或「大獲全勝」或「僅部分成功」或「算不上全勝」的罷工。三百三十九家工廠與國際女裝服飾工會簽訂契約，根據猶太婦女檔案，[9]內容包括「每週工作五十二小時，每年至少四天有薪假，不歧視效忠工會者，免費提供工具與材料，淡季平等分工，與員工協商工資」。猶太婦女檔案也指出「迨罷工結束，紐約市百分之八十五的女式襯衫工人都加入了國際女裝服飾工會」。但罷工者的某些訴求未獲解決，幾家像三角這樣的大廠根本沒簽約。有些罷工者注定要在那裡的火災喪命。

許多報導認為促使這些老闆與工會達成協議的是全國婦女工會聯盟的社會和政治資本。另一些報導則歸功於社會黨（Socialist Party）領袖莫里斯・希爾奎特（Morris Hillquit）

與礦工工會（United Mine Workers）的約翰・米切爾（John Mitchell），他們與服裝公司老闆坐在談判桌上，就他們所不瞭解的產業協商年輕移民女性的工作條件。罷工者本身並未受邀參加談判，他們很多是文盲，很多只會講意第緒語，且在罷工中因高聲吵嚷又不守規矩而出名。

罷工結束後，克拉拉病倒了，她到紐約上州，在全國婦女工會聯盟一位朋友的鄉間別墅臥床休養。幾週後她回到城裡，發現自己被列入黑名單——沒有一家製衣廠肯僱用她。國際女裝服飾工會派她視察工廠是否有違反安全或童工規定的情事，這是罷工迫使某些廠商接受的制裁。但克拉拉對協商條件不滿，且不願或無法保持沉默，結果被國際女裝服飾工會的領導者開除。於是她去為全國婦女工會聯盟工作，站上肥皂箱對民眾鼓吹婦女選舉權，但也沒維持很久——她的演說經常偏離講稿，從投票權變成在談女工的生活與權利。

一九一一年三月，三角工廠起火的三天前，克拉拉等人為協力爭取投票權的女工創立了一個新組織：婦女選舉權受薪者聯盟（Wage Earners' League for Woman Suffrage）。這小群共同創辦者包括製衣工人兼組織者羅絲・施耐德曼（Rose Schneiderman）和李奧諾拉・歐萊利（Leonora O'Reilly），以及洗衣工人瑪格麗特・辛奇（Margaret Hinchey）——

她在迅速擴展的機器洗衣業組織同事。該組織將由工廠工人管理，為工廠工人服務，是真正民主的組織性團體，「火爆女孩」的新家。

火災發生八天後，這個新組織協助領導一場在大都會歌劇院（Metropolitan Opera House）的抗議活動，觀眾席上有領導國際女裝服飾工會的男士和領導全國婦女工會聯盟的女士；在他們面前，被報導形容為身材嬌小、平常講話極小聲的羅絲・施耐德曼發表演說：「如果我來這裡談夥伴情誼，就是背叛了這些可憐的燒焦軀體。……這不是第一次有女孩在這座城市活活被燒死。每星期我都得聽聞有某位工人姊妹不幸早逝。每年我們都有數千人因傷致殘。人命如此廉價，財產如此神聖。……已經流太多血了。經驗告訴我，勞動者只能靠自己救自己。」

譯注

1 樺尺蛾（*Biston betularia*），俗名灰斑蛾、椒花蛾（peppered moth）。

2 「黑化」指黑色素在動物皮膚或毛髮中逐步累積的過程，黑化型（melanic form，又稱 *carbonaria*）的動物包括本書所說的黑蛾，以及俗稱黑豹的黑化美洲豹等。

3 在生物學上，適應（adaptation）指生物體在某環境條件下，經過一段時間的天擇過程，演化出具有遺傳性的行為、型態或生理特性。

4 一九五五年，羅莎・帕克斯（Rosa Parks, 1913-2005）在美國阿拉巴馬州的公車上因拒絕讓座給白人乘客而被捕，引發大規模反對種族隔離的社會運動。

5 罷工工資（strike pay）是工會付給罷工工人的工資，以滿足他們在罷工期間的基本需求，其來源通常是一筆特別儲備金，稱罷工基金。

6 埃利斯島（Ellis Island），一八九二至一九五四年間為美國移民局所在地，許多歐洲移民在此踏上美國國土，接受身體檢查及移民官詢問。

7 托瑪斯・胡德（Thomas Hood, 1799-1845），英國詩人，其著名詩作〈襯衫之歌〉（The Song of the Shirt）描寫縫衣女工的悲苦生活。

8 全名為「蘭德社會學院」（The Rand School of Social Science），一九〇六年成立於紐約市，以教育工人為宗旨，灌輸其政治化的階級意識，並兼具研究、出版與主辦營隊等功能。

9 猶太婦女檔案（Jewish Women's Archive）為一全國性非營利組織，一九九五年在美國麻州創立，致力於蒐集並宣傳猶太婦女的故事。

七——蛾 Las Polillas

我們以二十八票之差輸了選舉。

如果再多十五個人投贊成而非反對票——每人從公司拿走一票，加到工會這邊——工會便將有一票優勢，我們就會贏。假使只多了十四個人投贊成而非反對票，那麼開票結果會是平手，公司仍將獲勝。依照現行法律，平手就是維持原狀——沒有工會。

五週前，你的大部分同事都加入了工會。假如我們設法多留住其中十五個人，假如我們在閃電戰到選舉前那幾週——即所謂「關鍵時期」——能更完善地保護他們不受公司襲擊，你們的工會便可在那天下午獲得國家勞工關係局認證，而我們將開始準備與公司談判，建立我們為取得合理契約所需的實力。這十五個人不能包含你、桑迪亞哥、伊莎貝爾、西西莉亞和瑪麗亞，公司不准你們進工廠，那是選舉進行的地方。你們沒辦法投票。

餐廳裡，反對工會方被宣布獲勝。我坐在指導員旁邊、餐廳中央的桌前，安東妮雅坐我們對面，她哭了。周圍很多人在哭。我低頭看自己記的票數，握著筆在紙上移動，假裝忙著記什麼要緊的事，雖然什麼也沒寫。我感到羞恥，但心裡明白不該這麼覺得。我很悲傷，很憂慮。我咬住舌頭，想用鮮明的痛楚來模糊這些感受，以免逾越界限，涉入這場戰爭中不屬於我的部分。我不覺得生氣，至少當下不覺得。

餐廳裡擠滿了人，五週前，這些人告訴勞工局，他們大多數都想要工會，事實上，他們親手遞交一箱簽了名的卡片，表明想加入工會，並選擇讓紡織成衣工會代表他們與公司談判，以改善其工作條件。但依現行法律，無論有多少員工簽名，公司還是可以聲稱這些卡片不足以斷定工人是否想要工會。依現行法律，公司可要求工人透過勞工局主持的選舉——如我們剛輸掉的這場——再次證明他們想要工會。依照現行法律，從簽完工會卡到選舉前的這幾星期，公司可以進行反工會宣傳，包括在強制工人出席的會談中公開表示反對，對工人投票支持工會後可能發生的情況做負面預測，並告訴工人他們若參加經濟性罷工，可能被永久取代。這一切都顯示工會選舉不僅是投票「支持」或「反對」成立工會而已，而是要決定你們已選擇組建的工會值不值得為之一戰。

那位珊卓拉和她的隊員表演完綵球歡呼後，哭著擁抱並感謝他們知道投票反對工會的工人。指導員一動也不動地坐在我旁邊，面容凝肅，看不出情緒。她用足以讓所有人聽到的聲音，向安東妮雅、勞爾、碧翠絲和聚集在我們周圍的委員會成員保證戰爭尚未結束，公司違反了為防止雇主報復組工會的工人而制定的法律，我們會提出訴訟。她從桌前起身，收拾東西走出工廠，動作俐落而從容。我盡力模仿她。

在停車場，你抱著寶寶，透過出租汽車的擋風玻璃看著我們走出來。後來你告訴我，你一看見我的臉就知道我們輸了。白得像鬼？我問。不，你說：紫的，像瘀青。你看起來不像你。

停車場旁邊有排牧豆樹（mesquite），桑迪亞哥、伊莎貝爾和西西莉亞坐在其中一棵的樹蔭下。西西莉亞靠著樹幹，頭枕著擱在膝上的前臂。她修改過自己的紡織成衣工會紅T恤，讓上臂和腰周圍的小布條捲曲成流蘇，當她這樣休息，流蘇便如羽毛般從手臂垂下。我們走近時她沒抬頭。

我不記得那天送你回家，雖然我一定有這麼做。我們在人行道上待了約半小時，你冷靜地對從工廠魚貫而出、感覺被打敗的同事保證：我們會把老大和那位珊卓拉告上法庭；之後我一定有載你回家。我不記得那天晚上跟其他組織者做了什麼——有沒有去辦公室做匯報，有沒有吃東西。夜裡，團隊聚集在曼紐爾房間，直接從酒瓶大口灌威士忌，沒像平常習慣的那樣去汽車旅館酒吧。我們喝得酩酊大醉，抽了好幾包菸。後來安娜去睡了，但不曉得為什麼，其他人決定不睡。我們把提神藥片莫盹碾碎，將藥粉排成直線吸食，徹夜醒著。

曼紐爾、達里歐和指導員講他們在全國各地從事過的失敗工運——老闆收買工人，叫移民局來把工人驅逐出境，僱人跟蹤並毆打工人。他們講一些組織者鬥勇鬥智、各出奇招的故事：在攸關工廠罷工成敗的緊要關頭，有人偷取卡車鑰匙，從路邊的排水溝柵丟下去，或將砂糖灌進油箱，或半夜把水泥漿抹進工廠大門的掛鎖孔。記得我當時想，我瞭解這樣通宵輪流講故事的作用，其動力來自義憤與自豪，這些感受支撐人們熬過工會組織工作的瘋狂，同時又使這瘋狂愈燒愈烈。那是一種掌控我們故事意義的方式。當我坐在汽車旅館的床上聆聽，我自己的憤怒變得更直接而可用，蓋過之前感到的羞恥與悲傷。回顧當初，我好奇這練習是否也對別人發揮同樣的效果？集中憤怒，將自己與抗爭的關係簡單化，或至少將我們對它的反應簡單化——這些能力是否跟希望一樣，都是從練習中產生？而我們當時在房裡一起做的就是練習嗎？

早上我接你一起去辦公室做傳單，上面寫著「公司違法，我們將提告」。然後開車到委員會成員家讓他們簽名，再拿去金科複印。接著到工廠，趁換班時發給大家。彷彿一切都沒變。我們那天的出現，是在堅稱這場戰爭並未結束，堅稱你和同事其實已建立工會，無論公司承不承認，無論政府是否認證，你們的工會都存在。我們希望透過持續出現向你同事表明，組工會的過程漫長，選舉失敗只是其中一部分——這在現今的勞動法規下經常發生，因為進行反工會報復的雇主不必繳罰款，權利被侵犯的工人其損傷也得不到賠償。這一切都在告訴我們，對於想保持非工會狀態的公司來說，違法有百利而無一害，所以他們就這麼做。

那天氣溫華氏一百零八度。發傳單時，直射的陽光令人瞇起眼睛。我們對司機大吼大叫。當老大搖著頭走進停車場，似乎對我們這麼快就回來、或居然還會回來感到驚慌，我們朝他微笑揮手。

當天下午，經理們在廠裡宣布停工，辦一場披薩派對。建廠二十多年以來，公司頭一次允許各班所有工人同時進入餐廳。那位珊卓拉用氣球和彩帶裝飾場地，牆上貼著標語：「感謝你投反對票！」「拒絕工會」，以及「我們要團結（不要工會）」。[1]她站在工人前方為老大翻譯，他感謝工人對公司忠誠，並表示公司已簽下好幾份新的醫院合約，工廠的生產流量將提高，工人必須努力合作，以達到要求的產出水準，在場如果有任何人不想努力，或對投票結果不滿，他們知道門在哪裡，應該立即離開。

老大和那位珊卓拉將一些印有公司名稱的帽子和遮陽帽拋向圍桌而坐的工人觀眾。碧翠絲後來告訴我們，有頂帽子落到工會支持者桌旁，掉在他們腳邊的地上，沒人彎腰去撿它。

那晚，我累得皮膚似乎不再形成屏障以阻隔汽車旅館的床單；我陷入布料中，我的細胞壁裂開，與聚酯纖維和棉纖維交織。電視還開著，我盯著它，目光呆滯，直到可以一眨眼就睡著，而不必決定是否想睡覺。蛾在那裡，但數量比之前多許多。牠們層層疊疊堆在我身上。被壓在底下的那些掙扎著要移動。

次日前往國家勞工關係局辦事處的路上，組織指導員說明《國家勞工關係法》第八節的內容，它分兩部分概述不當勞動行為。她說，第一部分8(a)條列老闆不該做的事，第二部分8(b)則條列工會不能做的事，所以我們的指控將全屬於8(a)的範圍，視每項違規之類別而定。

當我們蜿蜒穿行於勞工局所在大樓的地下停車場，我在副駕駛座上匆匆筆記。我們大聲列舉公司最陰狠的違法作為，我逐條記下：停工屬於「受保護之行為」，[2]他們卻在停工期間開除你——工會組織委員會的頭號領導人。他們開除三位直率敢言的親工會行動者，桑迪亞哥、西西莉亞和伊莎貝爾，以及另一位曾參與停工、但後來搬回墨西哥的汙物分揀員瑪麗亞。他們威脅要凍結然後削減工資與福利。他們威脅如果工會贏了，他們會拖延談判，全力阻撓制訂合理的契約。他們盤查並騷擾工會支持者。他們監視工會開會。他們迫使工人簽署要求撤銷其工會卡的信件。

指導員說，勞工局得花許多星期調查這些指控。調查結束時，她說，勞工局將決定是否對公司提告，如果要告，就會指派一位勞工局律師在行政法官面前提出這些控訴。連排定開庭時間也要花上幾個月，她說。像這類有多項指控要考量的案件，必須分析許多證人的證詞，審訊休庭後，法官可能要再花一年以上才能做出判決。

歷經這整個過程後，如果我們打贏了官司，指導員繼續解釋，法庭上的勝利可能——但也可能不——包含讓你、桑迪亞哥、西西莉亞和伊莎貝爾復職的命令。法官可能——但也可能不——命令公司支付你們損失的薪水。若我們在騷擾的指控上勝訴，公司可能得從安東妮雅的紀錄上刪除兩支警告。至於其他——所有的威脅、盤查與監視，我們頂多只能希望公司被要求在工廠的布告欄上張貼一封信，說明他們已被勒令不得再違法。

指導員說，對上索迪斯這樣的公司，我們有可能贏得的頂多是再辦一場選舉的權利——那也是我們的主要目標，除了讓你和其他被開除的工人復職並補領薪資。假如我們真的能讓法官開庭審理此案，假如那位法官真的判定公司犯下多項夠嚴重的違法情事，我們也許能幸運地重複選舉過程，歷經同樣猛烈的攻擊，同樣的戰爭。如果公司這次又違法——縱使他們做出一模一樣的威脅，開除完全相同的人——我們可採取的唯一法律途徑將是再度提出指控，冀望再舉行一次庭審、再辦一場選舉等等。她用英語告訴我這些，我一面聽一面在腦中同步翻譯，思索用什麼句子來向你描述這種荒謬。

這個過程的不公平——公司或其經理永遠不必為違法而付出真正的代價，公司幾乎總是可望藉違法而獲利——並不令人意外，但它讓我對於工人竟能在此制度下致勝感到更驚異。但工人確實贏過——如果公司有超過兩週的時間進行反工會宣傳，工人的勝算只有一半左右，但若從工人要求選舉那天算起，在兩週內投票，工人的勝算便超過八成。

當我後來告訴你這一切，你對其殘忍嗤之以鼻，但你很冷靜。就是這麼回事（*Asi es*），你說，這已變成我們在每次運動難度升級時的口頭禪。就是這麼回事，我附和著你。

一個月前收取我們工會卡的那位行政人員要指導員和我等一下，讓她查查接下來是哪位律師輪值，會被指派給我們。過了一會兒，有位中年白人男士來大廳接我們，領著我們在走廊拐了幾個彎，來到他的小辦公室。他在辦公桌後面坐下，隔著桌上堆很高的文件禮貌地微笑——他穿著皺巴巴但仍具律師架式的西裝，我們倆穿著汗溼的T恤、牛仔褲和髒兮兮的球鞋——告訴我們他叫保羅．厄文（Paul Irving）。我們描述公司的違法行徑時，他不時回應以「哇」或「真的？」，但大半時候都在記筆記，用一般方式書寫在黃色記事簿上。他寫字時並未低下頭，而是看著我們的臉。

提出不當勞動行為的指控後，我們告訴保羅我們已確認過證人名單。開完票後，你站在工廠外面，是第一個自願作證的人。你將寶寶交還給她媽媽，一隻手臂舉到額前遮擋刺眼的陽光。**我要去**（*Yo si voy*），你說。

桑迪亞哥、安東妮雅和西西莉亞說他們也要當證人。然後勞爾、碧翠絲、伊莎貝爾、波洛、波利托和安娜莉亞——聚集在停車場邊的這小圈人都願意出面作證。

在保羅的辦公室，我把你們的名單交給他。哇，他又驚嘆了一聲。然後他說，好喔，尾音上揚的親切口吻，似乎表示他想讓我們知道他很讚賞。有點屈尊俯就，但沒侵犯性，也不粗鄙。我看見指導員板著臉調整一下坐姿，雙臂交挽在胸前，抿緊但不至於撅起嘴唇，我也看見保羅讀懂這個肢體語言，隨即換上更正式的態度。我坐在那裡讚嘆這番交手，指導員一個小動作就改變了這間辦公室的物理性質，闢出空間給接下來六個月我和保羅將須共事的嚴肅調性與緊迫節奏。

保羅低頭看了看名單。這是好的開始，他說，但我終究還是得跟每個人談過，他指的是任何願意跟他談事情經過的人。任何在眾人遊行到辦公室時停下工作者；任何簽了工會卡，之後又簽撤銷申請書的人；任何被開除、懲戒、盤查、威脅或監視者。他說他沒辦法馬上開始。他必須先處理完另一個案子，把時間空出來。然後還需安排翻譯者——保羅不會講西班牙話，這個區辦事處只有另一位律師蓋爾（Gael）通西班牙語。保羅得設法讓他也被分派到這個案子，這樣他才能在訪談中擔任口譯，再翻譯由此寫出的宣誓書。

那週稍晚我回到土桑，趁著勞工局辦事處解決上述問題時把一些假用掉。根據我們自己的職員工會契約（組織者也有自己的小工會，叫作「工會代表聯盟」〔Federation of Union Representatives〕，簡稱FOUR，負責與執行委員會和紡織成衣工會的國際辦事處——即我們的雇主——協商我們的薪資、福利與工作條件），我們每兩週可休三天假，但我們團隊沒人休那麼久。大家在抗爭期間把假存起來，等到有空檔再用掉。我沿著十號州際公路行駛，穿過另一道飛蛾星河。蛾的群襲似乎在那週達到顛峰，而於兩城市間的大片黑暗地帶愈發猛烈。我在希拉河保留區的殼牌加油站停車加油，雖然是炎熱的六月夜晚，冰鏟卻被拿出來放在橡皮刮刀旁邊，幫忙去除蛾的殘骸，我用其中一把的尖角撬掉牠們凌亂的屍體。

我和女友在聖羅莎街區（Barrio Santa Rosa）租的小屋與另外兩間出租小屋共用一個後院。住在其中一間的女子養了雞——雞舍搭在一棵牧豆樹下，就在我們臥室牆外。我在家那幾晚月色明亮，據鄰居說，這就是公雞整夜啼叫的原因，害我即使有女友睡在身旁，仍不時從淺眠中驚醒。

有一晚我睡不著，便悄悄從後門出去，走到街區盡頭的一片空地，它比周圍的房屋高出幾英尺——其實就是個土墩，中央有一小塊街燈照不到的暗區。我坐在這黑暗的空間、白日熱度猶存的地上，試圖感受在浩瀚穹蒼的對比下，身為人之渺小，希望這讓事物顯得微不足道的魔力，能導向選舉失利帶給我的龐大痛楚。這種痛楚感覺是個人的，雖然我知道不該如此——敗選對我並無實質影響。當我望著那片星空——擁有巨大重力、質量、熱和光的星星，在天上似乎要掛不住了——並不覺得自己渺小。我覺得被壓垮，向某種沉重的內核壓縮。很難在這片天空下站起來走回屋裡。

三天後我返回鳳凰城，儘管還有兩天假。我感覺自己的內核周圍變尖利，卻無法對女友或我們在土桑交的朋友——其實是她在土桑交的朋友——解釋。記得我當時為這種尖利感到高興，誤以為那是愈來愈堅韌的表現，那種被描繪在女強人肖像中的堅韌，那種我在指導員和你身上看到而仰慕的堅韌。

指導員隔週便離開鳳凰城。擴及全市的工運（我們計劃要組織那裡的所有工業洗衣廠）已遭推遲——在解決與你們工廠的漫長法律糾紛前，我們將不會獲准在其他任何洗衣廠發動新的抗爭——因此她同意負責另一場全國性工運，目標是索迪斯的競爭對手之一：一家叫安潔（Angelica）的連鎖洗衣店。團隊的其他人都隨她而去——達里歐、安娜和曼紐爾——在安潔擁有非工會工廠的城市打基礎。我獨自留下。或者應該說，我留下來跟你一起。我仍然認為我們可以贏。你想要受訓成為組織者，以便在其他洗衣廠領導抗爭，而我想跟你一起工作。

指導員在紡織成衣工會向上級據理力爭，說我們需要有人在庭審時坐鎮，也需要人來建立其他洗衣廠的工人與客戶名冊，並繪圖標示此產業在全州的分布，以便擬訂策略，決定何時進行何種抗爭，所以我留下來扮演這個角色。她也爭取到足夠的預算，可僱用你當志願組織者（volunteer organizer, VO）——我們如此稱呼工人領袖在「工會假」（union leave）期間擔任的職位，這項福利被寫進有工會職場的契約，讓會員能請假來協助組織在無工會職場推行的運動。你並未請假——你是被解僱——但我們還是得遵守那職位的規則，這表示我們只能照工廠的時薪付給你八塊兩毛錢，以及一倍半的加班費。

當保羅和蓋爾準備好著手調查，你率先宣誓做口供，好讓我們能以淺顯易懂的方式把這個過程講解給其他證人聽，他們有的心生膽怯。由於你參與了這場運動的每一個部分——從我們在「水底下」的準備工作一直到選舉，你的陳述很可能是最長、最詳盡的。它將有助於保羅對過去幾個月發生的事建立起理解的基準線。

我們早上到達，在空調大廳裡瑟瑟發抖，等著搭電梯到勞工局。行政人員打電話通知保羅來見你，你隨他消失在厚重的門後，進入迷宮般的走廊和辦公室。因為我也要宣誓做口供和出庭作證，不能跟你一道去，所以我先在大廳等了幾小時，翻閱一堆舊雜誌，在當時總統喬治．W．布希（George W. Bush）官方肖像下的一張椅子上打瞌睡。我大概起身一千次到大樓另一側洗手間旁的飲水機喝水，每次進出大廳，穿過它寬闊的雙層門，行政人員都會從她的工作抬起頭看。最後她對我嘆口氣，用惱怒的責備語氣說：

我剛剛幫他們點了幾個三明治——還要一段時間吧。

我不記得有沒有跟她討東西讀，還是她主動拿給我，但最後我膝上擺了一本「建議備忘錄」的檔案夾，閱讀它並不是瞭解勞動法的理想方式，也不會令人對工人在其規限下擁有的機會感到樂觀。我瀏覽了數百頁備忘錄，來自華盛頓特區的勞工局總檢察長，寫給保羅這樣的地區律師，建議他們基於下列種種理由不受理對老闆的指控：「我們的結論是地區辦事處在指控未被撤回的情況下應將其駁回，因工會未能善盡其舉證責任」，或「我們的結論是該指控在未撤回的情況下應被駁回，因無法得知雇主的意圖是否具歧視性，抑或有商業目的」，或只說「我們的結論是應駁回指控」。這些結論後面是兩、三頁的「事實」，描述案件和提出的指控，其中許多與我們希望此地區辦事處會起訴索迪斯的項目非常近似。事實之後是一兩頁引證，即支持國家辦事處結論的其他勞工局案例：「參見立頓系統（Litton Systems）案」、「參見南卡羅來納州浸信會事工（South Carolina Baptist Ministries）案」、「參見通宵運輸（Overnite Transportation）案」、「參見海岸電力公司（Coastal Electric Cooperative）案」等等。

當你傍晚從厚重的辦事處大門出來，看得出這次面談很辛苦。你弓著肩，雙臂交挽在胸前，目光落在兩腳前方的地上。我走過去扶你的臂膀。保羅說，她頭痛，但不願停下來。

沒事的（*Todo bien*），你說。

保羅告訴我們，等蓋爾把你的宣誓書翻譯成西班牙文，你還得再回來讀過一次。聽我翻譯後，你說沒問題，告訴我時間就好（*Claro, nomás dime cuando*）。然後你挽住我的手臂說，姊妹、女兒、朋友——我們走吧（*Hermana, hija, amiga—vámonos*），用了我們開始稱呼彼此的所有稱謂。

乘電梯下樓時，我問你還好嗎。你說你只是冷而已。你說這面談實在有夠久。你有散光，眼睛被日光燈照得很不舒服。他們不斷問你同樣的問題，又問某件事物應該寫這個字還是那個字。他們問你被開除時老大究竟說了什麼。他們要你複述他的話，然後再重複一遍。還有那位珊卓拉在播放反工會影片的會談中講了什麼？在場還有誰？他們坐在房間哪邊？會談結束後你有跟他們討論嗎？你有他們的電話嗎？他們會願意來做口供嗎？沒完沒了的問題，你說。

在車裡，你閉上眼睛，直到我們越過鹽河（Salt River），穿行於城南的街區。狹窄的平房與老舊的牧場式小屋，與我們剛剛才去過、現在仍見其聳立於遠方的城中區高樓形成鮮明對比。我說到我們得幫其他人做好準備，你睜眼坐直，講述訓練的重點，彷彿你已經花一整天仔細思索過這件事：首先，我會告訴他們辦公室長什麼樣子，他們會坐哪裡。我會建議他們盡量簡單扼要，只回答律師的問題就好，而且每次都用同樣的話來回答一個問題。我們得跟他們說律師並不反對工會，他們只是試圖記錄發生的事。

到你家時，我停在街上，將副駕駛座側的車輪開上路緣，鳳凰城這區的居民經常這樣停放車輛。你丈夫的卡車在車道上，這很少發生。那時我只見過他一兩次。我隨你進屋——去拿公司在你被解僱約一個月後寄到你家的信。保羅需要它，但我們那天早上忘了帶，我要趕在勞工局下班前把信送過去。

屋裡很暗，客廳的空氣濃濁帶甜味。你要我別出聲，之後我的眼睛才漸漸適應沒開燈的房間，看見他——你丈夫胡立歐——睡在橄欖綠沙發上，靴子沒脫，嘴巴開開，牛仔帽翻落在地板上，傍著他懸垂的手。他的臀部扭成怪異的姿勢，使身體掛在沙發邊緣，彷彿隨時能彈起站立，儘管他顯然睡得很沉。你躡手躡腳走進廚房，輕輕打開抽屜，我們初見時你說那是你的「辦公室」，裡面收著有同事姓名和電話的小紙片。你在抽屜裡翻找出那封信，再悄悄回到客廳，把那張紙塞進我手中，輕聲說，我們別吵醒他。信上寫著：

此信說明你在商用布巾換洗公司之職位狀態。二〇〇三年五月一日，你在值班期間擅離崗位，儘管被再三要求回去工作，並接到公司將僱用永久性替代者的警告，仍拒絕返回工作崗位。

如你所知，迨你提議返工，公司已僱用他人擔任你之前的職位。此信旨在確保你瞭解你的權利。身為被替代員工，倘若出現公司欲填補之職缺，你有權被優先考慮重新聘僱。請與我聯繫，以確認你有意接受回聘，並確保出現工作機會時，公司知道該如何聯絡你。

我們提出指控時，我告訴保羅有這麼一封信。在我看來，它似乎是很好的證據，顯示他們知道開除你和桑迪亞哥等人是違法的，因而試圖掩飾，聲稱你們其實未被解僱，而是被永久替代。但為讓麥凱原則對永久性替代者的判決適用於此案，公司將須聲稱你們在歷時約二十分鐘的停工期間被新工人取代。那段時間內，工廠辦公室裡的某位領班得注意到恰有四名汙物分揀員離開崗位，隨即聯絡四位正在覓職者，把他們叫進工廠，讓他們填好工作申請書，進行面試，並開始「工資年結表」和「員工就業資格認證表」[3]等法制作業，這些都發生於你和數十名同事站在同一間辦公室裡呼口號的同時，而那位珊卓拉，即負責新員工的所有面談、聘僱與法制作業者，正打電話報警。這顯然荒謬至極。

那天傍晚我回到勞工局時，保羅在大廳等著收此信，因為辦事處各部門皆已準備下班。他讀信時不可置信地揚起眉毛說，我倒想看看他們要怎麼在法官面前提出這種論據。（雖然這正是公司律師在審判時提出的論據，索迪斯後來卻堅稱它「從未在北美洲僱用過永久性的替代工人」。）

我們跟委員會其他成員擬訂計畫，每天安排一人去做口供，但當蓋爾有陣子沒空，局裡突然無人能翻譯，保羅不得不延後面談。這個波折令你不安。我們一一打電話給名單上必須重排時間的人，你咬著嘴唇對他們說：不，這個案子沒問題，以及是的，我們還是會把公司告上法庭，以及是的，政府代表會想跟你談，但是不，我們不曉得什麼時候。

由於保羅和我不必透過翻譯，我成為下個做口供的人。我告訴他我的工作——我是組織者，任職於紡織成衣工會的國際工會辦事處，我已被升職為主要組織者（lead organizer），差別是我可以開始自行做一些較小的運動決策——傳單或家訪要傳達哪些訊息，要跟哪些工人談，依什麼順序，以便在等待提告結果時，能繼續在索迪斯組建工會。另一個差別是，如今我將負責培訓工會請來推展鳳凰城工運的志願組織者和組織者。他問這是否表示我要「負責」你。我說是，因為事實如此，雖然在他問之前我從沒想過這問題。

我對他描述我們的運動。我帶了一個資料夾，裡面包含所有的傳單和請願書，每場輪班會議、委員會會議和全體大會的議程與簽到單，以及各種複本：辦公室掛圖、簽了名的工會卡、我們在金科裝訂的相冊，還有燒錄了我們電臺廣告的光碟。我帶了一個箱子，裡面有我們繪製的橫幅，以及一個塞滿家訪單的文件夾——每次與每位工人聯繫後都要填寫。我帶了我們在公司發動那波反工會宣傳後收到的工會卡撤銷信複本。我帶了我的筆記本，在我和保羅談話的那幾個小時，行政人員把它們拿去逐頁影印。裡面有我在每次團隊會議和夜間匯報時寫的筆記，或許太過冗雜；也有我的家訪筆記，包括日期、時間、對工人的整體印象、對其支持工會程度與是否具領導力的評分，以及無人來應門時，我對有沒有人在家的猜想。

筆記裡也有些不該寫在一起的私人細節：我的感受（寂寞、疲倦、「氣死」），我的想法（我們會贏，我們不會贏，我們「需要更多的阿爾瑪」才能贏，「如果我們想要一個工人的工會，而不是由支薪職員經營的工會，就需要更多像阿爾瑪這樣的領導者」），我最擔心的事（我們會輸，工會將退出鳳凰城，留下「被辜負又失業的」你）。我把這些頁留在筆記本裡一起交給保羅，因為怕撕掉它們會讓他、以及之後公司方的律師和法官，對缺佚的內容與原因起疑。

休息吃三明治時，保羅說來鳳凰城勞工局辦事處的工會代表大多是年長男性。你曉得，粗壯的工會漢子，他說。他想知道我怎麼會來做這份工作。我的回答很簡短，盡力模仿指導員劃下界線以維護她為自己闢出的空間。我簡單地說，假如這個國家的工人不組織起來，我們大家都會完蛋。然後我半帶指責地把問題拋回給他，你又是怎麼得到這份工作的，保羅？他從午餐抬起頭，隔著凌亂的辦公桌說：這個嘛，我的工作是保護《國家勞工關係法》，唯一在工人進行組織時給予他們保護的法律，我之所以做這工作，是因為公司總是試圖破壞它，以確保工人無法組織，而我也認為那樣我們都會完蛋。他說時態度非常認真。

下個宣誓做口供的是桑迪亞哥，儘管知道他不害怕，但我們倆都很緊張，擔心面談與翻譯的慢節奏與重複會令他感到挫折或困惑。我們一早就去他家——我接你一起去找他時太陽才剛升起。

我們三人膝靠膝坐在他的小沙發上，你告訴他那天會很漫長，我們帶了瓶裝水和墨西哥糕餅讓他撐到午餐時間。你跟他說，律師看起來會像在跟我們作對，但其實不是。你必須做的包括，你說，承諾說實話，告訴他們你的姓名、你住哪裡、你在公司工作多久，然後回答他們的問題，關於你何時決定加入工會，如何成為委員會的一員，你在閃電戰期間做的家訪，以及停工和解僱的經過。你提醒他要帶那封永久替代通知函，好讓保羅複印。我們陪他練習了一會兒，反覆問他一些問題，這樣就能在他單獨面對律師、遇上這種狀況之前，先一起笑它有多奇怪。然後你說，如果你不記得某件事，沒關係。就告訴他們你不知道。別編造任何事。

那天我們一起坐在大廳等桑迪亞哥。你哼著一首我從未聽過的歌，我問你那是什麼，你說是兒歌，叫〈小雞說〉(Los Pollitos Dicen)，你週末照顧小外甥女時跟她一起唱的。我不曉得你有個住在鳳凰城的外甥女，於是問起你的其他親戚，共多少人，幾人住在附近。你依長幼順序唸出八位兄弟姊妹的名字，我跟著複誦一次。只有一位住在鳳凰城，你說，你很久沒見到其他人了，很想念。兩位兄弟獲得了華雷斯(Juárez)城外的土地，現在還住在那裡，那是你十幾歲時與家人搬去的地方，也是你遇見胡立歐，以及你兒子胡立歐．馬丁出生處。五年後你搬到諾加利斯，開始在加工出口廠上班。搬去華雷斯前，你住在埃喬霍阿（Etchojoa）的小鎮上，你家從集體農莊搬到那裡，因為附近有間學校——在集體農莊，你得走兩英里多的路上學。你自豪地說，你在貝尼托・華雷斯[4]學校念完小學。

來美國的頭四年你沒有合法居留文件，這表示你根本無法回家，而自從你開始在工廠上班，便很難有夠長的假，能越過邊境到兄弟的土地再回來——你錯過大部分的婚禮、誕生、葬禮和女孩十五歲舉行的成人禮（quinceañeras）。起初你住在加州，胡立歐有工作許可證，在農場幹活，你們與別的農場工人及其家庭同住一社區。有許可證的父母去工作時，你和另外兩名婦女照顧孩童。人們流動頻繁，你說，尋找更多或更好的工作；正當你開始覺得某人像家人，他們就搬走了。然後在一九九三年，你也搬走了，來到鳳凰城。

我也告訴你我兄弟的名字，你複述了一遍。我告訴你在俄亥俄州，我和兄弟同屬的那幫小孩在沼澤四處遊蕩，避開大人，這樣就不必幹活，直到天黑。我告訴你每年夏天都有移工家庭來我們村裡，住在工棚，與我們這些白人家庭居住的那小片房屋隔著田對望。我們和這些移工家庭的孩子在樹林、河裡及橋下共同搭建的堡壘裡玩耍，但我們只能跟其中一個小孩交談，他叫費南多，與我同樣年紀，會講英語，可以在兩群小孩間充當翻譯。農人一直承諾要幫工棚安裝水管和電線，但每年夏天費南多他家和其他家庭到來時，都會發現工棚還是老樣子。

剛開始談起我與這些孩子的關係時，我以為這會在你我的故事間建立起某種連結，關於農耕社群與團結，兩群孩子的結盟，一群是你照顧過的，另一群是我所屬的；但就像我們癱在巴士座椅中講給彼此聽的故事——關於乾涸的土地與氾濫的沼澤，我講得愈多，內容就愈偏向差異而非共通點。你說，沒錯，黛西，你說的沒錯（*Sí, Daisy, así es*）。你很少叫我名字。

桑迪亞哥在午休後便做完口供——他的陳述較短，主要是證實你的說法，沒什麼新的突破。走進地下停車場時，露天的樓梯間裡有一堆死蛾，乾掉的軀殼與樹葉和垃圾混在一起。我指著那堆東西，問你覺得它表示我們會贏還是輸——你曾對我說，你認為那年春天無處不在的蛾是信使。桑迪亞哥說：什麼，那堆灰塵？你說，不，我們在說蛾。接著你開玩笑說：黛西正在變成一隻蛾。然後，也許因為你看出這個宣稱嚇了我一跳，你又說：我想我可能也正在變成一隻蛾。

接下來幾週，輪到西西莉亞、伊莎貝爾、安東妮雅、碧翠絲、安娜莉亞和波洛宣誓做口供。我們一一對他們說明過程，然後開著租來的車載他們到勞工局辦事處——不是因為他們自己找不到路，而是因為停車費很貴，還要穿行於只有英文標示的市中心和勞工局辦事處——套句安東妮雅的話，想到「就教人頭痛」。

那些日子，我們並沒有每天在勞工局大廳等許多個鐘頭，而把時間花在組織工作上，請保羅在他覺得面談快結束時打電話給我們。我們到工廠發傳單，告知大家勞工局的程序進展。我們在城裡巡繞，跟你同事談——我們知道他們目睹了公司的某些違法行動，請他們提供證詞。自從選舉失利，老大又對工會支持者說出他們知道工廠門在哪裡的重話後，工人流動率遽增，因此我們製作新掛圖，以隨時掌握狀況。我們加上新員工的名字，查出並標示其住址，評估他們會不會支持工會。（他們大多不支持，不曉得那位珊卓拉在招聘過程中說了什麼工會的壞話。）

勞爾變得很難找，他不再回我們電話，也不再搖下車窗，接過一疊疊傳單帶進工廠。起先我們並不擔心——他駛進入口時總像用飛的，因為上班遲到。但我們需要他跟保羅談。停工時他站你旁邊，翻譯你說的話。他的英文夠好，可以作證老大開除你時用什麼字眼，特別是有沒有說到替代一詞。我們連續一週每天去他家，但他不來應門。有天夜裡我們在停車場外圍等他，我們倆擠在泛光燈下，這樣當第二班工人下班，他便能看見是誰在人行道對面叫他。他朝我們走來，但態度冷淡，不肯與我們對視。他說他在找新工作——夜班經理現在很討厭他，而且壓力實在太大。但他同意隔天跟保羅談。

我不記得究竟需要多少份宣誓書，但在二〇〇三年夏天的某個時間點，勞工局判斷已有足夠證據將公司告上法庭：國家勞工關係局告索迪斯商用布巾換洗公司。保羅把我們叫進辦公室，笑容滿面地告訴我們這個消息。他從未調查過這麼嚴重的案件，他說，從未起訴過這麼喪心病狂的公司。他告訴我們，他所收集的宣誓書中，有些記載的違法行為超出我們已提出的指控，因此勞工局正提起額外告訴——總計二十七項不當勞動行為，加上九項選舉異議，後者是針對公司在選舉期間的行為所提出之特別指控，將影響法官下令重新選舉的判決。目前還不清楚何時進行審判，甚至何時指定日期。運氣好的話會在秋天，保羅說。

七月，你接到公司寄來的第二封信，開頭沒稱呼，但署名是那位珊卓拉。

即日起，第二班汙物分揀有一職缺。上班時間為週四、週五下午四點及週六、週日下午兩點。週一、週二、週三排休。時薪七塊四毛五分（起薪加上有工作經驗之加給）。

請注意，此職位提供給所有具優先聘僱資格者，並將給予第一位與我聯繫的人。

這不是讓你復職——你原本的職位是第一班，休週末，時薪多了近一元；也沒有「對你做出完整補償」，那是我們對公司提告的用詞，要求他們為你被解僱而無法工作的那幾個月支付薪資。她提出的條件爛透了。你說：我不能就這樣回去。這會讓大家覺得公司可以隨時開除你，再把你僱回來做任何職務，我也負擔不起減薪的損失，而且公司現在這麼做，是因為他們認為讓我從工廠外面運作，會比把我困在汙物分揀帶幹活更危險。你說的都是事實。

我們與紐約的一位工會內部律師進行電話會議，他說你得接受這份工作，就算條件很差。假如你拒絕，公司會拿它當證據，說你被解僱並不如我們所聲稱的那樣威嚇到你同事，否則你便會急著回來上班。我們知道公司在演戲，以便日後上法庭對你的解僱論稱：你是被永久替代的罷工者，他們依法律要求，在出現職缺時給予你被重新僱用的優先權。律師要我們掛掉電話——立刻，我至今仍記得他這麼說，因為我翻譯時便知道你聽到這要求會覺得很難堪——打電話給那位珊卓拉，告訴她你會接受那份工作。如果你不馬上打，他說，公司會把工作給別人，然後在法庭上聳聳肩說，他們一切依法行事。

我們當時在工會的小辦公室，所以你用那裡的電話撥公司號碼，轉接到那位珊卓拉時，我可以聽見你用西班牙話對她說，我是阿爾瑪，我收到你的信。你講了幾遍，隨即掩住聽筒低聲說，她不肯說西班牙話。我聽不懂她講什麼。

要你打電話給她，又不讓你跟她溝通，就算是當時也令人感到殘忍得超乎想像。那位珊卓拉的西語很流利——這是她得到這份工作的部分原因。我不記得是你把電話遞給我，還是我從你手中拿過來，但我咬牙切齒地重述你的話，說你會接受那份工作。那位珊卓拉以得意洋洋的腔調說：請問是哪位在說話？當我告訴她後，她便說：噢，你好，黛西，你憑什麼代表這位員工發言呢？以及我需要從她那裡得知你被授權代表她發言，然後才能夠合法地跟你交談。

我告訴那位珊卓拉，這通電話已被我們錄音（其實沒有），所以現在有你接受這份工作的紀錄，假如公司拒絕確認此事並讓你任職，他們將被控以更多罪名。雖然我一點也不確定法律是這樣運作，且在後來得知：（一）法律不是這樣運作；（二）在亞利桑那州，未經各方許可而錄下電話內容是違法的，所以就算我們錄了音，將來也不能作為呈堂證物。那位珊卓拉沉默了一會兒，我們發現她大概開了擴音模式，還有其他人、甚至律師跟她一起在辦公室裡。最後，她說她很高興確認你接受這份工作，但要等下個薪資週期開始，亦即下星期，她才能讓你去上班。

我們計劃了盛大的進場，讓你穿工會T恤，貼上工會貼紙，戴工會帽子。你說你想帶著鼓走進工廠，我聽成鈴鼓。[5]當我到你家接你、準備載你去工廠，真的拿了個鈴鼓給你，你放聲大笑，一方面是對於我搞錯的真實反應，同時也透露了你因為必須回去工作、面對廠裡依然劍拔弩張的情勢而湧生的緊張不安。

後來，你承認你也感到悲傷，因為你愈來愈習慣全職的組織工作，也習慣了我和我奇怪的音樂——從一〇六．三頻道變成絲絨樂團和美洲虎樂團[6]的CD混音；你愈來愈習慣喝加油站難喝的咖啡和添加維生素的瓶裝飲料，拿著街道地圖跟我一起在城裡開車兜圈，早晨你打開副駕駛座的門，我們用「蛾啊！」互相招呼，而不用之前對彼此的許多稱謂：「親愛的」、「朋友」、「姊妹」或「夥伴」。那天你的笑聲近乎瘋狂，因為它承載了這一切。我也跟著笑，夾雜嚎叫哭喊，我們大口喘氣，讓自己平靜一會兒，然後你拿起鈴鼓拍擊大腿，我們又開始大笑。

雖然我們計劃讓你提前幾分鐘到，這樣你就能以全副工會裝束穿過管理部門和走廊，走到生產部，但我們抵達工廠時你已快遲到。我把租來的車駛進停車場，一直開到辦公室大門前，儘管嚴格說來這是非法侵入，而且他們後來在審判期間不斷拿此事大做文章，但我仍在你下車時長按喇叭，並在你走上通往辦公室的階梯時持續地按。你一路搖著鈴鼓。

然後我們又回到原先的運動行程：你沒在工廠上班時，我們只要醒著都一起工作。我早上去接你，你會把晚餐和制服放進大包包，這樣就不用在結束家訪和上班前浪費時間回家一趟。這樣的行程使你和胡立歐很少看到對方醒著。我沒問這對你有何影響，你似乎不介意。

工會無法繼續付你志願組織者的薪水——那是違法的，更不用說會在其他工會支持者之間造成分裂；如今你回到悶熱的工廠分揀醫院的髒布巾，只要有空便跟我一起工作，賺的錢比運動開始前還少，實在很辛苦。這當然就是公司試圖表達的：看看阿爾瑪，處境比之前更慘。

你工作或睡覺時，其他委員會成員也會輪流搭我的車，拜訪還在工廠工作的所有工會支持者，向他們詳細說明勞工局已確認、且將對公司提出的各項指控——並一如往常地評估工會剩餘的實力，打分數，標示在圖表上。

工廠裡，你的第二班新同事大多不跟你說話，連我們知道曾投票支持工會的人、連我們拜訪時仍會親切應門的人也不例外。傳言說，任何被看到跟你說話、坐在你附近、或跟你同時去洗手間者都會被開除。公司在餐廳裝了新監視器，那裡的天花板在選舉期間已出現孔洞，但他們還在工廠各處、管理部門和走廊裝攝影機，工廠外面也有，從各種不同角度監視停車場。所以那些沒聽從珊卓拉的建議辭職、仍留在工廠工作的支持者都迴避你。出聲反對工會的那幫同事則壯起膽子惡整你，對你百般譏諷——你說那些都是「髒話」(*groserías*)，他們拒絕叫你名字，稱你「那個工會仔」(La Sindicalista)，嘲笑你紋眼線，也取笑你的鞋子、手鐲、姿勢和你帶來的任何午餐。我不曉得他們冀望什麼，你說。七分錢的巨額加薪，也許這次是整整十分錢？休息時多幾分鐘小便？我記得你開玩笑說，恭喜啊，你現在自由了（*Felicidades. Ya son libres*）。

比起我和其他委員會成員進行的大量家訪，我們一起做的工作目標更集中——保羅正在彙整的紀錄中有些銜接不起來的地方，我們得填補這些空隙。我們有安東妮雅關於她被記警告的陳述，但尚需跟那天在安東妮雅附近工作的芮娜談，好讓她就安東妮雅回到熨燙機後對她說的話作證。我們有波洛的陳述：那位珊卓拉在會談中說，假如工人組工會，工廠就會關門；但我們需要當時也在場的阿貝托來證實波洛的說詞。根據保羅所言，審判將取決於這種經確證的證詞。但芮娜、阿貝托及其他看、聽過公司犯法的人——吉勒摩、盧佩和桑托斯——很害怕，因此我們跟他們的談話比之前任何家訪都費時而困難。起初，拜訪結束時他們會說我不曉得，或讓我考慮一下，或我仍然支持工會，但我的家庭需要這筆錢，而你會回應，你的家庭應該得到比我們所賺的更多，我的家庭也是。

我們重返這些房屋，有幾家我們去了許多次，討論做口供是怎麼回事，出庭作證是怎麼回事：他們將透過法庭口譯員，在律師、法官和上司面前發言，作完證後的隔天，還得跟這些上司見面、說話，在他們底下工作。我們練習「舉起你的右手」，練習「說出並拼出你的姓名」，也練習對麥克風說話，等口譯員翻完一句再往下講。我告訴他們我會在法庭的什麼地方：就在那裡，你的左邊，我說。你不必看公司的人。要是你害怕，就看著我。最後他們每個人都同意作證。三十二名工人讓保羅錄口供，並準備出庭作證，占工廠全體員工的百分之十五，比保羅或勞工局任何人見過的比率都高出許多倍。

那年夏天，我們得知這些人分別在哪裡出生，是什麼把他們帶到美國，如何來到亞利桑那州，以及為什麼。我們得知誰愛做菜，誰愛喝酒，誰愛跳舞。我們得知誰跟誰一道上教堂，誰看什麼電視節目，以及大家都在哪裡買批發的豆子和柳橙、打折的牛仔褲和涼鞋。我們有時充當快遞員——從安東妮雅的菜園送番茄到芮娜家，把西西莉亞補好的衣服送去給桑迪亞哥。我們跟他們的丈夫、妻子、男友、父母、阿姨姑姑、叔伯舅舅和表親共度不少時光。

芮娜的小兒子總是想戴你的手鐲，到我們該告辭的時候，他會跑到後院，以為這樣就不必把它們還給你。當盧佩進去攪拌爐上烹煮的晚餐，她女兒喜歡坐我腿上。安娜莉亞的兒子讓我教他三年級的功課，作業都是英文，而他才剛開始說英語。我們也會去一些地方，算是這些人際關係的自然延伸，但當時看似與工會抗爭無關：我們去某鄰居家翻譯孩子從學校帶回的通知。我們去某個祖父母家打電話給移民律師。我們去某位表親家協助填寫失業表格或申請工傷賠償，儘管他是在不同產業的其他工作場所受傷。

一晚，我們在安東妮雅家跟她的家人一同吃飯，然後在客廳聽音樂跳舞。你站在我旁邊，沒照節奏地用慢動作示範一種正確的騷沙舞步。我笨拙地拖著腳，偶爾才跳對一次，你和安東妮雅時而為我鼓掌，時而搖頭。我記得有一會兒安東妮雅閉上眼睛，轉著輕盈流暢的圈子舞過我們之間的空間。

深夜我載你回家，胡立歐的卡車一半停在車道上，一半在院子裡，從你在座位上挪動的方式，我立刻就知道有哪裡不對勁。你伸手把正在播放的歌曲音量調大，大到我們無法交談。我們一起坐著，直到那首曲子差不多結束，然後你一語不發地下車，關上車門，走進屋裡。第二天，我等著你談起昨夜發生了什麼事，但你沒說。我也沒問。我覺得你正無言地劃下一道界線，而我不想越界。我告訴自己這是出於尊重。我以為，把我們在工會的角色性質（畢竟，我是領薪水來組織你，縱使出於善意，也是一份以強制為前提的工作）強加到你的私生活上，將是對我們友誼、我們同志情感的一種侵犯。

有一夜，碧翠絲跟我們一起去找阿貝托談，之後我們坐在她家喝檸檬汁，她在為女兒縫製洋裝，同時試圖教我用縫紉機。我穿的牛仔褲跟大多數長褲一樣，對我的短腿來說褲管太長，得摺起褲腳。她要我脫下，於是我裹著床單坐在那裡，看她示範如何做摺邊。你讓她的小孫子手腳懸空趴在你前臂上，頭枕著你臂彎，一面在房裡走動彈晃，一面講述你越過提華納[7]邊界來找胡立歐的故事，當時他已偷渡到美國，在加州的農田工作。邊境巡邏隊逮到你和還是小孩子的胡立歐．馬丁，把你們趕回墨西哥。幾天後你們倆再度越過邊界，搭巴士到佛雷斯諾。碧翠絲提到她還沒見過胡立歐，你說，他沒上班的時候多半在睡覺，那是我頭一次聽你說出我知道並非實情的話。

那時，我仍然每晚去工會辦公室，在我的工運筆記本上寫下我們與你同事的談話摘要，計算我們完成的家訪次數，以及試圖拜訪但沒能完成的次數，記下我們是否去過工廠、跟誰交談，描述我們分發的傳單與分發日期，以及有多少工人接下傳單，哪些工人不肯拿。我更新掛圖上的資訊，盡可能隨時調整名單。沒有別的組織者可讓我匯報這些資訊，但這是我學會的運作方式，我每天都照著做，相信這份詳盡的資訊紀錄可幫助我們打勝仗。不僅如此，我們跟許多人交談，聽他們訴說自己的人生，這些內容很重要，我不想忘記。

但我已經很久沒再記下你說的話了。我們老是在一起，我也不再覺得我在組織你。我沒想過將來我可能會記不得關於你的事。

那個夏天，我們聽了很多暴力男友和丈夫的事。我們坐在你的一位新同事旁，聽她用腫脹裂傷的嘴唇說自己無處可去，因為家暴庇護所會打電話給移民局，通報沒有合法居留文件的人。我們從另一位工人那裡聽說，某間教堂有時會讓無證件的婦女住一兩晚，但她不想去。你把有這類困擾的婦女整理成一份名單，附上我們組織委員會的部分成員——會開車者，以及住在施暴者家附近的人。我們影印許多份名單，讓你趁家訪時發給大家，告訴她們只要害怕就打電話給名單上的人，不管白天晚上。某天夜裡，安娜莉亞真的打了，三個女人帶著球棒出現在她家。你當晚打電話給我，我從汽車旅館趕去你家接你，但等我們到達安娜莉亞家時，她男友已經走了。

我在某處讀到，solidarity（團結）這個英文字尚未衍生出形容詞或副詞的變化形式，由此可見它相對來說是較新的字彙。人們還不太用「團結的」來形容事物，也不會說我們「團結地」做事。但那晚回你家的路上，你情緒激動，雖然錯過一場正面衝突，你的眼睛仍因腎上腺素而灼亮。你說：公司承不承認都無所謂。我們已經有了自己的工會。

到了九月底，切夜蛾差不多都死光了，但有一晚，我們站在勞爾家門口，確信公寓裡有人，雖然敲門都沒應。如他之前所說，他在宣誓做口供後便辭掉洗衣廠的工作，但現在我們要為審訊做準備，得再跟他談談，需要他再去勞工局一趟，與保羅一起準備證詞。你指著一隻不起眼的小蛾，緊貼在門框邊的灰泥牆上。我伸手推牠，擔心若有人開門走出來，會把牠壓碎。我一定嚇著牠了——牠拚命拍翅，向我們閃現掩藏在灰褐色底下的緋紅。

在車上，你問我是否還夢見蛾，我說會，你問是什麼樣的夢。我告訴你：好多好多蛾，蓋住我身體。牠們移動牠們的……我忘了翅膀怎麼講，便用雙手在身體兩側上下拍動，你用西班牙話說，翅膀（*Las alas*）。

八、九月我們大多在為審判做準備。我們循固定的軌道在城裡穿梭，開到你那些要當證人的同事家、勞工局辦事處、工會辦公室及你家。每個人都必須與保羅一同練習作證，好讓他確定備齊了需要在法庭講述的所有故事片段，並決定傳喚每個人上證人席的順序，以呈現最連貫的敘事。他們進行這些練習時，我們會去離保羅辦公室不遠的會議室，坐上大得可笑的辦公椅，把數百頁文件的複印本排進三孔活頁夾，這些文件將成為呈堂證據。

十月，審判開始。開場就爭論了兩天：關於審判流程，以及公司聘來為其辯護的兩家而非一家律師事務所可派多少人出庭（行政法官拉娜．帕克〔Lana Parke〕裁定四位律師），工廠管理階層可有幾位代表（兩位，但只有那位珊卓拉整個審判期間都在場），他們可使用多少桌（一張）椅（六把），以工業用手推車運送一箱箱證據的律師事務所實習生可否坐在法庭後排旁聽（可以），不會被任一方傳喚作證的工人可否坐在法庭後排旁聽（不行）。

沒有窗戶的法庭位於國家勞工關係局辦事處中央的一個安全空間，有兩扇需用鑰匙開的門，一扇開向大廳，另一扇開向多道走廊，通往勞工局代表的辦公室。它其實是會議室，將桌椅布置成法庭的樣子。室內很冷，日光燈很亮。第一天下午我不斷打哆嗦，雙方律師正針鋒相對地就本案的基本事實作成訴訟協議：[8] 工廠地址，它是間洗衣廠，它是專門處理醫護用品的洗衣廠，它所屬的公司確實符合對於公司的標準法律定義，工人在該公司的地址為公司工作，諸如此類。

我們花一個多小時辯論公司提出的訴訟協議是否相關，即工廠位於「本市治安較差的區域」，公司希望將此句列入正式紀錄。我們（指保羅和我，因為你身為證人不得進入法庭）推斷公司欲以此說法為其多次報警辯護，主張那是半夜在停車場看到非工廠員工的合理反應——這樣他們就能辯稱那不是反工會的騷擾行為。我們又多花一小時修改某些文件的用詞，因為坐在我左邊僅十五英尺處、保持禮貌微笑的那位珊卓拉夏天時結了婚，所以公司的律師辯稱我們在某些地方對她的稱呼不正確，因其姓氏在法律上已改變。

法官說她喜歡法庭冷一點，讓大家保持清醒。她看得出我在發抖，建議我帶件暖和的毛衣。

第二天，我們必須提供一份名單給公司，列出我們打算傳喚的證人；我們費了九牛二虎之力才湊齊這份名單，因為謠傳公司僱用私家偵探，跟蹤任何考慮對公司作出不利證詞的人，而這些偵探正在通報移民當局。準備過程中，我們進行了好幾輪家訪，再三確認證人會出庭，我們把租來的車停在距其房屋和公寓好幾條街之外，以減輕他們對私家偵探跟蹤我們的恐懼。誰在乎他們有沒有跟蹤我們？你會說。我們有權利告訴法官他們做了什麼。法庭上，你除了黛西以外不必看任何人。當你作完證，我就在大廳等著你。

幾乎所有提交宣誓書的人最後都出庭作證。

第一週結束時，我們這桌坐滿了人。保羅坐我左邊，由於就證人數與證據量而言，這是地區辦事處有史以來規模最大、可能也歷時最久的一場審判，因此另一位律師被派來協助保羅。他叫比爾・馬布里（Bill Mabry），坐我右邊。指導員回來幫忙應付審訊開頭的部分，但她在花一整天作證，以從紡織成衣工會的組織方法說明我們的案子，並詳述這場運動的初始階段後，便再度離去，於是第四把椅子疊著高高的證據卷宗，而我變成審判期間的工會代表。我協助比爾整理證據、貼上標籤，在保羅詰問證人時提供證據給他。我記下證人的證詞，條列問題、後續問題與交互詰問的問題，並編輯保羅根據被列入正式紀錄的證詞、打算向之後的證人提出的問題清單。我有一堆粉紅和橘色的便利貼，用來寫下我在保羅質詢時想到的緊急事項。我遞給他的便利貼寫著這類內容：問珊卓拉有沒有說她會逃跑（*corrida*）而不是被解僱（*despedida*）——口譯員用的字眼與珊卓拉不同，所以她才說沒有。

我在證人席上待了一天半，大部分時間都是冗長乏味的交互詰問，公司的律師試圖讓我承認我對工人說工會「將讓他們富有」，或是如果他們簽了工會卡，就會「得到免費健保」，或是一旦工會贏了，「沒簽工會卡的工人都會被解僱」。我沒說過這些話，所以我的回應簡短又重複，一段時間後，這些回應與保羅反覆提出的異議「問過也已回答」結合起來，形成一種奇怪的節奏。

接下來輪到你作證。你很緊張，但努力不顯得緊張。你舉起手承諾會說實話，但你這麼做時看著我，所以法官要你在座位上轉身面向她，再宣誓一次。你說出且拼出你的姓名，法庭錄音員要你說話時別靠著麥克風，以免他錄下的聲音模糊不清。他用英語告訴你，由坐在他旁邊、你面前的口譯員翻譯，但她翻譯時發現麥克風出了問題，需要修理，你默默坐在證人席，喝了口免洗杯裡的水，努力不望向那位珊卓拉，她與公司的律師團坐在一塊，離你不過二十英尺，你的身體因室內寒冷而縮緊。

你戴著太陽眼鏡——頭頂的日光燈讓你眼睛很不舒服。公司律師對太陽眼鏡提出異議，但在透過生硬的翻譯與法官討論你的散光後，她允許你繼續戴。幾小時後第一次休息，你在廁所告訴我你頭痛欲裂。我們本來不可以在你宣誓作證的情況下交談，但我尾隨你到廁所，進入你的隔壁間，從隔板下方檢查過沒有別人的腳後，低聲問你還好嗎。你幾乎仍未開始作證，因為修好麥克風及其線路、並解決太陽眼鏡的問題後，公司律師不斷對你在數月前手繪的一張工廠地圖提出異議，包括它是否該成為呈堂證物，以及它若真成為證物該如何標示。保羅反對他們的異議，他們又再反對，就這樣反對個沒完。

口譯員奉命不將任何異議或論辯翻譯成西班牙語，只翻譯針對你提出的問題，所以在那幾個鐘頭裡，大部分時間你都顯得無聊而困惑。如果你太常望向我，公司律師便會提出異議，說我們在以某種方式溝通，所以你不看我（儘管我曾告訴你和其他證人，要是害怕就看著我）。你啜飲免洗杯裡的水。你揉揉太陽穴。你要了一件毛衣。你煩躁不安。你閉上雙眼。

保羅打算問每位出庭作證的工人為何簽工會卡。這是為了要反駁公司在開場陳述時提出的兩個論點：（一）有些據稱簽了工會卡的工人其實沒簽，部分簽名是偽造的；（二）簽工會卡的工人被騙了，他們在不知工會為何物的情況下簽了卡，直到後來公司慈悲為懷地向他們揭露真相後，才驚訝又沮喪地發現自己參加了什麼。休息時間結束、你上完廁所回來後，保羅問你：「你有沒有簽工會卡，如果有，為什麼要簽？」你說有，你簽了工會卡，因為你不認為人們應該冒著生命危險賺錢維生，你想要爭取——你用的是*luchar*這個西班牙文——更安全的工作條件與更高的薪資。

口譯員明知*luchar*是奮鬥或爭取之意，卻任由兩種語言間的滑移構成一種並不存在於你話中的攻擊性。她不斷用英文說「我想要戰鬥」和「我想跟公司鬥」，以及「我想和同事一起戰鬥」。法官轉向你，越過鏡框上緣看著你，仔細打量你的臉。我遞便利貼給保羅：她曲解了阿爾瑪用的字！保羅低聲說，他不能反對法庭官方口譯員的用詞。

這個話題花了一小時，保羅接著就停工那天提出一系列問題。他問你為何參加走到辦公室的遊行，你用西班牙話回答：「我想向公司爭取各種改善。」（Yo quería luchar por mejoras en la compañía）口譯員說：「她想要戰鬥。她想跟公司鬥。」其曲解之明顯使我朝法庭喊道：「那不是她說的意思。」法官對此干擾非常生氣，下令我離開，儘管我是法庭中唯一的工會代表。我起身收拾東西，試圖對你解釋狀況，但公司的首席律師抗議我對你說話，法官裁定抗議成立，於是你開始對著證人席的麥克風呼口號「工會，工會，工會」，用你最標準的美式英語口音。法庭的門在我背後關上時，你的呼聲仍繼續著。之後，法官宣布休庭，我們在停車場找到彼此，一同去漢堡王買奶昔。

隔天早上重開庭時，你獲准完成作證，我也獲准回到桌前，坐在保羅和比爾中間，繼續提出我們的論據。你不用上班的夜晚，會跟我一起待在離法庭不遠的小會議室裡，花幾小時準備次日要用的證據和問題。有些晚上，我們開一段路到一家同志餐廳瑪莉漢堡店（Hamburger Mary's），我喝啤酒配素食漢堡，你吃一種墨西哥乳酪餡餅，每次端上桌，它巨大的尺寸總惹你發笑。正當我們為審判忙得焦頭爛額，我在土桑的女友承認她開始跟共事的女生上床；某個去漢堡店的晚上，我喝完第二杯啤酒後告訴你這事，說我很傷心，你堅持在瑪莉漢堡店待到深夜，希望幫我物色到新的約會對象，「更好的人」，你說。

那晚你告訴我，你認為蛾的夢表示我害怕我們會輸。你以就事論事的口吻講這話，但也盯著我，看我會怎麼反應。我說是啊，我怕我們會輸。你跟我說你也很害怕。

事實上，我一天比一天更害怕，因為你上班的那些夜裡，我在勞工局會議室待到很晚，研究白天草草寫在筆記本上的案件——公司律師和保羅在審判中援引這些案件的名稱，作為各項事實的先例而爭論。透過這種方式，我明白了保羅說組織權在我國已被「侵蝕」或「凌遲處死」的意思。我讀到一九三八年最高法院對麥凱廣播電臺案的判決，它給予公司僱用永久性替代者的權利。我讀到一九五三年利文斯頓襯衫公司案（Livingston Shirt Corporation）的判決，它為公司召開反工會的強制性會談開了先例。我讀到一九六四年纖維板紙業案（Fibreboard）的判決，它為公司威脅關廠設下合法先例。我讀到二〇〇二年霍夫曼塑膠公司案（Hoffman Plastic），最高法院的判決是，雖然《國家勞工關係法》為非法居留的工人提供了一些保護，但在組織運動期間遭開除的非法居留工人，縱使其解僱原因顯然是他們身為工會領導者，法律也不能強迫雇主讓這些工人復職。

難怪我們害怕會輸。大聲說出並不會讓人覺得比較輕鬆，除了有人可以訴說之外。你慢慢抬起下巴，點點頭，我曾在家訪中多次看你做這動作，那是當我們的談話對象分享比你預期更私密的故事或細節時。這表示你肯認某個罕見而珍貴的東西被釋出了，正看著它跨越在場者彼此間的距離，然後填滿房間、院子或我們所在任何地方的空間。

我方在舉證完畢前，必須傳喚每位提交過宣誓書的工人上證人席，以便將公司被指控的各項違法細節列入紀錄，再以次要證詞來證實那些細節。桑迪亞哥出庭作了證。然後是西西莉亞、安東妮雅、安娜莉亞、盧佩、伊莎貝爾、芮娜、碧翠絲，以及你的另外十多位同事。

勞爾雖已離開工廠且不再回應我們，但也作了證。我們發出傳票給所有證人，好讓他們有憑據能向工廠請假，但勞爾一開始沒回應，保羅不得不打電話追蹤，並強調被傳喚而未出庭的嚴重性。結果他確實出現了，但沒坐在工會這邊的等候室，而在大樓外的一棵樹下等著輪到他。交互詰問時，公司律師迫使他透露他曾向老大和鳳凰城其他洗衣公司兜售工會支持者的名單，藉此削弱其證詞之可信度。

每位曾參與閃電戰的組織者，不論身在何處，皆須飛回鳳凰城為工會卡的簽名過程作證，說明哪些工人在自己面前簽了工會卡，簽名地點與時間為何。我們必須歷經此程序，才能將這些卡片列為證物，證明在公司發動攻擊、並成功策反十五名工人投票反對工會之前，大多數工人都想加入工會。

組織者抵達那晚，我走進汽車旅館的酒吧，他們有些人正在下注，但當我問他們賭什麼（目前進行的是審訊，而非選舉），沒人肯說。最後達里歐告訴我，他們在賭我過多久會晉升為組織協調員（organizing coordinator），這個職位比主要組織者高一階，而且將使我進入管理階層，不再屬於職員工會的協商單位。你是白人，又上過大學，他說，這裡就是這樣運作的。我的回應堅決得連自己都嚇一跳。我說我絕不會進管理階層。我說我想留在基層，跟工人並肩作戰。再看看吧，他溫和地說。大家都沒惡意。

次日公司開始答辯。出庭作證的有那位珊卓拉和老大、多數部門主管，以及一些反對工會的工人，我們管他們叫「老太婆」（Las Viejas），使用此蔑稱部分是為了輕貶其在工廠持有的超大影響力。他們作證說公司並未做出反工會的威脅，公司沒有監視他們，公司沒有盤問他們，停工時西西莉亞確實推了那位珊卓拉，而他們之所以在閃電戰期間簽工會卡，是因為被組織者騙了。

其中一位盧姿作證說，她會簽工會卡，純粹是因為我告訴她如果不簽就會失去工作，公司律師問她，以此方式威脅她的人是否也在法庭，她說是。他問她可否指出說這話的人，她指著我，雖然她這麼做時低頭轉開視線。這番對話並未造成預期的戲劇效果，可能令律師感到失望。她作完證，離開證人席時，必須穿過口譯席與保羅和我坐的桌子之間的狹窄通道，她腳步倉皇，彷彿害怕我會朝她撲去。目睹這一幕令我很難過。我並不想要她怕我；那與我的意圖背道而馳，也衝擊到我對自己所處立場的認知：我應該要站在你和同事這邊——不管他們怎麼投票——對抗公司，它侵犯了他們的權利，只因它希望能繼續為危險的工作付爛工資。所以我想都沒想就大聲說，沒關係的，盧姿（*Está bien, Luz*）。

那晚我告訴你發生了什麼事，你翻個白眼厲聲說，她選擇撒謊。

你那位簽了工會卡後便躲著我們、之後來開門只說得出對不起、對不起的同事茱莉亞，被公司傳喚來作證。她害怕得不敢或無法抬起頭看任何人，講話連法庭口譯員都聽不到。公司律師是個聲如洪鐘的大塊頭男子，他欺身逼近，要求她看著他。當她沒做到，他再三向法官提出抗議，於是法官也試圖強迫茱莉亞看他。但茱莉亞只是在座位上不住顫抖，直到法官讓她退席。政府這邊的律師得攙扶她從證人席走到門口。

國家勞工關係局指控公司的違法行為中，最重要的一項是解僱你、桑迪亞哥和汙物分揀部的兩位同事：伊莎貝爾與瑪麗亞。若經證實，這是最有可能促使法官下令辦第二次工會選舉的指控。公司的辯護核心是聲稱你們其實並未被解僱，而是被永久替代。老大和那位珊卓拉都作證說，你們一離開工作崗位，剛好就有個前員工打電話到工廠，而就在她家客廳，碰巧還有三個朋友在找工作。那位珊卓拉叫他們立刻來工廠，看來汙物分揀部剛出現了幾個缺。他們作證說那三人都來了，然後被面試並接受職位，這一切都發生在停工如火如荼地進行時。

作證過程中，法官不時打斷律師，要求那位珊卓拉和老大複述其證詞。她不只一次問他們：「你確定？」以及「這是你的證詞嗎？」有次還對老大說：「我要提醒你，你是宣誓過的。」

審判從二〇〇三年十月延續至十一月，歷時十八天，宣布休庭後，那位珊卓拉與公司律師及其團隊離開法庭，你從證人等候室進來，你在那裡待了許多天，因為我們以為，在這番關於你被解僱的瘋狂證詞後，你可能得再站上證人席澄清紀錄。我們站在一起，筋疲力竭地靠著桌子，上面仍堆滿證據。保羅感謝我們的辛苦，我們也感謝他的辛苦。我們互相擊掌。我跟他說我無法想像，如果我們被指派給辦事處的其他任何律師，這場審判會變成什麼樣子；審判進行的那幾週，我漸漸發覺辦事處只有少數幾位律師支持工會，而且沒人像保羅這麼堅定。他說他覺得被我們激勵，外頭還有人跟我們一樣在努力組織工會；他說這話時真情流露，連聲調都變了。那年夏、秋我們相處了數百小時，為審判做準備，在法庭上據理力爭，而我們大概有很長一段時間不會再見到他。

知道這場運動不再掌握於我們手中——無論你、你的任何同事、我或任何組織者，都無法再做什麼來為你們工廠的工會贏得承認，也令人不安。我們只能等候判決。保羅說，我們無從得知法官要多久才會做出判決，但肯定要好幾個月，可能長達一年。

譯注

1 原文為WE ARE UNITED（NOT UNITE），紡織成衣工會的縮寫為UNITE，標語用UNITED表示團結，加底線強調兩者的區別。

2 「受保護之行為」(protected activity)，指工人可以從事、而毋須害怕被主管或雇主報復的活動。

3 在美國，工資年結表（Wage and Tax Statemen form，簡稱W-2）為雇主寄給員工的表格，列有雇主支付員工的全年工資及預扣稅金，是報稅必備文件。員工就業資格認證表（Employment Eligibility Verification form，簡稱I-9）是向美國國土安全部備案並查詢員工可否在美國合法工作的表格，移民法規定，雇主聘新員工時，不論其是否為美國籍，皆須在表格上填寫身分及工作許可驗證的資料並簽名。

4 貝尼托・華雷斯（Benito Juárez, 1806-1872），墨西哥民族英雄，任總統時推動社會改革，實行政教分離，擊退歐洲列強武裝干政，並興辦印第安人教育。

5 鼓的西班牙文為tambor，鈴鼓的英文是tambourine。

6 絲絨樂團（Aterciopelados）來自哥倫比亞，融合搖滾樂與哥倫比亞和拉丁美洲的各種音樂傳統。美洲虎樂團（Caifanes）一九八七年成立於墨西哥市，曲風混合新浪潮、歌德與前衛搖滾，並融入拉丁風格的吉他與打擊樂。

7 提華納（Tijuana）位於墨西哥北部邊境，北鄰美國聖地牙哥市，西瀕太平洋。

8 美國民事訴訟程序中，原、被告雙方在進入言詞審理之前，先就較不影響勝負之訴訟重要事實作成協議，以簡化爭點，提高訴訟效率，是謂訴訟協議（stipulation）。

八——火

我們在鳳凰城的勞工局審判已進入無限期休庭，1一九十二年前的此時，紐約州人民告艾薩克・哈里斯與麥克斯・布蘭克（People of the State of New York v. Isaac Harris and Max Blanck）（他們是三角襯衫公司老闆）的訴訟正式展開，距火災已過八個月。紐約市尚未從遊行與哀悼中平靜下來。法院外，克拉拉・萊姆利希站在一群婦女當中——她們有些是工廠工人，有些是死者的母親、姊妹和朋友，高喊著：「殺人凶手，殺人凶手，還我們孩子來。」

法院裡，哈里斯與布蘭克受審的理由並非害死一百四十六名員工——火災發生時約有五百人在他們的工廠裡工作——因為法律不是那樣運作的。他們被控以一級與二級過失殺人罪，即非惡意殺人罪，被害者僅一人：瑪格麗特・施瓦茨（Margaret Schwartz），她於格林威治村（Greenwich Village）三角公司所在的大樓九樓被活活燒死時，年僅二十四歲；他們為了過失致瑪格麗特．施瓦茨於死而受審，因為地區檢察官辦公室認為她——她的屍體、她的死亡及其經過情形——代表著讓哈里斯與布蘭克被定罪的最佳機會，而這判決將須充當命喪火場的其他一百四十五人——一百二十二名婦女及二十三名男子——所能討回的公道。

瑪格麗特．施瓦茨之所以代表著最佳定罪機會，因為（一）不同於部分火災受害者，她的屍體已被指認；（二）不同於大多數受害者，她的屍體有被解剖，負責驗屍的醫師將在審判中陳述——其證詞是一百五十五位證人中最短的：她死於「吸入煙霧窒息」，身體「幾乎完全燒焦」，因此公司很難否認她確實死於火災；（三）她的屍體被發現在出口前方的一堆屍體當中，此門不該上鎖，但實際上卻鎖著；（四）艾薩克．哈里斯與麥克斯．布蘭克知道門鎖著，事實上，他們故意將門鎖上（由此確立過失殺人之論據），因他們懷疑工人竊取零星的布料、緞帶和絲線，致使利潤減少，故要工人從另一道門離開，在那裡，警衛會拍觸其衣裙以防夾帶物品，她們亦須將口袋翻出來給警衛檢查；（五）火災倖存者凱特．奧特曼（Kate Alterman）將作證說，她與瑪格麗特．施瓦茨一同站在鎖住的出口，她「來回拉扯門把，用盡各種方法」，但無法打開門，瑪格麗特「抓住門把，試著打開」，接著「冒出一股濃煙」，凱特什麼都看不見，但她叫喚瑪格麗特「她卻沒回答」，然後她「注意到她的裙襬和髮梢開始燃燒」。

開場陳述中，身為這場審判首席檢察官的助理地區檢察官查爾斯・伯斯維克（Charles Bostwick）要求陪審團將法庭設想成工廠。為了幫助他們想像，他簡直像要把未燒毀的工廠牆壁塗繪到法庭內。他說：「我想我該在這裡停一下，試著將這棟建築的各部分設定於我們腦海中，好讓諸位在『格林街』（Greene Street）與『華盛頓廣場』（Washington Place）二詞外，能對其位址有較明確而固定的概念，也有助於我們彼此理解。」「假設這面牆」——他指向法庭東牆——「是華盛頓廣場；請各位暫時假設那面牆」——他指著法庭北牆——「是格林街。華盛頓廣場這側有窗戶，格林街那側也有窗戶。」接著他將陪審團的注意力引到法庭東北角：「那是華盛頓廣場與格林街的街角。」設定場景時，他要求陪審員在房間內創造出另一個房間，在審判進行的漫長期間，想像自己生活在工廠裡。他要求他們讓自己的身體棲居於其他身體被燒灼的空間。

他這樣持續了好幾分鐘，一面遊走在法庭中，一面建構工廠，指向空無一物之處：這邊是裁剪桌，這邊是桌子的溝槽，裡面堆積了太多碎布，這邊是樓梯，這邊是電梯，還有窗戶、洗手間、更衣室等等。

空間練習近尾聲時，仍在遊走的伯斯維克指著此刻才變出的工廠細節，將陳述轉換為第二人稱：「所以，你看，在那個角落」——他指法庭東南角——「假如你搭樓梯旁的乘客電梯，會發現自己來到華盛頓廣場。假如你搭這邊的電梯下樓」——他比向法庭西北角——「或走格林街的樓梯下去，就會出來到格林街。」

然後他講述工廠怎麼燒起來：「有人喊『失火了』，九樓的人四散奔逃。有些跑向格林街的門，有些出了那道門跑到街上，有人跑去樓頂，有人進了貨梯。他們自然會走格林街的門，因為我將對諸位說明，那是大家每天進出、也是晚間唯一的出口。所以許多人衝向格林街入口，知道那通常是出去的地方。有些人跑向大樓北側的太平梯，另一些人跑向華盛頓廣場那側的電梯，電梯走了兩、三趟，有些人就這樣逃出去。還有人跑向華盛頓廣場那側的門，瑪格麗特．施瓦茨也在其中，她已經死了。正因她的死，這兩位被告現在要受審。」伯斯維克接著講到整個情況的核心：「陪審團的各位先生，那道門上了鎖。跑到門前的人哭喊：『門鎖住了。我的天，我們死定了。』他們的確死了。鎖住的門阻擋了他們的逃生路。」

他的第一批證人是工程師，他請他們向陪審團更詳細地描述工廠。桌子有幾吋高，桌與桌間隔幾吋，它們距離牆壁多遠，那些門是什麼樣子，還有樓梯間，樓梯間的平臺幾吋寬，窗檯有多高，門朝哪個方向開？像這樣不斷追問細節。每個新證人上場，他都會回顧一遍投射在法庭上的工廠景象——「那裡是華盛頓廣場」，以及「這裡是格林街的門」，為期三週的審判過程中，他將這個鬼氣森森的場景重述了近百次。

伯斯維克傳喚回應火警的消防員與警察。他們作證在下午四點四十六分接到第一次火災警報，四點四十八分接到第二次警報，第三、第四次是四點五十五分和五點十分。他們說明火災警報系統的錯綜複雜。他們給出看到火焰的證詞，公司律師在交互詰問時質疑他們是否真看到火焰，部分消防員收回證詞，說只看到煙霧。他們證實煙霧行進的方向：往上。他們被要求解釋煙霧通常往上升的道理：他們不知道。他們作證說八樓、九樓之間的懸凸處（overhang）「擠滿了人」，懸凸處一語先被聽錯，而後被誤解，最後才釐清是大樓外部、位於九樓窗戶下方的簷口。那裡離街道有九層樓高，「可能約兩呎六吋寬」，上面站滿了人。

消防員作證說，他們用水帶以一百二十五磅高壓朝大樓該側的簷口下方幾英尺處噴水，目的在使它降溫，讓擠在上面的人能繼續活著，緊抓住牆面，不要跳下來。但有個男人真的跳了。一位消防員作證看見他躍下，說：「他跳下時，似乎鼓勵了其他所有人。」他作證有張救生網被移到跳樓者下方的人行道上，消防員用它「接住一個女孩」，他們「將網傾斜，讓她滾落到人行道上」，而「那女孩還活著」。

他堅持這麼說，因為法庭上正往復爭論救生網究竟有沒有用，是否「連一個人都擋不住」，暗示救生網的存在也許鼓勵了簷口上的人往下跳。「不是有發現，」伯斯維克對那位消防員說：「我不曉得你是否知道這點——不是有發現，由於這些人從距離地面——即離路面如此遠的高處跳下，他們穿過空中時，重量將以巨幅比率增加，以致救生網連一個人都擋不住。」

但消防員說：「他們傾側網子時，我把她扶起來，我還說：『快過馬路到對面去。』」以及「她走了十英尺，但看起來像某種機械反應……大概六英尺就倒下」，而「我理所當然地以為救生網可發揮應有的效用」，「假如他們一個一個來，我們還能幫忙」，但「他們糾纏在一塊，根本不可能救得了」。

消防員作證說，火勢蔓延得「非常猛烈」，火勢蔓延得「極其迅速」，火勢蔓延得「幾乎像閃電那樣快」。一位消防員說，當他們在大樓裡奮力從樓梯爬上八樓，它已「完全被控制」，這話造成一些困惑：他的意思是大火已吞噬那層樓，還是說火勢尚未蔓延到那層樓之外？結果是前者，另一位消防員證實「整層樓燒成一片火海」，澄清了這句話的意思，成為定論。

第一週結束時，伯斯維克傳喚一位舊布商上證人席，他向工廠收購碎布，用以造紙。

他作證說他是唯一與三角工廠做生意的舊布商，亦即他是唯一去那裡收碎布者，而在兩次收取之間，碎布愈堆愈高。他作證最後一次收取是一月十五日，那天，他從剪裁桌下的碎布槽拖出二千二百五十二磅布料，大多來自八樓。他作證說，從最後一次收取到其中一個碎布槽起火的三月二十五日，過了六十九天。他估計失火時槽中約有一噸至一．二五噸的碎布。類似的碎布被列為證物，這樣伯斯維克之後結辯時就能再提到它們，稱其為火藥桶。週末休庭。

週一，伯斯維克開始傳喚工人上證人席。其中許多人只會說意第緒語或義大利語，或主要說意第緒語或義大利語，或比較想在法庭中說意第緒語或義大利語，因而在法庭官方口譯員的協助下作證。我們無法從法庭筆錄得知翻譯當場狀況，但這部分證詞有些長段落頗難理解。有時工人似乎被庭上關於如何回答問題的指示搞糊塗。他們多次被告知只要針對問題回答。他們被告知只要回答自己所見，不用說可能發生的事。他們被告知只描述發生的事，不用加上自己的看法。有時他們沉默地坐著，根本不回應，彷彿透過翻譯傳來的內容並非以問題的形式出現。他們被要求回應。他們再度被要求回應。筆錄上出現四十二次無回答作為對問題的答覆。他們被要求在工廠的示意圖上做標記。當他們說不知該在哪裡做標記，卻再度被告知在示意圖上做標記。於是他們就在示意圖上做標記。

使翻譯更加混亂的是，雙方律師和法官似乎不太瞭解工廠內進行著何種工作，工人每週花那麼多小時用雙手和身體做些什麼，因此他們提出的問題有時並非根據工廠的實際情況或失火時的狀況。

伯斯維克詢問工人伊西多爾．艾布拉莫維茲（Isidore Abramowitz）時，法官插話以釐清剪裁部門的規模和配置，以及證人離剛冒出的火焰有多近：

問：你發現起火時首先做的是什麼？

答：我潑了一桶水上去。

問：你在哪裡找到桶子？

答：就在桌子附近，有個小隔板上放了三桶水。

問：那些水桶放在隔板上？

答：是的，先生。

問：它們放在架子上嗎？

答：在架子上。

問：那裡有個架子？

答：是的，先生。

問：那個架子固定在貨梯對面的隔板上？

答：不是，先生；它固定在牆上。

問：有個架子固定在牆上；是哪面牆，格林街那面牆嗎？

答：是的，先生。

問：架上有多少水桶？

答：三個水桶。

問：你走到有水桶的地方嗎？

答：我就站在那邊；架子和水桶離桌子很近。

問：從你一開始發現起火的地方，到水桶的所在處，必須走多遠？

答：我不用走到任何地方，它就在那裡……

問：你只是轉個身，就這樣？

答：就這樣。

問：從你站的地方，可以伸手拿到水桶？

答：是的，先生。

問：你伸手拿水桶了嗎？

答：是的，先生。

問：你伸手拿水桶時，裡面有裝東西嗎？

答：有。

問：裝了什麼？

答：我想是水。

許多工人在證人席上講話很小聲。他們被要求提高音量。法官說：「請你說話大聲一點」，以及「大聲講出來」，以及「大聲點」，以及「如果你能回答大聲一點，我們大家都可以省下很多力氣」，以及「我要你在回答時，聲音大到讓坐得離你最遠的那位陪審員都能輕易聽到；你明白嗎？」以及「口譯先生，請對這位證人說，他講話聲音太低，我聽不到，他回答每個問題時，聲音必須大到讓陪審團的每個人都聽見。告訴他我不會再提醒他了」；而公司律師說：「我要你朝這邊說」，以及「我要你朝這個方向說大聲一點」，以及「說大聲一點」，以及「講大聲一點」，以及「大聲點」、「大聲點」。

當法官認為某些工人的英語夠好，便令他們用英語作證，即使他們表示比較想透過口譯作證。有時律師會在質詢過程中開玩笑，有時是拿證人開玩笑，也許為了討好陪審團，但顯然令一些證人感到困惑不安。「我不懂你的意思，因為我想我的英文不夠好，無法完全瞭解，」一名工人說：「因此，如果我弄錯了，請原諒我。」法庭上的任何玩笑或運作內容都不會翻譯給證人聽。

伯斯維克要每位作證的工人從證人席起身走到法庭門口，用門把向陪審團示範他們如何試圖打開鎖住的工廠出口。瑪莉·布伽利（Mary Bucelli）、約瑟夫·布倫曼（Joseph Brenman）、艾達·尼爾森（Ida Nelson）、耶塔·盧比茲（Yetta Lubitz）、伊瑟爾·莫尼克（Ethel Monick）、貝琪·羅斯坦（Becky Rothstein）、蘇菲·齊默曼（Sophie Zimmerman）、莉莉安·韋納（Lillian Weiner）和凱蒂·韋納（Katie Weiner）使勁拉扯法庭的門，猛拽門把。他們重演尖叫、踢踹、捶打的場面。他們哭泣。門打不開。它鎖住了。

燻黑的工廠門鎖被帶上法庭作為物證，它裝在玻璃盒裡，冰冷烏黑，置於證人席旁的桌上。

當「女工」——官方筆錄上的這幾小節如此標記——出庭作證，辯方律師質疑她們是否有能力從火場的混亂中清楚記得任何事，也許這正是為什麼伯斯維克要等到舉證陳述的最後，等工程師、消防員、警察與一般「工人」都作完證才傳喚她們。

公司的辯護律師麥克斯．斯圖爾（Max Steuer）是當時最有名的庭審律師之一，他質問十六歲的伊瑟爾．莫尼克：

問：當時引起很大的騷動，場面非常混亂，不是嗎？

答：我不明白你說騷動是什麼意思。

問：你真的不懂我說騷動的意思？

答：不明白，先生。

問：你當時也像現在一樣沉著冷靜嗎？

答：就跟現在一樣，因為我從沒遇過這樣的火災，也不知道那是火災，所以我急忙找出路逃生，並不覺得自己激動。

問：如果說你當時不激動（excited），就表示你其實知道騷動（excitement）的意思吧。

伯斯維克先生：激動與騷動是有區別的。

法官：區別很小。

斯圖爾先生：僅存在於伯斯維克先生自己的想像中。

問：那我先問你，你知道激動的樣子嗎？

答：在什麼情況下？

問：這樣說吧，當你跟現在一樣處於沉著冷靜的狀態時，有看見任何人很激動嗎？有看見任何不冷靜的人嗎？

答：別的女孩，我不曉得她們激不激動。我沒問她們。

問：你沒問她們激不激動，所以你不曉得；是這樣嗎？

答：是的，先生。

問：那些女孩擠到門邊時，你朝她們喊「這個門才對」，你當時難道看不出任何騷動，不曉得她們很激動？

答：我只曉得她們全都衝向這邊的門。

但若說檢方有個明星證人，那就是凱特・奧特曼了，她也是一名女工，英文說得夠好，在法庭上不需翻譯，而且她親眼目睹瑪格麗特・施瓦茨死亡。辯方律師麥克斯・斯圖爾質詢奧特曼時，違反了交互詰問的重要原則：絕不要讓證人重述可能對委託人造成傷害的證詞。當斯圖爾問奧特曼，她聽見有人喊失火時做了什麼，她回答得很詳盡，不過她的回答目前保存在數位版筆錄的「圖書館記注」一節，那是研究人員根據損壞的原始文件以人工重建的：

這時候瑪格麗特．施瓦茨和你在一起嗎？是的，先生。後來我去廁所。瑪格麗特不見了，我想從格林街那邊出去，但整扇門都著火，所以我躲進廁所，然後我從廁所出來，把臉埋進水槽，接著我跑到華盛頓廣場那邊的電梯，但那裡擠滿人，我過不去。然後我注意到門周圍有人，一大群人，我看見經理的兄弟伯恩斯坦（Bernstein）試圖打開門，瑪格麗特也在旁邊。伯恩斯坦試著開門；他打不開，然後瑪格麗特接手。我把她拉到一旁，我把她推到旁邊說，等等，我來。我試了，來回拉扯門把，用盡各種方法，還是打不開。她把我推到另一邊，抓住門把，試著打開門，然後我見她跪倒在地，頭髮披散開來，裙襬離她有點遠，接著冒出一股濃煙，我什麼都看不見。我只知道那是瑪格麗特，我叫瑪格麗特，她卻沒回答。我拋下瑪格麗特，把頭轉向旁邊，注意到她的裙擺和髮梢開始燃燒。然後我往裡面跑，跑進華盛頓廣場那側的小更衣室。那裡有一大群人，我從那裡出來，站在廠房中央，機器和檢查檯之間，後來我注意到另一邊，靠近華盛頓廣場那側的窗戶，經理的兄弟伯恩斯坦像野貓在窗戶上跑來跑去，身子探出窗外又縮回。我猜他想跳下去又不敢。然後我看見火焰覆蓋了他。我注意到格林街那側也有人倒在地上，被火焰覆蓋，然後我站在廠房中央，把外套翻到左邊，毛皮那面貼著臉，襯裡朝外，再從檢查檯抓起幾件還沒著火的衣服，包住頭，試圖衝過格林街那側的火焰。整扇門已變成赤紅的火簾，但有位年輕女士過來拉住我背後的衣裙，不讓我走。我用腳踹她，不知道她後來怎麼了，我從格林街那側的門跑出來，穿過火焰，逃到屋頂上。我的皮夾已開始燃燒，但我把它按在胸口，將火熄滅。

講完後，斯圖爾要她再說一遍，她照做，幾乎一字不差，只在幾個小細節上有出入，比如省略了經理的兄弟「像野貓」跑來跑去。斯圖爾拿這教訓她。她說：「好吧，我沒把他設想成野貓或野狗。我只是說樣子很像而已。」

他要她講第三遍，她照做，又是幾乎逐字複述。顯然她練習過證詞。她怎麼會不練習呢？她將必須在法庭上，在前老闆及其律師與一位聯邦法官面前，用她並不流利的語言，講述一場致命的工業火災，她死裡逃生，但許多同事和朋友都命喪火場，她眼睜睜看著其中一些人被燒死。她怎麼會不練習呢？

但斯圖爾辯稱，這樣明顯的練習等同記誦，記誦意味著這故事是由凱特·奧特曼以外的人所建構，非出自她對火災本身的記憶，而出自某種外力。她有沒有收到工會的信？她有沒有去工會辦公室？她是否與工會代表碰過面？她有沒有跟工會律師談過？

這份筆錄一度被認為佚失，但後來被作家兼國際女裝服飾工會機關報《正義》（*Justice*）的長期編輯里恩·史坦（Leon Stein）找到，它呈現了審判經過，而沒有關於證人本身的描述。畢竟是一份庭審筆錄，除了發生過的事實，不該包含其他任何內容，也不應盛裝悲傷、恐懼或憤怒——所以這些東西，儘管一定存在於法庭的想像工廠中，卻難以辨析。

我從頭到尾讀了一遍，從中學到不少在法庭上說故事的技巧，但我禁不住分心，開始注意到紀錄文字的內部回聲。證人所說的話——他們用來描述自身經驗的語詞——建立起種種模式，在我閱讀筆錄時開始響亮地發聲訴說，壓過雙方律師非常努力要建構與控制的敘事弧線。提到成群屍體，有兩位證人說堆積，另五位證人用堆疊一詞。還有兩位證人把屍體誤認成別的東西。一位消防員說：「當我到那裡去撲滅我說的這個邊框和窗戶上的火，因為急著要完成工作，匆忙中踩到什麼軟軟的東西，低頭一看，才注意到一具屍體。……當我望著自己踩到的那具屍體，便看見三、四具之前沒注意到的。」另一位說：「我最初掃視地面時，沒看見任何屍體。我看到一堆亂七八糟的東西，後來才發現那是屍體，但我沒看見任何屍體。」

去掉所有冗雜的枝節，這場審判主要是關於一場火災與一道鎖住的門，難怪在庭審筆錄中，門字出現三千六百二十次。火字出現一千六百八十六次。鎖字出現七百四十五次。鎖住，三百六十七次。那道門被鎖住，十六次。那道門當時被鎖住，六次。

跳字的現在式出現一百三十次，過去式五十七次，現在進行式二十二次。

墜落的過去式四十一次，現在式二十五次。

飛字僅出現過一次，在艾達．尼爾森的描述中——她效法一些工人的逃生方式，將布匹纏在身上，以保護自己不被燒傷：

問：你身上裹著布，布沒著火，除了手被灼傷之外你都沒事？

答：布有著火，它燒焦了。

問：什麼布？

答：純白的布。

問：你的意思是你從桌上抓起布，圍在身上？

答：我從會計員的桌上拿的，我發現那裡有塊布，就拿來包住自己。

問：當你從華盛頓廣場這側的門跑向太平梯，有拿起任何布嗎？

答：我跑向太平梯時，以為可以從太平梯逃出去，不用做別的。

問：所以到那時為止，你都沒拿任何布，沒包住自己？

答：沒有。

問：但你看到太平梯的熊熊火焰後，便走向格林街那側的門，然後你花了些時間拿起一塊布，把自己包起來，再走出格林街的門，對嗎？

答：我抓住它，飛過去到格林街。

問：你抓住他們用來做襯衫的白布？

答：是。

問：那種很薄的布？

答：是。

問：你用那種布包裹自己，衝過格林街的門，對嗎？

答：是。

審判終結，法官宣讀《紐約勞動法》第八十節第六條：「凡通往此類工廠之門，均應建造成可在實際情況下向外開啟，並不得於上班時間上鎖、閂住或釘死。」他指示陪審團，若要判哈里斯與布蘭克有罪，必須確定那道門在失火時是鎖住的，且被告明知或應知它是鎖住的，並在排除合理懷疑下，確認鎖住的門導致瑪格麗特·施瓦茨喪生。

陪審團商議不到兩小時便做出無罪的判決。宣讀判決後，一位陪審員維克多·史坦曼（Victor Steinman）總結其共同決定之理由：「我相信失火時門是鎖住的，但除非我們相信他們知道門上鎖了，否則便無法認定他們有罪。」哈里斯與布蘭克由警員層層保護，從法官的私人通道離開法院，在抗議者的追逐下抵赴地鐵。

無罪釋放一個月後，哈里斯和布蘭克讓三角公司在第五大道與十六街的新位址重新開張。他們獲得保險給付六萬美元，等於每位死去的工人獲賠約四百一十美元。直到兩年後的一九一三年，業主才與受害者家屬就懸宕未決的民事訴訟達成和解。他們為每條人命付出七十五美元——這協議讓哈里斯與布蘭克從每位死去的工人身上淨賺三百三十五美元。那年他們再度遷廠，搬到西二十三街的更大空間，距日後成為紡織成衣工會紐約國際總部的那棟樓僅數個街區。在那裡，布蘭克因上班時間將門鎖上而被建築督察罰鍰二十美元。督察警告他工廠充滿火災隱患，並拒絕核發給該公司產品「在安全條件下製造」的標籤——類似公平交易標章的前身；火災發生後，在公眾強烈抗議下，此制度已實施於整個業界。隔年，哈里斯和布蘭克再度被罰款，因為他們被逮到為其襯衫縫上偽造的安全條件標籤。

關於蛾受光吸引的另一理論說，這是種生存機制——牠們本能地知道，比起往下飛入夜晚大地的黑暗中，朝上飛向月光更有可能逃脫夜間獵食者。人造光，如火和門廊燈，如我們聚在那裡開會的停車場燈光，對此機制來說便成陷阱。蛾具有飛向光的天性，但並非生來要飛入光。

也許鱗翅學家會問一個更有趣的問題：蛾一旦飛抵光源，是什麼讓牠留下——若非僵在燈具上一動不動，便是在光束中亂拍翅膀？有個理論認為蛾的眼睛並非為抵達而設計——牠從不期望會飛到月球，靠近街燈的強光將使其光受體（light receptor）無法負荷，令牠失去方向感。不僅如此，蛾的眼睛一旦適應了光線，便需更長的時間才能再次適應黑暗。事實上，依據這個理論，適應黑暗需要很長的時間，以致蛾就算逃離了光，等到能在黑暗中看見東西，牠將忘記教訓而立即飛回火光。

另一種理論是，當光線超過其視覺受體所能負荷，蛾的眼睛會產生暗區的幻覺，即所謂馬赫帶（Mach bands），這些區塊看似漂浮在被照亮的空氣中。牠飛向這些代表安全的黑暗空間，希望能躲起來，卻發現黑暗在抵達時消失，迫使蛾不停地飛往下一個暗區。

如果用谷歌搜尋「夜間蛾蹤」（moth trails at night），將發現一些幽靈般的長時間曝光照片，顯示蛾繞著泛光燈盤旋——也許在追逐一連串消失的安全假象，也許陷入了暗盲與遺忘的循環。

譯注

1 法官宣布言詞辯論程序終結，但未訂判決日期，所以是無限期休庭（final adjournment）。

九——蛾 Las Polillas

審判休庭後，我們與委員會成員在桑迪亞哥院子的苦楝樹蔭下開會，自選舉以來每週三都這麼做。我們為這些會議發展出一套程序：我開著租來的車，先去買一袋冰塊和一箱小塑膠瓶裝的飲水，再去你家接你。你和我一起去辦公室，把金屬折疊椅和藍色冰桶擺進後車廂，再將冰塊和水放入冰桶。然後我們去接西西莉亞，再接安東妮雅，再接安娜莉亞，她們都坐後座，你坐副駕駛座，直到我們開到波洛的公寓，才換他坐副駕駛座，你跟其他女生一起擠後座。在桑迪亞哥家，我們在樹下將金屬椅排成一圈，椅腳壓進那層覆蓋沙漠堅硬地面的沙塵中。我們把瓶裝水分給大家——包括搭我們車過來和其他自行前來的人——然後就開始開會。整個夏天和秋天，這些會議的議程都維持不變。我們提出四種報告：勞工局那邊的情況、工廠裡的情況、與工會支持者的談話、與新同事的談話。

到了秋天，你已能主持會議，協助大家走完議程。我會先報告勞工局的情況，然後坐到圓圈邊的冰桶上寫筆記，由你來請委員會的其他成員輪流報告。你知道我們需要什麼情報，每個人發言時要追問什麼問題來挖掘更多資訊：你從誰那裡聽到的？他們是直接從老大那裡聽說，還是聽人轉述？這星期你的部門有多少新人開始上班？他們叫什麼名字，被安排在誰旁邊工作，午餐時坐哪裡？你跟其中多少人談過？你有沒有問他們面試時那位珊卓拉是否談到工會？我們在追蹤公司發送的訊息和戰術，預測其策略。我們在探查新的違法情事，而且一如往常，我們將工廠的狀況繪製成圖，持續更新。

審判後的這次會議結束時，大家決定接下來兩週不開會，並將開會頻率減至每月一次，除非有緊急消息。我們將透過電話保持聯繫，但我們都需要喘口氣，也曉得還要等很久才會有新消息從勞工局傳來，告知我們是否將有另一次選舉。委員會成員互相拍肩，握手道別，然後我們送一車的人回家，順序與接他們時相反：波洛，然後安娜莉亞，然後安東妮雅，然後西西莉亞，然後是你。

到你家時，胡立歐的卡車停在車道上，所以我不進屋，這是我們從夏天起默默養成的習慣。我們在車裡說再見——只不過一個禮拜，我們說——我該把審判期間沒休的假用掉，但這次道別感覺很奇怪。這將是我們相識十個月以來分開最久的一次。

我跟你說我要回土桑，但沒去，而是待在汽車旅館。我看電視連續劇，睡一下，把窗戶開個小縫抽菸。我讓房間保持陰暗，啃燕麥棒，叫披薩，用薄脆的塑膠杯喝威士忌，從浴室水龍頭喝水，都十一月了，自來水仍冷不下來。有一夜隔壁房間發生激烈打鬥——在那家汽車旅館並非頭一遭，救護車來載走一名女子。我看著警車開進停車場，但他們用力敲門時我沒開。我在日記裡寫：「我好累，我不明白自己為什麼不睡覺。」

接下來那週有為期三天的培訓，參加者包括你和必潔的工會幹部（你丈夫的表親曾在必潔當工會幹部，它仍是鳳凰城唯一受工會契約約束的洗衣廠）、來自哈瓦蘇湖城洗衣廠的瑪莉安娜．李維拉，以及來自其他產業、其工會正在組織移民工人的職場領袖。我用三角襯衫工廠火災的故事來介紹紡織成衣工會，盡力壓抑激湧的情緒——那原是我要用故事在別人心中引發的情緒——但大半時間都壓不住，滿腦子盡是前晚讀到的報導細節。每夜的蛾夢皆是一團混亂的煤灰、煙霧和細鱗。三日課程結束時，你舉手發問：為什麼有些人會被逼得反抗，另一些人卻在恐懼中倒下。

我們之所以參加培訓，是因為若要在全市展開宣傳活動，便得在其他洗衣廠發起運動，而這無法單靠外地飛來的組織者辦到。我們希望洗衣廠工人能擔起組織非工會洗衣廠的責任，因此你和其他人來受訓，學習對自己同事以外的人進行組織性談話的方法與準則。

培訓來得正是時候，因為我們最近得知工會在鳳凰城另一邊的頂格（Top Shelf）餐旅洗衣廠贏得「核卡制」——意即只要大多數工人簽了工會卡，便可贏得工會，毋須經歷國家勞工關係局主辦的選舉。雖然現今的公司喜歡強迫工人二度表明自己支持工會——一次藉由簽工會卡，另一次則是在數週或數月後的選舉中投贊成票——並假裝工會一向循此方式組成，核卡卻是《國家勞工關係法》所概述並支持的一個舊程序。事實上，在《國家勞工關係法》通過的頭幾年，大多數工會都是經由這種被稱為「自願承認」（voluntary recognition）的程序組成，過程中，雇主放棄選舉程序，而基於大多數員工都想組工會的證據——像是簽工會卡——來承認工會。

如同許多工會故事，頂格核卡協議的傳說也是離奇又誇張，雖然大部分內容可能為真：頂格東北廠的工人發動罷工——在公司擁有的幾家工廠中，他們是率先籌組工會者——要求提高薪資，改善安全條件。若想為提高薪資與改善安全條件而罷工，只有透過一種方式才不會被永久替代，頂格的工人便是這麼做的：在公司做出一些威脅、並開除其中一位同事後，向勞工局提出不當勞動行為的指控。他們稱此次罷工為「不當勞動行為罷工」，以抗議公司的違法行為，此做法可保障工人罷工而不被解僱或永久替代的權利。

罷工持續數月，經歷了特別嚴酷的寒冬，終於在獲地方新聞報導後，行蹤隱密的公司老闆致電工會要求會談。紡織成衣工會主席從紐約飛來，在洗衣廠老闆指定的地點——一家義大利餐廳的私人密室與他會面。據傳這位老闆一身黑幫打扮：梳油頭、戴金鍊、粗雪茄、飛行員夾克——全套行頭。工會不知他還有幾家洗衣廠，也不知它們在何處；後來又聽說他的其他廠房位址似乎都很奇怪，離罷工地點非常遠，更增添其黑幫的神祕色彩。紡織成衣工會主席準備要進行一場艱難的談判，但會議僅持續幾分鐘。老闆問他怎樣才能讓工會安靜下來，隨即答應主席的所有要求。罷工者贏得一份超完美契約，雙方同意：在其他工廠中，公司將允許組織者進入餐廳與工人交談，只要簽工會卡的工人占大多數，他們便自願承認工會。依據同一份協議，工會承諾結束罷工，也不在頂格的其他任何工廠發動罷工——即以「勞資和諧」(labor peace)之承諾換取公司答應不反制工會，並於組織活動期間「保持中立」。

當我向你解釋這個協議，你不可置信地瞪大眼睛，無法相信這些工人的好運——他們只要簽工會卡，就可以擁有自己的工會。

執行協議的第一天，我們在頂格餐廳做五分鐘報告，其實就是簡介工會，我們照著已先經公司批准的草稿唸一遍——這也是協議的一部分。接著請工人簽工會卡。我們走了一圈餐廳，只有少數人願意從我們手中接過卡片。其中幾位確實當場簽了名，但多數人都不肯。大部分工人都不願與我們交談或四目相接——看得出公司並未依協議要求保持中立。事實上接下來幾天，我們得知廠長路易斯曾威脅工人：如果工會贏了，洗衣廠就會關門。他把非法入境的工人叫進辦公室，告訴他們假使工會贏了，他將不得不解僱他們。他指示部門領班跟隨工人進洗手間，確保他們沒在談論工會的事。

我們從一桌移至另一桌，發覺公司已設下銅牆鐵壁阻礙這個程序，於是我們放棄談工會，改問一些關於工人本身和工廠的基本問題，試圖與他們攀談：你在哪個部門工作？你在這裡工作多久？你來自墨西哥什麼地方？任何能得到回應的話題，哪怕是一點點也好。然而，為了避免在任何可能向管理階層打小報告的人面前跟我們交談，工人紛紛從餐廳離開，提早前往自己的工作崗位，儘管那裡無處可坐，而午餐是他們在八或十小時值班中唯一能休息的時間。

你在一位手纏繃帶的婦女旁邊坐下——傷口的血正緩緩滲出白紗布。我聽見你問她是否跟你一樣在汙物分揀部工作。你以前聽說過這樣的傷口。她盯著桌子沒抬眼看你，幾乎難以察覺地輕輕點頭。你用更柔和的聲音問她是不是在工作時受傷，但她僵坐著不回應。你咬緊牙根，除此之外並看不出挫折感。

幾天後，我們從另一名工人那裡得知，路易斯從汙物分揀輸送帶上移除一個安全防護裝置，好讓它能更快速將布巾往下傳送。那位婦女的手捲進輸送帶底下，皮膚被撕裂，直到有人按下緊急停止開關。我們去她家，看她想不想跟律師談，或向美國職業安全與健康管理局投訴，或者她只需要人洗碗盤，我們也可以幫忙。她稍微打開前門，透過門縫窺看，寬度只夠讓我們看見她一小部分的臉。你親切地跟她打招呼，問我們能不能進屋，但她搖頭表示不行。我們頭一次聽到她的聲音：對不起，但我需要這份工作。

回到車上，你簡直氣壞了，每講兩個字就用手掌重重拍儀表板。老闆把她的皮從手上扯下來，而她卻不肯開那該死的門，你說。親眼目睹這名婦女的恐懼令你憤怒。我們不是狗，你說。我不是騾子，你說。他們喜歡被當騾子看待嗎？他們怎麼不他媽的更生氣？

活動期限的最後一天，我們說服了洗滌部的三名工人簽工會卡，因而以些微差距贏得頂格公司的核卡認證。我們發現路易斯派工人進入洗滌機清除堵塞時，並未先切斷電源，正如波洛描述發生在你們洗衣廠的情形。我們在停車場跟下班的洗滌工人談了很久，直到他們對被置於那種險境的憤怒終於超過失去工作的恐懼。雖然我們一直都在工廠無窗這側的停車場跟他們談，以一輛洗衣廠卡車作掩護，但你讓他們跟隨我們繞過工廠建築，走到路易斯的辦公室窗外，將工會卡按在玻璃窗上簽名。

在土桑，我搬出與女友同租的房子，去跟一位也與她女友分手的朋友住。我還記得說服這位朋友跟我同住很划算，因為我很少在家，也許一個月才待一個週末，其餘時間都住在鳳凰城的汽車旅館。但我將頂格的工會卡交付核計後，回家度週末時，得知這位新室友已開始邀我的前女友來，一起在我們家沙發上看電影——她的前女友發現她們在一起，在黑暗中緊靠著。於是我把大部分家當放進租車的後車廂，開回鳳凰城的汽車旅館，好幾個月都沒再退房。我並不為此感到生氣。我鬆了口氣，甚至挺高興的。之前我便懷疑自己一直在製造私生活的混亂，或至少讓混亂加劇，以仿擬我想我渴求的緊張刺激。但那種緊張刺激如今已極迫切地存在於我們的組織行動中。

為頂格的工會贏得核卡認證後，緊接著便要協商契約，你和我都是首次參與談判。我們在那裡主要是觀察和做筆記，根據談判桌上的情況制定策略與發送訊息，以協助工會在工廠中成長茁壯。工會從紐約辦事處派來一位談判代表——主席與公司老闆在原則上達成共識後，核卡協議的細節便是由此人擬訂。公司的首席談判代表為其法務顧問，他也曾代表公司審查核卡協議。這使工廠會議室中的協商動態顯得很奇怪：兩位受過高等教育、之前已在協議過程互相認識的白種男人幾乎包辦了所有談話。他們用英語進行，因為兩人都不會講西班牙話，這表示他們無法跟在場的任何工人交談。會議室裡唯一的另一個白人就是我，我也講個不停，盡我所能地翻譯兩位談判者的對話。拉丁裔的路易斯能說西語和英語，坐在談判桌的公司那邊、公司律師旁，幾乎一語不發。他整天面色陰沉，在記事簿上亂塗亂畫。來自紐約的工會談判代表跟我們坐在桌子同一邊，你、我與頂格的三名工人擠在角落，這樣我才能一面低聲翻譯，一面專注觀察談判進展。只有這三名工人志願出席其契約協商，不過我們設法召集他們的同事在休息時間結伴前來，每次旁聽幾分鐘。

隨著談判展開，情況也愈來愈明顯：除了制定工會卡推動期間的雙方行為規範外，核卡協議也包含一些與契約相關的嚴格限制。換句話說，等我們坐下來談判時，契約的許多內容皆已被決定，讓會議室裡發生的事變得更奇怪，至少對你我而言。譬如說，基於預先制定的協議，我們主打的部分議題——那些真正在工廠裡激怒工人的事，像是某主管規定上廁所只能用三分鐘，有個滲漏的蒸發式冷卻器不斷將水滴到烘乾機上，軌道掛鉤上的安全門不見了——都不是能帶上談判桌的項目，我們只得在檯面下與路易斯交涉，讓他口頭答應解決這些問題；之後這份契約必須經工人投票追認，而我們很難把路易斯答允的事當成談判的斬獲來說服工人接受。工人有充分理由不信任路易斯說的話，那正是大多數人最初簽工會卡的部分原因。

不然你指望什麼？當我質疑這種情況的公平性，來自紐約的工會談判代表說。這不會是最好的契約，但我們不必為了得到它而奮戰三年。

「我們」是誰？我以責難的口吻回嗆。這樣問的用意是要提醒他，無論怎樣，他都不會在鳳凰城的任何抗爭中出力，他只是在大家苦戰數年而贏得為契約談判的權利後，才飛下來插一腳。

他直接把責難踢回給我：這些工人，他說，手臂朝俯瞰廠房的辦公室窗戶一揮，他們不必纏鬥三年，每天來戰區工作，即使你認為那對他們是最好的安排。

後來他說，我們到底要不要把這個產業組織起來？我們到底要不要減少它造成的傷亡？如果每個兩百人的團體都得打三年的仗，我們就無法將十萬名洗衣工人納入工會。

當然，他說的是事實。

然而，看著談判進行還是很令人難過，知道其結果將只是工會繼必潔之後在鳳凰城洗衣廠簽下的第二份契約，也令人很難過。在與工廠員工舉行追認會議時，紐約的談判代表以嚴酷的現實說服大家同意：你們並沒為真正的戰鬥做好準備，你們並沒準備好要罷工，因此這是我們所能拿到最好的合約。工人當下在公司餐廳投票追認——百分之七十四贊成，百分之五反對，百分之二十一棄權。透過這份契約，他們贏得關於高溫作業與取用飲水的重要安全保障。他們也獲得一些工作保障，寫在有關年資、正當理由與申訴程序的附加條款中。但在經濟方面沒爭取到什麼利益——有些工人的薪資調升十五分或二十分美元，但有些只調升五分，某部門的幾名工人在契約頭一年完全沒加薪。

我們都曉得那位珊卓拉和老大可拿這些微薄的調薪說嘴，就在兩天後，我們在桑迪亞哥的院子與委員會成員碰面，便得知有謠言在第一班流傳，說工會凍結頂格的薪資（非實情），你的同事幸好有那位珊卓拉（榮膺公司故事的女主角）在索迪斯擋下工會。我們一如往常圍坐成圈，討論如何回應公司散發的訊息。你解釋工資被凍結不是真的，有些工人獲得的加薪甚至超過你們工廠三年的幅度，而且頂格的情況不同——他們不必抗爭便贏得工會，這一方面表示他們沒有立場爭取更好的契約，同時也表示他們放棄某些可能贏得的東西，以換取不必為這些東西而戰（你略去工人並未參與此交換的事實，我也沒提）。我們都同意契約談判在你們工廠會不同，當我們最終獲勝，那將是持續奮戰的成果。公司將明白必要時你們能讓工廠停止運轉——你們已這樣做過一次。

頂格工廠和它所在的柏油島毗鄰一片片沙漠。這便是鳳凰城西南區當時的景象——壓路機在索諾拉沙漠碾出一塊塊新平地，從中冒出各式工業區。我們去頂格的路上有時會經過另一塊這樣的柏油島，那裡正進行一個建案，在我們執行核卡並為契約談判的期間，一座倉庫慢慢浮現成形。

有天早上指導員打電話告訴我，這座倉庫不久將成為安潔的洗衣廠，她之前離開鳳凰城去組建工會的公司便是安潔，它擁有三十五個廠，這將是最新的一個。工會的企業研究員告訴她，他們將在接下來幾週開始招聘員工，而我們需要找工會支持者去申請那裡的工作，給工廠「撒鹽」——我們這樣形容在某職場安插較可能從內部協助我們組工會的積極分子。我們列出名單：幾位洗衣廠工人，洗衣廠工人的家人——表親、姊妹、姪甥女和室友——都是我們認為能很快結交朋友的人。我們也打電話給曾來參加三日培訓的其他產業工人，並列出其支持工會且正在找工作的家屬名單。當天下午我們便開始輪番拜訪，到了月底，我們招募的人裡有兩位通過聘僱程序，進新工廠工作。他們向我們提供情報，一點一滴，我們建立起名單，繪製出地圖，悄悄與更多人聯繫，為閃電戰做準備。

在那通關於安潔新廠的電話裡，指導員也跟我說，紡織成衣工會的主席已宣布，本工會將與國際餐旅工會（Hotel Employees and Restaurant Employees International Union，簡稱HERE）合併，我聽過這工會，但所知甚少。這種由高層發布指令的宣告合併方式在我看來很奇怪。我知道紡織成衣工會對其編制一向謹慎，擅長營造民主形象：決定，尤其是重大決定，皆由基層以民主方式產生。我問指導員合併通常都這樣進行嗎？她說她不知合併通常怎麼進行——這也是她首次遇到——不過，是的，合併很可能先由雙方高層拍板定案，然後才讓工會成員參與執行。她似乎並不覺得這程序有什麼不對，所以我當時也不以為意。不過這消息的確令她訝異——整個過程完全保密。但別擔心，我記得她說：鳳凰城這邊不會有任何改變。

工會在鳳凰城日益茁壯，為了在洗衣廠會員間營造氣勢、凝聚向心力，我們開始每月辦一次餐會，就在當初為你們工廠舉行首次組織運動大會的會議廳。這些餐會開放給我們已組織工廠（必潔、淨珂、頂格）的所有工人，正在公開組織（你們工廠）的工人，以及安潔新廠「水底」運動的少數委員會成員，該委員會還在持續成長。你和我花一個下午布置會場——排好折疊式桌椅，鋪上廉價雜貨店買來的彩色桌布，為會場各區貼上標籤，讓各工廠的工人坐在一起。接著我們去瘋雞餐廳外帶雞肉、燉豆飯、玉米脆片、薄餅和墨西哥莎莎醬，用不鏽鋼方盆盛裝，擺在一列長桌上。工人帶著家眷來了，在長桌前排隊取餐，我們從另一側將食物舀進他們的盤子。某人表親的墨西哥街頭樂團在會議廳前方的小舞臺上演奏，為此場合盛裝打扮的小孩三五成群跑來跑去，咯咯笑著。大家都吃飽後，三個工會工廠各自選出的工會幹部起身報告工廠狀況：會員人數占勞動力的總百分比（在主張工作權的亞利桑那州，這個比率被持續密切追蹤），申訴案——包括他們提出的及已獲勝的案件——這些是微小但重要的勝利，不僅鼓舞整個會場，也向尚未加入工會的工人展示：一旦他們透過集體談判議定自己的契約，工會能在其工廠內如何運作。

我們在首場餐會上成立了二七三二地方支部，即亞利桑那洗衣工人的工會，喊了幾聲「我們可以的」（Sí, se puede）口號。（這個我們的涵義模稜而分歧。你屬於此支部，而我當然不是。）我們在餐會前便將許可證裱好，立於桌面立架上，擺在大家帶來分享的甜點旁。這表示二七三二支部已正式成立，是獨立的民主實體，有自己的預算和章程。編制上，它隸屬於紡織成衣工會的西部各州區域聯會（Western States Regional Joint Board），聯會總部設在洛杉磯。工會的結構是這樣的：地方支部由某工廠、城市或州的工會會員組成，各支部皆有經本地會員選出的一組領導者；地方支部隸屬於區域聯會，聯會亦各有其區域研討會（conference）與大會（convention），亦經區域選舉產生領導人；區域聯會再組成並隸屬於紡織成衣工會這個國際性工會，它有自己的國際研討會與大會、經選舉產生的領導層，以及由聯會領導者共同組成的執行委員會。

你不想競選支部領導人的職位——你對工會的地方或區域政治不感興趣，也不那麼迫切需要工會對已是會員的工人所提供的內部方案與服務：課程、培訓，以及在第一期契約到期後為第二、三期契約進行的談判。你說你想當組織者。你喜歡將非工會工人帶進工會的艱難工作。因此必潔的工會幹部里戈貝托和瑪麗亞被正式提名，並經投票當選為支部的主席（president）與幹事兼財務長（secretary-treasurer）。幾週後，洛杉磯區域辦事處的一位業務代表來鳳凰城，利用週末訓練他們擔任這些職務，我們也參加培訓，學習協助他們管理支部。訓練期間，你以旋繞如花的字跡仔細筆記：《羅伯特議事規則》[1]、法定人數、紀錄保存等等。那兩天裡，我感覺彷彿看著工會在你腦中蛻變，從一個形狀固定的正義觀念，變成某種更實際而可塑的東西，一套你可以操縱、能夠推動的過程。

你經常打斷授課發問，令培訓者愈來愈惱火。你注意到他的惱怒，但似乎毫不在意——你並沒讓自己安靜下來。

結訓後載你回家的路上，我問你是否後悔沒參選，因為你在培訓中看起來好投入。你說，現在先讓里戈和瑪麗亞管理支部。等他們退休，支部成長到三倍大，我再接手。然後你開始按我們在戰略計畫中排定的順序列舉接下來要組織的對象，即鳳凰城尚未組工會的洗衣廠，一面用手背拍擊另一隻手掌，幽默地提醒我把注意力放在重要的事上：安潔、米綸（Milum）、冠緯（G&K）、霈德（Prudential）、惟優（UniFirst）、艾喜。

二〇〇四年三月，審判結束四個月後，保羅打電話到我手機。當時是晚上八、九點，他會在這時間打來很奇怪——勞工局辦事處早已下班。

我先告訴你好消息，他說，因為他不知自己是否忍得住。我們贏得一種名叫「吉賽爾」[2]的談判令，意思是法官認為公司違法情節嚴重，致使工廠內再也不可能有公平的選舉，因而命令索迪斯直接承認工會並開始進行契約協商。判決書長達四十頁，其中對那位珊卓拉和老大謊稱你被永久替代有一針見血的描述。保羅確信就是這點促使法官考慮如此異乎尋常的補救措施。判決也包含讓你獲得完整補償的命令——讓你回復原職，班表與工資皆比照從前，並補發你被解僱期間的薪水。安東妮雅的懲戒紀錄會撤銷。公司將必須做一件勞工局起訴的公司通常被要求的事：在工廠布告欄張貼告示，列出他們被勒令不得再犯的違法行為。

我們在每一項指控上皆獲勝訴，只有西西莉亞被解僱除外。法官在判決書上寫道，她相信西西莉亞在停工時推了珊卓拉。如果法官認定珊卓拉在解僱阿爾瑪上撒謊，我激動地對保羅說，她為什麼要在西西莉亞的事上相信她？我該怎麼跟西西莉亞說？我們要如何上訴？

保羅打斷我。這是亞利桑那州有史以來第一個「吉賽爾」談判令。先接受這項勝利吧，他說。

不過，壞消息並非在西西莉亞的解僱上敗訴。壞消息是，就在保羅那天下午讀判決書的同時，公司已表明他們將「提起抗告」，保羅解釋其作用相當於上訴。當我問上訴要多久，他先說不知道，然後說，很多年。要花上很多年。而在這期間，公司可以繼續不承認工會。

五月，紡織成衣工會的國際工會辦事處與美國最大且成長最快的工會之一——國際服務業工會（Service Employees International Union，簡稱ＳＥＩＵ）合作，針對他們所謂的綜合服務業三巨頭發起公眾壓力運動（public-pressure campaign）；這三大企業是索迪斯、金巴斯（Compass）和愛瑪克（Aramark），它們皆透過為其他公司、政府機關和學校提供服務來賺錢。服務項目包括清洗布巾（如你們工廠所為）、供餐、保全、維護場地、處理廢棄物等等。該運動根據的理論是，工會聯手可對三家公司施加足夠的壓力，令其簽下在核卡過程保持中立的協議，就像我們在頂格執行的那樣，只是規模龐大——那些協議能涵蓋全國數萬名工人。這場運動將是艱鉅的任務，包括遊行、集會、抗議和集體訴訟，於美國、加拿大各地與其中兩家公司總部所在的英國、法國同步進行。

發生在你們工廠的抗爭將被當作關鍵個案研究，為這場大規模運動提供基本理由：這些公司都是行為惡劣的機構，為阻止工人加入工會而嚴重犯法，它們必須被強制接受對工會中立的立場，才能讓工人有公平的機會組織工會。你們洗衣廠也是很好的例證，說明危險的工作條件與難以維生的工資正是這三巨頭的營運基礎。我們已進入第二年、還看不到盡頭的組織工作，為核卡制的必要提供了有力論據，證明只有贏得一份協議，制定不受老闆與當地經理恫嚇的程序，才可能組織工會而毋須發動數千場抗爭（如你與同事正忍受的）。

六月，我們飛往舊金山，要在國際服務業工會大會上發起這場運動。那是你第一次搭飛機。起飛時你望向窗外，伸長脖子看著地面漸漸消失。讓你在那裡「為三巨頭的工人發聲」——這是我聽到的描述，對運動與大會的編排至關重要，這場大會就像所有的工會大會，在規畫上緊扣著基層領導的道德理想。

你被安排在兩個不同的舞臺發言：先是為支持工會的學生舉辦的午餐會，然後是第二天的大會主場；所以我們寫了兩份講稿，在飛機上一遍遍排練，直到你不僅熟記字句，也記住我翻譯的節奏，使我們能流暢進行，連手勢、聲腔轉折和語調變化都一致。我們一直練習到飛機開始降落，然後你停止說話，緊抓扶手，指節都泛白了。

兩場演講都以描述工業洗衣廠的工作狀況開場：我在汙物分揀部工作，你會說，那是廠房的第一個部門，一袋袋髒衣物從醫院運來這裡。我們分揀數千磅被汙染的布巾，通常沒有適當的防護裝備。我被針頭刺傷過。我看過纏在布巾裡傳送過來的身體部位、體液和手術工具。接著你會描述洗滌部，然後是烘乾部，再來是熨燙、摺疊與包裝，以及它們各自的危險。

你會描述在你們洗衣廠進行的運動：工人發起行動，宣布要成立工會，公司惡意並違法攻擊工會，聯邦法官認定其行為太過惡劣，因而命令它直接承認工會並協商契約，公司透過可能費時多年的程序對此判決提出上訴。

飯店的宴會廳將擠滿數千名國際服務業工會會員——這些工人自己的工作場所便危機四伏，也領導過他們自己的抗爭——所以我們決定把第二場演講的重點放在運動本身。你會講出公司播放了兩百遍的那部片名：《小卡片，大麻煩》，數千人將以噓聲回應。你會告訴他們你因帶頭停工並遊行到主管面前而被開除，大廳裡的每個人都「呸！」地表示憤慨。你會說你和同事目前正等待勞工局的上訴程序，聽眾都明白這意味著什麼；他們再度發出噓聲。你會說，那就是我們發起這場全國運動的原因。那就是我們要求各位加入的原因。在鳳凰城贏得勝利的唯一方法，便是一舉擊敗這家公司和它在各地的競爭對手。對此，大廳響起震天怒吼，充滿戰鬥的集體意志。

國際服務業工會在那家高檔會議飯店為我們訂了相鄰的房間。入住後，你敲敲房裡的門，那扇門緊貼著一扇通往我房間的門，當我打開我這邊的門，你用英語說，噢，你好，假裝很驚訝看到我，然後被自己的玩笑逗樂。我們本來打算出去覓食，但你看起來好累。前晚你值第二班，為了趕飛機又沒睡覺。我們用客房服務點了三明治，坐在我房裡練習隔天的演講。你一面講一面走來走去，雖然在飛機上已練得滾瓜爛熟，此時卻不斷結巴。每次卡住，我都提議今晚到此為止，明天再早起練習。但你每次都從頭開始，一遍遍重來，直到不再出錯為止。

那年春天，我開始在某些週末回土桑，也開始跟一個在酒吧認識的人約會——當他變裝演唱一首郵政服務（Postal Service）樂團的歌之後——對二十六歲的我來說，那就是性感的象徵。你和我搭機飛往舊金山時，他正從土桑開十二小時的車過去，為了給我驚喜而有此瘋狂之舉；第二天早晨他就在那裡，你敲門時正好撞見我試圖偷渡他出去。

你我親近的程度超過我當時與任何人的關係，某些方面甚至超過我這輩子與任何人的關係，但那是種很特殊的親近。我見過胡立歐幾次，時間都很短，我見過你的一位姊妹、你外甥女、兩名外甥和三位表親，但你沒見過我在工會外那一點私生活裡的任何人。某種程度上這是蓄意的，出於紡織成衣工會內部刻意為組織工作營造的文化。沒有一個鳳凰城的工人見過任何組織者在工會之外的親友，因為那不是組織者這角色的運作方式。我們其實不該變成朋友。

雖然我們沒遵守規則（先不提我們彼此連繫與倚賴的其他形式：夥伴、姊妹、蛾，我們確實是朋友），當時的情況仍違犯了什麼：這個人在那裡，在我們組織工作的空間內，你見到他，站在飯店房門口跟他握手，敏銳地察覺到我正試圖把他偷帶出去以避免這樣的會面。我羞愧難當，滿面通紅。從你迅速轉開視線的反應來看，你並不想見證我的羞愧。目睹這情景令你難堪。

當天下午和晚上你發表了強而有力的演說。在學生面前，你要求他們站著。你說，如果他們承諾支持校園食堂的員工，請保持站立；這些員工若不是為你的公司工作，便是受僱於另外兩家同樣惡劣的綜合服務業巨頭；這些員工將為爭取組織權而戰。你說，如果他們承諾繼續奮戰，直到工人贏得其要求的改變，請舉起拳頭。學生們站著，高舉拳頭。

大舞臺上，在國際服務業工會的全體會員面前，我們被分配到的演說時間較短，所以在詳細介紹我們正進行的運動前，你只描述你在工廠任職的部門。它叫汙物分揀，你說，*因為在這個國家，洗衣工人必須**親手**處理數千磅髒汙的醫院布巾，在它們被消毒之前。*

在它們被清理之前，而非像世界其他地方的工業洗衣廠那樣，在清理之後做分揀；因為「淨物分揀」——另一種做法的名稱——對機器負擔較大，導致其較快磨損，使公司必須更頻繁汰換設備。在這個國家，承受風險與磨損的是工人的身體，工人以肉身作緩衝，避免機器受損，為公司擋掉額外的開銷。

站上舞臺的興奮幫忙填補了因為你不想理我而留下空白的一天。你迴避我的目光。你用我的名字叫我。你要我知道你對那天早上看到的景象感到生氣。

回程的班機訂在隔天清早。當計程車在去機場的路上遇到塞車，我們做到不吐一字地一起緊張我們快趕不上飛機了。只有在一路衝過航廈、登機、找到並坐進我們的小座位、起飛、點了可口可樂後，你才說：我不明白。我以為你是女同志。我起初沒聽懂你的意思，過了半晌才明白：你生氣不是因為我尋歡的對象出現並闖入我們工作的嚴肅空間，而是你沒料到會遇見一個男情人——不僅當時沒料到，也從來沒想過。你很生氣，因為這似乎違反了我們之間的信任，因為它顛覆了一項關於我是誰的資訊，這個資訊被託付給你，已成為我們團結盟約的一部分。

我是啊，多少是吧，我說，因為我不知道酷兒的西班牙文怎麼講。你說：可是，他是個男人，不是嗎？我說：沒錯，他是男人，但他生來就有個女人的身體（儘管我若能說流利的西班牙話，就不會用這些字眼），你說，跨性別（*Transgénero*），我點點頭，然後我們默默坐了很長一段時間，你才說：我只是不曉得你在跟人交往。為什麼不告訴我呢，小蛾？

接下來幾個月，你不時問起這段感情的事，只是想看看進展如何。我沒什麼好說的。我太少待在土桑的家，很難維持一段感情，何況我也不確定自己想維持。某個週末我們因為喝太多酒大吵一架，終於分手，之後我回到鳳凰城，告訴你這件事，雖然我記得當時覺得不該跟你說。我曉得你家裡的衝突某種程度上要歸咎於酒精，不想讓你知道我喝得這麼醉而看輕我。我告訴你分手的事時試圖提起這話題，問你和胡立歐可曾像這樣爭吵。才不會那樣，你嘲笑我。然後你說，最好別跟喝醉的人吵架。關於這話題的討論就此打住。

在紡織成衣工會，阻止深交的防火牆不僅限於組織者應如何與工人建立關係。大部分情況下，組織者（至少我們團隊成員）彼此間也幾乎同樣嚴格地遵行。我從未見過其他組織者在工會之外的親友（除非他們正與另一位組織者交往，這種情況不時會發生），他們也沒見過我私生活中的任何人。我知道安娜有個男友，她會在休假的週末飛去見他，但我直到認識她快一年才曉得他的名字，而且除此之外對他一無所知。達里歐在鳳凰城時家裡有對兩歲的雙胞胎，但我過了幾年才曉得，那時他們已四、五歲。我們不會問彼此這些事。我們情誼的光圈牢牢對準眼前的任務。

僅僅三週後的二〇〇四年七月，紡織成衣工會與國際餐旅工會在芝加哥的一場特別聯合大會正式合併。五個月前，兩位工會主席宣布將合併，紡織成衣工會的組織指導員在電話裡告訴我這消息，而《美國展望》(*American Prospect*)刊登了一篇報導，描述合併後組織的預定結構：紡織成衣工會主席將擔任總主席，國際餐旅工會主席將擔任餐旅及其他細目之主席。

合併的理由很簡單，至少在紡織成衣工會這邊，從組織指導員經協調員、主要組織者而下傳到基層組織者的說法是如此：國際餐旅工會已在大型連鎖飯店奮力贏得一些影響力，而我們正在組織的洗衣廠當中，有幾家是以這些飯店為主要客戶，所以洗衣工人加入飯店工人有其戰略意義。再者：國際餐旅工會有強大的組織企圖心，卻瀕臨破產，而紡織成衣工會有錢，部分是由於早期的成衣工會會員致力籌募罷工基金，並聰明又具遠見地建立了一家銀行。我當時不知道的是，長久以來，紡織成衣工會主席一直想領導更大的工會，但不太可能在任期內贏得足夠的實戰來滿足其欲望，甚至毫無勝算，既然如此，合併是最簡單的擴展方式。他的野心部分是個人的，但據我現在瞭解，也是政治的。他不僅想成為一個更大組織的領袖，也想打造一場更強大的工運，能夠為更多工人爭取更多權益。據說，紡織成衣與餐旅工會的合併起源於兩位主席某次在糾察線上的交談，背景是遊行的腳步聲。

你和我一起飛往芝加哥參加特別大會，在那裡，如工會發言人數月前所報告，合併案「預計將獲（會員）追認」。飛機上，我們偷笑坐走道側的傢伙，他每次睡著都會往我這邊靠，等臉頰碰到我肩膀又猛然驚醒。空服員推車送飲料時你說不用，然後用雙手托著脖子兩側，閉目養神直到目的地。

大會因循成規，按部就班、照本宣科地進行。第二天，紡織成衣工會的會員從芝加哥一端開始遊行，國際餐旅工會的會員則從另一端出發。他們在一座公園匯合，以單一工會的身分舉行首次聯合集會，之後再到大會所在的飯店，站上燈效可比搖滾音樂會的舞臺，以英語和西班牙語喊「贊成」來追認合併。兩位主席都發表演說，譴責工運現況，呼籲重生，要在組織工作上加倍努力，進行一場真正的勞動人民運動。我們倆都是頭一次聽他們講話，起先搞不清誰是哪位主席：兩個都是白種男人，都穿高級西裝。他們的演說振奮人心，全無反諷之意。

那天我們穿著紡織成衣工會的襯衫和牛仔褲，你穿上新涼鞋，不時彎腰拂拭。投完票後，我們幫忙在人群中分發幾箱新絹印上「UNITE HERE」[3]字樣的襯衫，結果輪到自己時，只剩其中一箱的最後兩件，都是超大尺碼，即使套在原本穿的工會襯衫上，還是鬆鬆垮垮、長長地垂掛著。你說我們該買條腰帶，剪掉袖子，把它當背心裙穿。你比我高，衫長及膝，我的襯衫垂到小腿肚。你一手摀嘴，就像你微笑時偶爾會做的動作，說等我們回鳳凰城我應該去你家，讓你幫我的襯衫洋裝摺邊——不然罷工遊行時我若在某個老闆面前絆倒摔跤，就真的太丟臉了。

參加這次大會時，你已是搖滾明星級的人物，雖然我們在抵達芝加哥前都不曉得。自從在你們工廠發動閃電戰，一年多來，我們一直透過工會的國際辦事處，向全國各地的工作人員、組織者和地方支部發送快訊，上面有你的簽名和照片。自從發起三巨頭運動以來，工會大幅提增這些快訊的發行量，以激勵工會成員支持其所在城市的三巨頭抗爭，同時提醒合併中的紡織成衣餐旅工會——它也致力在全國連鎖飯店商訂協議——在各地方支部與區域聯會選出的領導人：洗衣廠的組織工作至關重要，而且可以成功，並教導我們如何在鳳凰城這樣的地方戰鬥和獲勝。

你不認識的人跟你打招呼，他們許多都說英語，試著用西班牙話問候「你好」，一面高舉拳頭揮舞以示團結。你因為受矚目而臉紅，但那時我已經夠瞭解你，知道你也很自豪。每次你都揮拳回應，手鐲叮噹響，你會喊「你好，夥伴」（Hola, compañero），或只說「來吧」（Ándale），這個詞可以有許多含意，但你用它來表示一種肯認。

我們在芝加哥的第二夜，同樣飛來參加大會的組織指導員告訴我們，國際餐旅工會打算在那年稍晚派一隊組織者到鳳凰城，以便在兩家旅館執行核卡協議。我們認為這是好消息。理論上，紡織成衣餐旅工會可以跟有工會的旅館談判，要他們把布巾外包給有工會的洗衣廠處理，據我們推算，這將對非工會洗衣廠造成相當影響。況且它與我們的組織計畫配合得天衣無縫：我們將對索迪斯開戰，作為新發起全國性運動的一部分，我們要在安潔獲勝，作為推展全公司工運的一部分，下一個目標將是第二大餐旅洗衣廠：米綸織品服務（Milum Textile Services），它恰好與國際餐旅工會執行核卡制的一家旅館相鄰。

你要在大會的大舞臺上發表短講，說明我們在亞利桑那的組織工作。時間一到，二七三二支部所屬的西部各州區域聯會副主席介紹你上臺，彷彿在體育賽事中唱名：「瑪莉亞。阿爾瑪。戈梅茲。賈西亞！」群眾紛紛起立，爆出熱烈掌聲。你沿走道一路與人擊掌，爬上舞臺階梯。組織指導員跟在後面為你翻譯。你照著我們前晚在我旅館房間練習的，用一句你說是「他媽的明顯事實」的陳述開場：「在鳳凰城，我們可以的！」大家隨即呼口號回應，聲震天地。

大會過後的幾星期，我聽到其他城市在合併後出現問題的傳言，主要是紡織成衣工會的組織者抱怨國際餐旅工會的組織文化很不健康，其組織者無論對待彼此或對待在飯店裡領導組織戰的工人，方式皆頗為可議。

但在鳳凰城，剛合併的那段日子既方便又平順。你幫我把辦公室的東西打包成箱，將髒兮兮的沙發運回善願舊貨店。我們把那些箱子搬到國際餐旅工會位於本地共濟大樓（Odd Fellows building）的辦公室，那裡有兩名職員——六三一支部幹事荷黑與行政總務麗莎，他們是夫妻。這不是組織性地方支部——他們已經很多年沒組織非工會工人了——但他們都很和善，荷黑是勤奮的業務代表，在國際餐旅工會會員有集體談判協議的職場處理並追蹤申訴案件。他們清出一張辦公桌給我們，開始烤雙倍的香蕉蛋糕，又自掏腰包多買甜甜圈，以確保分量足夠與我們分享。荷黑答應只要我們組織了任何洗衣廠，他都會負責訓練工會幹部，麗莎答應處理二七三二支部的會費，讓我們專注於組織工作。他們讓我們用辦公室的影印機製作名單、傳單、請願書和工會卡，這樣我們就不必再去金科影印店。比起之前的老設備，這裡簡直像座寶藏，幹起活來輕鬆又有效率。各方面都稱心如意。

我們在新辦公桌上方的牆面掛起那幅列印照片——「兩萬人抗爭」的罷工者身披黑

大衣，宛如巨大的翅膀——埋頭做組織工作。我們在安潔的活動仍屬「水底」階段，還在建立名單。我們跟蹤米綸的卡車以繪製客戶分布圖。作為三巨頭運動的一部分，我們在亞利桑那州立大學（Arizona State University）的自助餐廳開了一條新戰線，因為校園內的所有餐飲服務員都受僱於索迪斯。

有天下午，我們跟其中一名員工在她家碰面，她住在拖車公園[4]裡，距大學僅一個街區。她在其中一間校園食堂的熟食部工作，從那裡的布告欄取下一份有員工姓名和電話的班表，就像你十八個月前做的。我們去找她拿這份班表。她在客廳告訴我們，她工作崗位上的舒壓踏墊被移走，也可能被其他工人偷去放在他們自己的崗位，這種情形常發生，因為墊子太少不夠用。她說她雙腳和臀部因為站硬地板而痠痛，談話時不斷將重心從一隻腳移到另一隻。她告訴我們她每週的排班又改了，這個月已是第三次，使她根本不可能為一歲大的女兒安排穩定的托兒照顧，我們說話時，寶寶就睡在角落的椅子上。

她在拖車公園的鄰居有幾位也受僱於索迪斯，雖然不在她上班的熟食部，而分散於校園內的各個食堂和零售店。她走到門口的小平臺上，指出其他員工住的拖車，其中一位恰巧看見她，便過來打招呼。他們說話時，另一位同事也來了。這個運動不是祕密，不會有「水底」階段——公司知道我們找上他們；各工會已宣布鳳凰城為它們將開啟戰場的十個城市之一。因此我們隨他們走在園區裡，敲拖車的門，直到聚集了九位工人，便召開工會會議。

四天後，給我們名單的女士打電話來——公司正把工人叫去參加強制性會談，說工會卡就像開給工會的空白支票，這很令人困惑，因為工人雖公開談論組工會的事，卻無人簽過、甚至看過工會卡。這不是那種運動，儘管公司顯然不知道。

這是企業運動，類似一九七〇年代末，我們工會的前身——製衣紡織聯合工會——針對J・P・史蒂文斯公司所發展出的策略，亦稱施壓運動（pressure campaign）。我們的目標，亦即在餐飲服務人員間建立連繫的重點，並不是悄悄建立能抵禦公司反工會宣傳的工會結構，像之前在你們洗衣廠那樣。我們的目標是引燃一個爆發點，這樣的爆發點將有數十個，出現在索迪斯、金巴斯和愛瑪克的工作現場，分布於全國被指定要「開啟戰場」的十個城市。重點是讓這些公司以為我們的運動如烽火四起，令他們疲於反擊，從而很快地坐上談判桌，就核卡制的中立性達成協定，如同在頂格發生的情況，但這次的規模將遍及全國。

我們也爭取到一些本地學運團體的支持，當索迪斯發動反工會宣傳，我們組成代表團，包括洗衣廠的委員會成員——你、桑迪亞哥、西西莉亞、安東妮雅、安娜莉亞和波洛等人，連同這些學生支持者，以及我們接觸過的幾位餐飲服務員。我們帶著一封信到大學校長辦公室，請他指示公司保持中立，並允許工人透過核卡制組工會——基本上就是要求他威脅公司，如果不照做，學校將與公司解約。校長不肯見我們，沒人感到意外，但你還是很氣憤，把信摔在接待員桌上，咬牙切齒地對她拼出自己的姓名。

同樣不令人意外的是，強制性會談摧毀了工會支持者脆弱的早期網絡。經過幾星期恐嚇後，幾乎沒人願意再跟我們說話，包括給我們班表的女士。

我不曉得三巨頭運動的策畫者是否想像，當工會最終贏得核卡協議，能實行核卡制的工作場所將包含他們選擇引爆的這些地方。實際情況並非如此，或許這樣也好，因為我們本來可望在這些工人中組建工會的任何機會——即使是透過核卡制，皆已付之一炬。

這一切發生的期間，你們工會的地位仍在上訴中，你仍在洗衣廠第二班做全職工作，每小時賺七塊四毛五。但我們原本希望這場全國性運動會迫使索迪斯撤回上訴，接受我們贏得的談判令，經過這麼久，我們終將協商一份契約，然後你就不必再從工廠內部撐持處境艱難的工會，而能向廠方請假，專心接受培訓成為組織者。這計畫有個問題：要擔任組織者的職務，先決條件是取得駕照、能夠租車。如果你無法獨立作業，工會就不太可能付你薪水，讓你延長休假來支援組織工作，更不可能正式聘用你，所以我們決定由我來教你開車。

第一天上課，我們坐進車裡，停在紡織成衣餐旅工會辦公室的停車場，你打停車檔讓引擎加速運轉，以習慣油門踏板。第二天，你緩緩往前開，猛踩了幾次剎車，然後說你受夠了。第三天，我慫恿你再練習，雖然你並不想，結果你開著租來的車撞上一棵樹。撞擊力道很大，甚至在車子停止前進後，你的腳仍把油門踩到底，感覺很久。輪胎不斷打轉，陷入泥土中。我想不起剎車怎麼說，所以用英文喊「停下！」，一遍又一遍直到你放開腳。我從沒見你這麼害怕過。我摟著你肩膀。你渾身顫抖。蛾啊，我們沒事，我說。

那天你搭公車回家，隔天你不接電話。再隔天，你打電話跟我說你不要學開車，要我保證永遠不再要求你學開車。我說：你得有駕照才能當組織者。你說：我知道。

新來的國際餐旅工會組織者到達時，很驚訝地發現我們與掛滿辦公室牆面的地圖、圖表和戰略計畫。他們的上司，即國際餐旅工會那邊的組織部主任告訴他們，亞利桑那州沒有任何組織活動，他們的任務是搬到鳳凰城，重振國際餐旅工會在那裡的小地方支部，他對他們形容那是「工會的前哨站」。他們被派來從頭建立組織方案與文化，招募並訓練組織者團隊。初到辦公室的那個下午，這兩人中的男性組織者說，他們被派來掌管此處；儘管國際工會所聘用的組織者（我們全都是）不該掌管地方支部（除非出於敵意），尤其當地方支部已有經選舉產生的領導人，如六三一支部的荷黑與二七三二支部的必潔工會幹部，而他們還不知道二七三二支部的存在。

但他們人都來了，這兩位也是夫妻的組織者說，他們千里迢迢從東北部搬來，他們在那裡的名校念研究所，後來又領導一群研究生，為了組工會而與國際餐旅工會聯手抗爭。他們拋下原來的生活和朋友，並已在鳳凰城買房子，因為工會說這裡需要他們。

事實上，這對夫妻中的先生是帶著這樣的理解來到此地：工會特別派他來領導支部走出癱瘓狀態與閉塞落後的運作方式。當他聽說這裡不僅有組織運動在積極進行，而且我也是一名主要組織者——此職銜使我與他處於同等位階，他顯然大吃一驚。

這個訊息很快便交換完畢，大約花二十分鐘。我們用英語交談，所以大部分內容你都聽不懂，但你看得出這位新組織者與他幾乎沒開口的妻子、看起來跟我一樣惱火的荷黑和我之間的緊張氣氛。我們要上車時，你挑起眉毛，用滑稽的腔調唱出混蛋（*pendejo*）這個西班牙字。然後你換上較嚴肅的口吻說，別受他擺布。

當國際餐旅工會的組織者第一次要求跟我開會，我以為他想瞭解我們的運動——瞭解我們已組織了什麼、正在組織什麼、接下來目標為何——好讓我們能看出可互相協助之機會，畢竟這是工會合併的初衷。結果不然，我們把大部分時間花在意識形態的爭論上：工人為何要為組工會而戰？會議開始，他問：*你認為工人為何要為組工會而戰？*——他的語氣，即使在一開始，便混合了防衛與攻擊性，彷彿在表演一場他受過訓練、但其實並不想進行、或者不完全確定自己知道如何進行的爭論。我沒預料到這個問題和他的舉止，當我結結巴巴，試圖當場做出連貫的回應時，他坐在椅子上放鬆了點。

你在半年前的三日培訓結束時提出的問題，我一直放在心上——*是什麼給予一些人戰鬥的意志，即使當別人在恐懼中倒下？*我設想過自己會怎麼回答你，於是用同樣的方式回答他（雖然就算在當時，我也很確定他是想測試我，而非真的想問問題）。我談到人們對生活與工作狀況感到厭倦，他們所懷抱的憤怒與希望，足以讓他們冒著失去工作的危險來改變那些狀況。

根本不是這樣，那位組織者說，語氣中流露得意，*是因為他們信任我們的領導*。接下來的對話奇怪而針鋒相對，最後他堅持我們隔天再開一次會，我因為不想讓他以為我被嚇倒（也不想讓你覺得我任他擺布），便同意了。

第二天，他帶著一份打字印出的問題清單進辦公室，說話時就把它擺在膝上。這些問題侵犯隱私，有些甚至企圖挖掘我的過去，是那種你在跟密友交談時可能問起的事，而我不想回答——或者說我不想回答他——所以我沒回答。我提議談工作，談亞利桑那州的組織活動，談我們要做什麼、怎麼做。他是個組織者，一位同事，憑什麼覺得有權問我在工會外的生活？這些問題又為何要印出來？

會議進行幾分鐘後，我開始做筆記，因為這次開會顯然不是要交換意見，而更像伏擊，我想把發生的事記錄下來。我寫下他用的語句：假如你不信任我們，我們就無法共事，以及我們顯然無法信任你，以及這對你來說不是什麼好兆頭。我寫道，對組織者來說，這是基本、入門的事，以及你如何在沒學會講自己故事的情況下做到這種程度？以及講述你的故事（他有時把它定義成「是什麼讓你想從事組織工作」，有時又說成「是什麼讓你堅持奮戰」、「是什麼讓你成為值得追隨的人」）能讓工人告訴你他們的故事，以及要建立工會，一定得讓工人追隨我們，以及如果你不瞭解工人的故事，就無法推動他們，以及你在我們工會一定撐不過一個月的培訓。

如今我看著舊筆記本上字跡潦草的這串短句，不再像當時那般一頭霧水。我現在看得出這些用來塑造工會的代名詞有多取巧含糊，首先便是我長久以來一直試圖解讀的我們，即使在紡織成衣工會的用語中。眼前這些代名詞也很難理解——你、他們、我們、我們的——他用它們來指稱組織工作的方式是我不熟悉或不習慣的。這位組織者用這些字塑造的工會，看起來不太像我心目中你我正努力建立的工會。

我告訴他，我不認為信任可以透過問卷來製造。我告訴他，我認為要求別人透過分享私事來跟你建立連繫的做法很惡劣，更不用說危險。他搖搖頭瞪著我。我不記得自己如何脫身，但荷黑從另一個房間聽到我們的對話，當我往停車場走、經過他的辦公桌時，他翻了個白眼表示同情。

第二天，那位組織者要求再安排一次會議，當我跟他說我寧可不要，他衝出辦公室，甩上門。

我當然很生氣。當你問會議進行得如何，我說你講得一點都沒錯，他是個混蛋。但不管他是不是混蛋，即便那時，我也瞭解這些衝突對他來說多麼匪夷所思（對他妻子也是，雖然她幾乎從不跟我說話）。他們跨越大半個國家搬來這裡，為著一個承諾：他們將有機會建立一個他們被訓練要建立的那種工會，而他將掌管那個工會。結果卻遇上一個已經在成長的工會，其組織結構完全不以他努力躋身的那種領導層為中心。

接下來幾天，我和那位組織者都花了許多時間打電話給我們的指導員，以及此合併工會中我們各自陣營的其他組織者、主要組織者和朋友，試圖搞清楚狀況，以及我們該如何共事。我知道他打過這些電話，因為他告訴我他的指導員要他再跟我開會（我不肯），繼續逼我回答他印在紙上的問題（我不肯），並告訴他我的「故事」（說實話，我不曉得那是什麼）。我把開會時寫的筆記用電郵寄給指導員。她打電話來表示同情，但告誡我別讓它干擾工作。工會裡有很多蠢貨，她說，別浪費時間應付他們，專注在運動上。

你並未受邀跟那位組織者開這些會。他甚至沒問你姓名，正如你叫他「混蛋」後在車裡指出的。我也沒堅持讓你參加——我想，如果還得幫他翻譯，只會讓開會時間加倍。此外，他想提出的論點似乎專為專業組織者而設。他沒跟荷黑、麗莎或洗衣廠支部的領導人開會。他關於領導的論點——看起來主要是關於他的領導——集中於下述觀念：工會的力量來自工人對其領導者的信任，展現在他們願意聽從領導者的吩咐做事。

我們正在培建的力量，其實質並非如此，至少我漸漸領會到的不是這樣。他設想的工會力量是由上而下單向運作，而非涵容各方，他更關注的是確定工會組成分子相對於彼此的位置。這與我的想法衝突：我漸漸將工會想像成一種杯子——團結的杯子，有足夠空間容納組織工作所含的瑣碎、重複差事（把紙放入影印機印出家訪單，搬出折疊椅為委員會開會做準備），也容得下展現新力量的時刻（如雷的呼聲從工廠牆壁反彈，傳回站在停車場高喊的人身上，將其間的空氣與空間轉化成新能量）。

我開始在清晨或深夜無人時進辦公室，去整理家訪單、影印或拿取用品。這兩個非正常時段標示著一天的首尾，中間我會去你家接你，開上我們的巡迴路線，敲門，跟工人談，再送你回家。幾星期來，我把我們的文件和紀錄從他們的檔案櫃搬出，收入紙箱，放進租車的後車廂，載著它們到處跑。我們到你們工廠那條街另一頭的公園，在野餐桌上旁聽關於三巨頭與安潔工運的電話會議。我把組織圖表掛在汽車旅館的房間牆上，夜裡更新上面的資料。我們去小醬餐廳（La Salsita）或艾莉安納飯館（Eliana's）吃午餐，胡立歐不在的話也會去你家吃。我是在避免跟那位組織者起衝突，但也在保護你（我告訴自己）不受他的惡劣行為影響，也不會因為合併的結果不如我們預期而失望。我不想讓你禁不住懷疑自己這些年來拚命要加入的究竟是什麼樣的工會，也不想讓你知道那位組織者相信你這麼做是為了聽從他的領導，追隨他這個人。

當時我沒想到，這種家長式作風——我決定你不該涉入、甚至不必知道這場內部衝突——也是一種單向運作，一項由上而下的決定，勾勒出（我長期以來一直忽視的）階序。

與那位組織者的衝突讓我深切意識到自己的組織實踐，並感到愈發焦慮；我被訓練進行的組織談話——我也訓練過你、其他工人和專業組織者進行這樣的談話——與另一種似乎處處隱含操弄的方法多所扞格，而我需要證明我們的做法是對的。我們被訓練要找出工人的「議題」，亦即他們在工作上最想改變的事，以便環繞這些議題鼓動人心，利用它們激起憤怒，我們經訓練而瞭解，憤怒是克服恐懼的關鍵情緒。我也被訓練——主要是透過觀察周遭組織者的做法——將私生活隔絕在工作外，不挖掘工人的私生活，不拿它來逼他們克服對戰鬥的恐懼。我們用工作議題、而非家庭議題來鼓動人，在我心中，這個差別劃出了界限：一邊是好的組織方式，另一邊是建立高壓體制，它充其量只會取代工人已經在其中與上司周旋的另一個高壓體制。

家訪時，我發現自己繼續在做這種思辨，執著於這些差異，檢視說出的每個字，尋找自己可能造成傷害的跡象。當我們坐在別人家前廊或客廳談話，我會從交談中抽離，挑剔方才聽見自己說的內容，而沒在聽對方講。不止一次，你得用膝蓋或手背推推我，提醒該我發言了。

這段時間我開始暴瘦。問題不是我決定停止進食，或花任何時間考慮吃不吃，只是我似乎記不得要吃。有天下午你下班後，我去停車場接你，你從副駕駛座看著我，滿臉的擔憂變成不折不扣的氣惱。我認得你看我的表情，小時候我亂發脾氣，母親有時也會有這種表情，彷彿她但願能為我注入我所沒有的力量。你怎麼了，小蛾？你問，從包包裡掏出一片午餐剩下的柳橙遞給我。

有些早晨，我沒辦法讓自己離開汽車旅館。我會打電話跟你說我身體不舒服，那只有一半是真的——其實我是無法跟人說話，或許就只是不想，不想在家訪中說話，一點都不想開口——然後我會坐在房裡看重播的電視劇《戀愛時代》（*Dawson's Creek*），對著敞開的窗戶抽菸。然後我會關上窗，拉緊窗簾，用椅子和枕頭頂住簾縫，擋掉任何試圖繞過它們的鳳凰城陽光。大多數早晨，我在筆記本記下關於蛾的夢：一遍又一遍用西班牙文寫著蛾。

二〇〇四年十二月，距離我第一次坐在你家客廳的橄欖綠沙發上，你跟我們說你知道抗爭是怎麼回事，已近兩年，索迪斯屈服於全國運動的巨大壓力，同意讓紡織成衣餐旅工會與國際服務業工會依核卡制組織其兩萬名員工，且在過程中不加干預。我們被告知三巨頭中的另外兩家也可能很快會與工會達成協議。

據他們對我解釋的協議內容，索迪斯不肯讓步的一點是工會要求公司撤回上訴，接受法官對你們工廠下的談判令。公司的國際辦事處堅持，鳳凰城的地方管理階層絕不會同意放棄上訴，因為他們不相信目前工廠中的大多數工人都想組工會。因此，儘管法官判定不可能有公平公正的程序可藉以確定你和同事們想不想要工會，我們還是得走完程序。在公司歷時兩年的反工會宣傳後，我們得看看能否重新在你同事中贏得對於組工會的多數支持。

譯注

1《羅伯特議事規則》（*Robert's Rules of Order*），一八七六年初版，為美國將領亨利・馬丁・羅伯特（Henry Martyn Robert, 1837-1923）參考國會議事程序改編，以適用於民間組織，後經議事學者多次修訂。

2 談判令（bargaining order）制度建立於一九六九年的「國家勞工關係局告吉賽爾肉品公司案」（NLRB v.Gissel Packing Co.），故又稱「吉賽爾命令」（Gissel orders）或「吉賽爾原則」（Gissel doctrine）。

3 新工會的簡稱由兩工會各自的簡稱組成，或譯為「團結起來」工會組織。

4 拖車公園（trailer park），提供給拖車式活動房屋租駐的地方。

十——火

你曾跟我說蛾是信使，我得好好聽牠們告訴我的事。我努力傾聽，但分辨不出任何信息。蛾什麼也沒告訴我。

不出所料，網路上多得是蛾夢可以怎麼詮釋的資訊。有個網站說蛾「連結到夜間、女性、心靈和陰影——是做夢者心靈中混沌不明的部分」，牠們可能「暗示著易有自毀行為的傾向」。我還滿喜歡這些偽預言的，即使不理解也不太相信。另一個網站說：「夢見蛾表示你正被某個人或情況糾纏。」根據第三個網站：「看見一隻蛾追逐光可能表示你強烈渴望某件事物，卻在清醒時將它隱藏。被一群蛾包圍可能表示其他所有人的欲望令你疲於應付。」第四個網站的結論是：「蛾是奇特的生物，在黑暗的掩護下飛行，卻被明亮的光吸引。由於其意圖無從得知，牠們的出現可能帶來驚奇與不安的複雜感受。」

儘管有夢的指引，蛾的力量、牠的能動性、其能動性背後的意義或缺乏意義仍不清楚：牠是欲求者還是被欲求者？是意志堅決的追求者，還是忠實的僕從，抑或只是被莫名因素左右的受害者？在夢裡，就像在語言與生物學中，對於蛾在做什麼、為何這麼做，我們幾乎一無所知。

我曾對一位朋友說起蛾的夢。夢裡，我全身被蛾覆蓋，除了眼睛，我看著牠們抖顫翅膀，準備飛行。她說，也許你害怕有什麼你看不見的東西，我聽了一頭霧水，直到她解釋許多人都會從蛾聯想到失明。當時我還沒讀到牠們眼睛適應緩慢的知識。

古希臘人將人類的靈魂描繪成有翅膀的形象：一隻蛾，也可能是蝴蝶。對他們來說，靈魂並非不朽的實體或精神，而更接近一種生命體，一個有意識、會呼吸的身體。牠們將蛾的形象命名為*psyche*，使此字成為一個同形同音異義字，不僅是「指揮身體、賦予生氣的無形法則」或一個人的「驅動力」，也指世上所有的鱗翅類昆蟲。靈魂與蛾是同一個字。

賽姬（Psyche）也是位女神，有些故事時說她是愛神（Eros，羅馬人稱其邱比特〔Cupid〕）所愛的公主，有些說她愛上了愛神。路鳩士・阿普列尤斯（Lucius Apuleius）的《金驢記》（*The Golden Ass*）是唯一完整保存下來的古羅馬拉丁文小說，其第五冊記載的一則神話中，賽姬是個因為太美麗而遭維納斯嫉妒的凡人，而且總是忍不住去看別人叫她不要看的東西。

為了羞辱賽姬，維納斯命令邱比特拿毒箭射她，要讓她愛上一名醜男子，但邱比特搞砸了，反倒刺傷自己，愛上賽姬。為了從維納斯手中救出她，邱比特把賽姬帶到一座隱蔽的宮殿，在那裡，她與不具實體的聲音交流，並在黑夜中與她看不見的邱比特談心。起初，賽姬答應不探查他的身分，但有天夜裡她點了一盞燈。邱比特在床上熟睡。他細緻而輕盈，巨大的羽翅柔軟地收疊在背後。賽姬靠得更近，手顫抖著，致使熱油從燈灑出。邱比特醒來，被她的違抗氣得臉色鐵青，從床上騰升飛去。

賽姬走遍千山萬水，直至找到維納斯，承諾要侍奉她，希望能獲准再見邱比特一面。維納斯設計了一連串不可能完成的任務，最後一項是進入冥界，向冥后普洛塞庇娜討取一盒美貌。賽姬不知除了死亡之外還能如何去冥界，於是爬上高塔，打算跳下，但有個似乎從塔本身傳來的聲音，指點她如何活著完成任務。其最後的指示是告誡她要克制對盒中內容的好奇心，切勿打開它。

賽姬穿過冥界的重重誘惑與陷阱，回到人間時，如某譯本所述，「被一股強烈欲望把持」，想看看盒子裡裝著什麼。她打開它，隨即倒在路中央，「如一具沉睡的死屍，毫無知覺或動作」。邱比特找到並救活她，在她恢復意識時責備她偷看。「又一次，」他說：「你差點被同樣的好奇心害死。」

阿普列尤斯版的神話沒提到賽姬的轉變，但根據某些記述，她在被邱比特斥責時發生變化：閃耀虹彩的小翅膀從她背上展開，迥異於邱比特的鳥翼；她升上天空。

希臘人知道蛾會飛進火中。想來有許多夜晚，他們都在從燭蠟裡挑出殘翅。被描繪成蛾的女神賽姬並不孤單，神話中不乏逾越本分而想擁有、看見、知曉或成為更多的女性，儘管如此，這個故事——關於一名被告知不要看、卻懷著某種死亡衝動非看不可的女子——似乎以令人費解的方式在思索是什麼驅使著我們，思考我們的靈魂。提出自毀的觀念，再問是什麼驅使我們自毀，然後稱之為靈魂，又叫它蛾，這一切有何寓意？蛾知道牠欲求什麼嗎？牠知道自己被驅使著飛向火焰，還是受火焰所驅使嗎？蛾曉得那就是本能的驅力嗎？（蛾只是一種用來閃避非此即彼的方式嗎？）

古時的賽姬圖像大多將她描繪成長著翅膀、而且沒有在看的狀態。她被蒙上雙眼。她閉著眼睛。她用臂膀或手遮眼。她將目光從面前的事物移開。邱比特以某個角度托著她的頭，使她無法看見他。

但我最喜歡朱塞佩・克雷斯皮（Giuseppe Crespi）對這則神話的描繪《愛神與賽姬》（*Amore e Psiche*）。畫中的她既不盲亦無翅膀，尚未成為女神，只是一名正在觀看的女子。她為觀看而活——這點可從她頸項的角度與身體的彎弧看出。她持燈傾身向前。邱比特醒了，但仍在床上。燈光流瀉在賽姬身上，他伸手遮擋，躲在手的影子裡。被照亮的是她的身體。

有時我的確會試著不再想那些蛾——主要是怕我的迷戀或執念賦予牠們過多象徵性，有如一把槌子，在我幼稚的四處敲打下，將一堆柔軟的信息搥進悲傷的空間，那空間充滿對你的思念，以及我們那些年在鳳凰城共同建立的一切。

或許真是這樣，但接著會發生某事，將牠們連結到抗爭，連接回你身上。例如：我在一封談及此書緣起的電郵中看到索爾・斯德丁（Sol Stetin）這個名字，他是美國紡織工會（它與好幾個工會經過一連串合併，最後組成紡織成衣工會）主席，也是J・P・史蒂文斯運動的策畫者。寫這封信的編輯恰巧是斯德丁的孫女。對於這位工會史上的人物，我一向欽佩他願意為了J・P・史蒂文斯工人及其運動的利益而放棄自己的制度性權力。這封電郵促使我閱讀更多他的事蹟，發現他還是柏托之家（Botto House）美國勞工博物館（American Labor Museum）的共同創始人。柏托之家位於紐澤西的海爾頓（Haledon），曾是皮特羅和瑪麗亞・柏托（Pietro and Maria Botto）與四個女兒的家，他們在絲織廠工作，一九一三年領導帕特森絲織業罷工（Paterson Silk Strike）。

當兩萬四千名絲織工人罷工，帕特森的反工會市長通過一道緊急法令，禁止罷工者在公共場所聚集，我想是希望藉此瓦解罷工，迫使工人返回工廠。因應此舉，柏托一家人將自宅變成罷工總部，五個月來，工人輪番進出，舉行會議，交易食物和生活用品，並在二樓陽臺聆聽伊莉莎白・格利・弗林、卡洛・特雷斯卡和厄普頓・辛克萊[1]等勞動人士發表演說。受到「兩萬人抗爭」激勵而掀起的製衣業罷工浪潮，因三角工廠火災帶來的震驚與憤怒而愈演愈烈，帕特森罷工則是這波浪潮的最後幾場之一。

帕特森自詡為美國的絲綢之城，因為這個國家的絲織品大多產自其工廠。生絲以蠶繭的形式從北方的養蠶場運來，兩百多年前，英國人將蠶與白桑引進該區，希望比起家鄉的沼澤土壤，蛾和樹都能在那裡長得更好。到了一八三〇年代，當卡努絲織工人在里昂街頭起義，奪占歐洲絲織業的心臟，蠶農已在麻州和康乃狄克州打下穩固根基，可滿足對絲綢持續增長的需求，美國的絲織業已完全能自給自足。

迨一八六〇年代中期，美國的蠶蛾已繁衍約兩百代，產下的卵十分強韌，足以出口到義大利，當地有一整批蛾因病害全數覆滅。然而，住在麻州梅德福（Medford）的藝術家兼業餘昆蟲學家艾蒂安·利奧波德·特魯夫洛（Étienne Léopold Trouvelot）希望再提高美國蛾的生產力。一八六九年，他從歐洲引進卵塊，與本地蠶蛾雜交。卵塊來自一般被稱為「吉普賽蛾」的舞毒蛾（*Lymantria dispar*），直到二〇二一年七月，昆蟲學家才終於承認此俗稱實為汙名而揚棄不用，儘管他們還沒為這種蛾取新俗名。特魯夫洛在屋後的森林進行實驗，讓兩個品種的幼蟲混在一起孵化、進食和蛻皮。他沒防範牠們蔓延到周圍的樹林，二十多年後的春天，許多畝地的樹木繁花盛開，然後便落葉、死亡。人們來檢查時發現上面爬滿毛蟲。那時特魯夫洛已對蛾失去興趣，轉而投入天文學，並在繪製星圖方面發展出成功的事業。

舞毒蛾的一齡蠶又小又輕。牠們通常在溫暖的日子孵化，然後從所在的葉片吐絲，順著它旋垂而下，再被微風吹向空中。牠們隨風滑翔——彷彿乘氣球飛行，稱作「ballooning」——有時長達數英里才降落。牠們幾乎能消化任何樹木的葉子，因而在接下來五十年不斷擴散，吃光了數千萬畝闊葉林。

一九二三年，聯邦政府試圖遏制蛾災。工人被派到高處刮除橡樹、白楊、蘋果樹和楓香枝上的卵塊，從長島到加拿大邊境，形成三十英里寬的屏障。他們焚燒區內的每道石牆，以將卵塊燒成灰。他們檢查運送的木材、麵粉、蔓越莓和甜玉米，並為數百萬棵樹蓋上粗麻布，以防止蛾在樹皮下產卵。工人從馬車噴灑名叫「巴黎綠」（Paris green）的砷銅化合物，它不僅浸透地上的景物，也滲入工人的衣服、雙手和臂膀，造成灼傷與皮膚潰爛。接觸藥劑亦使其神經受到損傷。即使如此，屏障區仍未能發揮效用。

所以你瞧，事情是這樣連到一塊的。我並非抓著一些線頭胡亂牽拖。我之所以去查索爾．斯德丁的資料，只因從電郵得知他是寄信者的祖父，而寄信者後來成為此書編輯。我接著得知她也是朱莉婭．阿瓦雷斯（Julia Alvarez）在阿岡昆出版社（Algonquin Books）的編輯，該社曾出版阿瓦雷斯寫米拉瓦爾三姐妹的小說《蝴蝶時代》（*In the Time of the Butterflies*），二〇〇三年我在汽車旅館讀的就是這本，之後我們才開始以西班牙話的「蛾」相稱。

舞毒蛾遽然湧現、屏障區阻擋無效的那些年，國際女裝服飾工會也進行著激烈的內鬥。一九〇九年，庫珀聯盟學院的會議結束後，范妮亞．科恩（Fannia Cohn）曾與羅絲．施耐德曼和克拉拉．萊姆利希密切合作，在發動罷工的各製衣廠建立罷工委員會，同年，她在布魯克林組建自己的國際女裝服飾工會支部——四十一支部。她在那裡組織製衣工人，於持續進行的罷工浪潮中與克拉拉的二十五支部並肩作戰，直到一九一三年帕特森絲織罷工結束。次年，她赴芝加哥組織製衣工人，並在當地成立一個支部，而後於一九一六年返回紐約，成為首位當選工會執行委員的女性。回到紐約後，她發現三角工廠火災雖然帶來實際改變——從強力通過工作場所安全與童工法案，到催生最低薪資與工人賠償的運動——國際女裝服飾工會本身卻停滯不前。工會成員絕大多數為女性，卻依舊由男性領導，而這些男人大抵仍堅決反對讓女性領導。

身為首位進入工會執行委員會的女性，范妮亞拒絕讓自己的新職位成為僅具代表性的象徵，因而說服其他委員資助一個教育部門，以罷工者在「兩萬人抗爭」期間於二十五支部發展出的教育部門為範本。她希望藉由包羅廣泛的課程，教育最終能讓基層婦女對工會的方向握有更多掌控。透過這個部門，范妮亞將數千名製衣工人帶進經濟學、文學、歷史和時事課程，課程編排皆以下述信念為核心：工人，尤其是女工，不該滿足於微小的改變，不該被幾分錢加薪與稍微乾淨一點的廁所安撫，而應尋求最廣義的賦權，應要求工會成為推動其生活與社區變革的引擎。而這正是她們所做的。

一九一七年，在這種教育的鼓勵下，國際女裝服飾工會的婦女開始要求在工會領導層擁有代表權。她們的反叛萌芽於二十五支部會員任職的廠房，然後蔓延至四十一支部，再到芝加哥、費城和波士頓的支部，在這些地方會員大多數是婦女。她們組織其所謂的「工廠代表聯盟」，以爭取更民主的工會，並推翻地方支部的男性領導層，選出她們自己的領導者。這些婦女請願、遊行並集會。她們突襲工會會議，占據支部辦公室，堵住大門，把男人鎖在外面。一九一九年，隨著她們節節進逼、聲勢日壯，全國工會的領導層對二十五支部進行惡意接管。他們闖入辦公室，更換門鎖，將該支部劃分為三個獨立部門，分別由男性託管人來掌理。

此時期的工會紀錄非常混亂，部分因為男性領導層的各派系利用婦女的反叛，趁機擴大自己為內部民主進行的鬥爭。結果，工會的官方歷史多聚焦於這場鬥爭的經過——左翼與右翼對立，共產主義者與社會主義者交火——而不提婦女如何在范妮亞的課程鼓動下引發這場更大的戰爭。

歷史學家安妮莉絲・奧列克（Annelise Orleck）的著作《常識與星星之火》（*Common Sense and a Little Fire*）對於克拉拉・萊姆利希、范妮亞・科恩、羅絲・施耐德曼，以及當時另一位勞工領袖寶琳・紐曼（Pauline Newman）有清晰透徹的描寫；奧列克在書中說，工會自家的歷史學者路易斯・拉汶（Louis Levine）認為婦女的反叛鼓動了更廣泛的鬥爭，儘管他未能掌握其反叛或被利用的核心。拉汶寫道：「這群『女孩』想賦予工會

『靈魂』的渴望……引發一場有組織且堅持不懈的努力，試圖擺脫被視為『太現實』又『保守』的『老』領導者和官員，藉以『振興』地方支部。」奧列克回應道：「拉汶略而不提的是，那些『現實』的『老』領導者皆為男性，其支部中的女性占百分之七十五以上。」拉汶說得沒錯，對於同心齊志、願為更激進的工會而戰的會員來說，這些「老」領導者太過保守；但他忽略了反叛的會員主要是女性，一旦建立起激進的工會，她們並不只想隸屬其中，還想要領導它。

儘管蒙上陰影，婦女的叛變仍在范妮亞鼓勵下繼續進行了五年，直到一九二三年，工會的執行委員會為了鎮壓它而迅速做出大量制裁，羅織並開除尚未主動離開的反叛者。那年有兩萬名男子加入國際女裝服飾工會的行列，四萬五千名婦女離開——超過工會女性總數的一半。

范妮亞沒有離開。她拒絕退出，而她身為執行委員的地位使他們無法開除她。但這場內鬥令她沮喪。奧列克寫她「好幾次被逼到瀕臨精神崩潰……有兩次身體就真的垮了」。根據奧列克的說法，范妮亞留下的原因是，她雖然不相信工會會維護女性會員的權益，卻更不信任由富人領導、但以跨階級團結之理念為基礎而建立的婦女組織。因此她在工會裡孤軍奮戰，又度過四十年，同時受兩方責難——主戰派怪她沒跟她們一起離開，工會領導層則怪她不肯譴責叛變。提到精神崩潰時，她說：「讓我崩潰的不是工作，而是周遭的氛圍。」

最後是國際女裝服飾工會主席大衛・杜賓斯基（David Dubinsky）強迫她退休。范妮亞・科恩當時七十七歲，顯然仍是工會男性領導層的眼中釘；杜賓斯基對其他有權勢的男人說她是他「要背的十字架」，因為他們各自的階層中都有這樣強勢激進的女性，被他們視為自己的十字架。工會辦了一場溫馨的午餐會，每個人輪流起身讚揚她深具歷史意義的漫長生涯。「科恩以她特有的抿嘴微笑接受眾人致敬，與同事握手，並在第二天——以及接下來每一天——回來工作，」奧列克在一篇文章中描寫范妮亞：「大衛・杜賓斯基十分惱火，命人打包她的私人物品，清理她的辦公空間，以便給接替她的人使用，還把她辦公室的門鎖換了。不屈不撓的科恩繼續進工會總部。她會穿著外套，戴著帽子，挺直而靜默地坐在她原本辦公室外的走廊上，一連好幾小時。這番對峙持續整整四個月，直到一九六二年十二月二十三日那天，她沒出現。朋友們去她的公寓找人，發現其屍體。這位身材嬌小、堅毅不移的社會運動家死於中風。」

在范妮亞的課上學會表達意見的年輕製衣工人當中，有一位羅絲・佩索塔（Rose Pesotta）也一直留在工會裡。她繼續領導從紐約到洛杉磯的罷工，後來並繼承范妮亞衣缽，成為國際女裝服飾工會的副主席及其唯一的女性執委，她也跟范妮亞一樣，奮力讓這個角色不僅具象徵意義而已。

羅絲後來寫了兩本關於工會組織工作的回憶錄。在第一本《水面的糧食》（*Bread Upon the Waters*）中，她憶述一九一三年加入二十五地方支部，那是她的姊姊在紐約一家襯衫工廠幫她找到工作後。「聚會時，我得知一九〇九年參加『兩萬人抗爭』的婦女和女孩，我姊姊伊瑟（Esther）也在其中，她們在襯衫工廠發動罷工，抗議不堪忍受的血汗工廠環境……現在，其他人秉持她們的精神繼續前進……」她所寫的便是我在九十年後聽到並學會講述的那些故事。

那本書記錄了被羅絲稱為「墨西哥女孩」的移民工人所發起的運動：一群以女性為主的工人在洛杉磯發展出強悍的基層團結網絡，她們的抗爭，即一九三三年的洛杉磯製衣工人罷工，大抵由一位來自紐約的工會領袖，在一場她們未受邀參加的會議達成和解。後來，羅絲徵求杜賓斯基同意，希望能在此運動所成立的洛杉磯支部競選領導人職位，但遭他拒絕。一九三八年，她從國際女裝服飾工會辭職，並致信杜賓斯基，信裡嚴厲批評工會中制度化的性別歧視。她寫道：「雖然你提到二十萬名女性會員實為我們組織的骨幹（在十一月六日的《美國日報》〔*Journal-American*〕），但我們那因有此強大骨幹而高枕無憂的領導階層，卻一直不肯正視這項事實。」

羅絲在信的另一段寫到范妮亞：「范妮亞．科恩對我們組織的貢獻只得到外部人士肯認，他們能公正客觀地評價一個人如此無私的努力，為了實現工人教育的理想。但如今大部分功勞都被歸為上級的遺澤，而他是在剷除荊棘、抽乾沼澤、一切障礙都被移除後才進入這片田地的。」

閱讀范妮亞．科恩與她所激發的反叛，我發現工會的其他早期女性領導者也有類似的感想。一九一七年，寶琳．紐曼寫道：「我們瞭解到勞動姊妹之間存有一種神祕的連繫……但願奉獻精神與姊妹情誼能有更多出頭的機會。」

讀到這段話時，我的第一個反應是阿門，甚至阿門，姊妹，因為工會的婦女通常這樣稱呼彼此。羅絲在此描寫的是我衷心嚮往、卻一直在侵犯的連繫。我不是「勞動姊妹」，而將自己定位於這個我們中、在這段工會女性的悠長歷史中，是一項複雜的練習——那些鎖上的門，我至少在其中幾扇的兩側都設法找到立足點。（而若此書寫是在表達渴望，渴望有種不複雜的我們，或某種不需持續檢視的我們，願它抵拒任何假裝這種我們可能存在的說法。）

譯注

1 伊莉莎白・格利・弗林（Elizabeth Gurley Flynn, 1890-1964）在一九〇七年成為世界產業工會（Industrial Workers of the World）全職組織者，在美國各地組織工運，後加入美國共產黨。卡洛・特雷斯卡（Carlo Tresca, 1879-1943）少年時參與義大利工運，一九〇四年移民美國，一九一二年加入世界產業工會，為美國無政府主義運動重要人物。厄普頓・辛克萊（Upton Sinclair, 1878-1968）為美國著名左翼作家，一九四三年獲普立茲獎。

十一——蛾 Las Polillas

又是組織指導員打電話來告訴我消息。這回是你們工廠要實行核卡制了。她起先把它說成一樁好消息：我們不必再經年累月枯等律師回報公司的上訴狀況，這個結果也勝過必須再經歷一次選舉，而且公司已承諾經理和領班都會保持中立。

她承認，之前索迪斯與各工會達成和解時，企業總部並無法強迫地方經理同意撤回上訴，以作為跨國協議的一部分，由此可見，我們也不能指望在核卡過程中，公司會有什麼能耐管控他們的行為。但是，你瞧，她說，只要再拚一下，就可以向大家證明多數工人都想要工會了。不，她說，兩年多前的那批舊工會卡不算數——上次簽卡後仍留在工廠工作者，將必須再簽一次。沒錯，她知道勞工局法官已做出判決，表明要求工人這麼做並不合理，亦即在公司徹底整肅過工廠、不給工會留餘地後，要求工人必須重新再決定一次很不合理，正因如此，法官才發布「吉賽爾」補救措施，命令公司立即且直接承認工會，而不舉行第二次選舉。但是，指導員說，若想贏得工會，這份協議是目前最快的方法。聽到這話，我天真地想，不——最快的方法是公司撤銷它該死的上訴，承認該死的工會，那正是我們半年來在兩大洲三個國家公開鼓吹的訴求。

我沒對她說出這念頭，因為我明白這個訴求已被拿去換取別的東西，我現在的工作是為你和委員會及廠裡的其他工人捏塑一個關於大家前途的新故事，就像指導員為我捏塑這個故事。何況此時我已更善於控制情感，更善於約束自己的情緒反應。自從在三日培訓中激動失態，已經過了快一年。因此，我很意外地發現自己的憤怒——為了這種情況的不公平，至少對你和你在鳳凰城的同事如此不公平——依舊與絕望緊緊相隨，以致必須逐一鬆開喉嚨的肌肉，才能說出我真的不認為我們辦得到。我不相信廠裡的多數工人在被公司的行動與漫無止盡的勞工局程序徹底擊垮後，還肯再簽新的工會卡。而她說，她的聲音與態度從她不擅長的糖衣包裝變回我所欽慕的坦白直率：不管你怎麼認為，我們真他媽的非辦到不可。

所以在洗衣業進行兩年激烈抗爭後，你們工廠將成為一項全國新協議的核心，協議的一方是索迪斯企業，另一方則是結合為一的紡織成衣餐旅工會及其運動夥伴國際服務業工會。你們率先執行核卡制後，全國將有數百家效法。來自紐約的談判代表，即負責頂格協議的那位，也達成這次大規模協議，他把你們工廠將發生的狀況稱為整個流程的「試駕」，最終目的是將兩萬名新會員帶入工會。他說協議好比一個機械裝置，倘若發現任何破損的齒輪——在我們將宣讀的腳本中，在規定我們何時獲准進餐廳、可待多久的時間表中，或為鼓勵雙方遵守規則而實施的懲處，其執行的迅速與嚴重程度——皆可修正和微調，然後這個核卡制的引擎才會繼續推進到其他職場。這表示各方——兩工會、公司及其同業競爭對手——都會密切關注。所以別有壓力，指導員開玩笑說。至少在這麼多雙眼睛注視下，她說，那位珊卓拉和老大會比較可能守規矩。

我們非贏不可——不僅是為了你、你同事和其他受僱於這家公司的人，也是為了綜合服務業三巨頭中的另兩家員工；此二企業尚未與工會達成協議，正等著看核卡制在你們工廠執行的情況。如果它沒為任何相關人士帶來痛苦，如果其過程顯然高效率且低成本，那麼兩家公司便會明白，比起費力抗拒工會進入公司，施行核卡制其實更簡單實惠。

指導員在電話另一頭講，我則想像同一時間，那位珊卓拉和老大很可能也在與對方陣營中負責告訴他們這消息的人進行類似通話，得知工會組織者將獲准進入工廠，而他們將必須在過程中保持「中立」。我想像他們感受到壓力，必須證明他們這些年一直聲稱、當下想必仍深信不疑的事：廠裡的大多數工人都不想要工會。

事實上，負責達成協議的紐約工會談判代表，在接下來那週對我詳述契約的具體細節時，告訴我公司方面的法務律師要那位珊卓拉和老大做好工會將贏的心理準備。據說那位珊卓拉聽到後回答：想都別想。

但別擔心，工會談判代表說，公司的律師訓斥了她，並要她向工人傳達對工會獲勝的預期。畢竟，公司所贏取的對他們來說極具價值：公司允許工會接觸其在美國的五分之一員工，而作為交換條件，公司將獲得「勞資和諧」，意指工會將停止全國運動，並撤回許多探觸措施，包括多起訴訟及實地引爆點，如我們之前在亞利桑那州立大學校園所做的。這表示工人將不會罷工。這表示工會已同意不在公司未提供的廠區組織工人。這表示經此程序協商的諸契約將在時間上錯開，使各廠區工人在談判時或未來集體行動的能力降至最低。

指導員打來告訴我必須進行核卡、我們非贏不可的消息時，我人在汽車旅館，掛斷電話後，我嘔吐在還包著塑膠套、那種又薄又脆的塑膠杯裡。然後我打電話給你，照她的說法把事情解釋給你聽：我們必須再簽一次工會卡。那是最快的獲勝方式。在地方層次上，對你和同事來說，這是一次犧牲，但它會帶來許多好處。兩萬名工人將不必經歷你們不得不進行的抗爭。

我說完，你沉默了好一會兒，然後冷冷地說了聲好吧（*Bueno*），掛掉電話。

我立刻開車到你家。我們坐在橄欖綠沙發上，兩個人都快哭了。我們互相點頭，彷彿允許彼此哭泣，但都沒哭出來。你把堆在旁邊靠墊上的幾封郵件擲向房間另一頭。你搖搖頭說，我們不可能找到足夠的人簽卡。

我們的委員會自選舉後便日益縮水，除了這些班底外，你的同事疲憊、惱怒又害怕。工廠裡的流動率受到公司操控——那位珊卓拉親自挑選了幾十位新員工，多數在工廠都不跟你或任何委員會成員說話，在家也不開門見我們。契約預定於兩週內生效，從那時算起，我們只有六週的時間爭取多數人簽卡。

我們面臨的挑戰已經夠多了，但雪上加霜的是：你和同事所須簽的工會卡上將不會說你們想加入紡織成衣工會——那是你們這些年奮力要加入的工會；甚至也不說紡織成衣餐旅工會——那是合併後，我們透過在工廠投放傳單宣布的新工會。卡片上會說你們想加入聯合服務工會（Service Workers United，簡稱ＳＷＵ），一個同時附屬於紡織成衣餐旅工會和國際服務業工會的新工會，它是在索迪斯屈服於企業運動的壓力時設立的，以便有效率地處理此案，因為有那麼多核卡程序要執行，那麼多契約要談判。沒人聽過聯合服務工會，所以我們除了得對你同事解釋核卡程序的相關事項——這份清單已經很長了，還得讓他們明白新工會是什麼、為何存在。

次日，我們在桑迪亞哥的院子召開緊急會議，你平靜地向委員會解釋目前的協定，照著我解釋給你聽的方式，即他們對我解釋的方式。我們早上就準備好翻頁式掛圖，一面說明協議內容，一面翻到相關頁面給大家看。第一頁：我們贏了！公司讓步。兩萬名索迪斯工人將有機會加入工會。第二頁：被開除的汙物分揀員將以原薪回到第一班工作，並補領解僱期間的薪資！安東妮雅的警告將撤銷！第三頁：作為交換條件，我們將再次簽工會卡。我們有六週的時間爭取多數人支持。當（不是如果）我們做到這點，就終於要邁向談判桌了！

圍成小圈的每個人都沉默如石，除了桑迪亞哥從牙縫吹了聲低沉的口哨。安東妮雅雙臂交抱在胸前，來回踢著幾乎踩不著地的腳，揚起一小團灰塵。不論我們多努力（可能太努力）傳達樂觀的想法，都沒人買帳。

兩週後，我們再度發動閃電戰。曾飛來鳳凰城參加第一次閃電戰、之後又飛來出庭作證的組織者們都回來了。新成立的聯合服務工會也派出自己的組織團隊來受訓，隨著協議在全國各地展開，他們將負責在其他廠區執行核卡。加上我們從必潔、頂格、淨珂、安潔招募的志工，以及在三日培訓期間結識的幾位屋頂工、鐵工和油漆工。六週核卡作業啟動前的星期四，我們為這支龐大的隊伍做簡報。我們製作講義：「索迪斯鳳凰城洗衣廠：簡史」、「工廠中的主要議題」、「工人族群分布與流動率」、「勞資和諧協定細節」、「家訪傳達的信息」，以及「將在餐廳宣讀的公司與工會腳本」。講習持續一整天。

星期五，我們在第一班午休開始、各部門輪流用餐時進入工廠。我們將於三班工人輪流休息時說明核卡制並進行簽卡，因此你想在那天請假，以便能全天候在場。公司起先不准假，於是我打電話給組織指導員，她打電話給紐約的談判代表，他打電話到馬里蘭州的公司總部，找當初與他共事的人，兩天後老大告訴你，你那天可以請假，但不能支薪。

所以你和我一起在那裡，組織指導員也在，談判代表從紐約飛來監督。在場還有一群公司的律師，以及廠裡全部的經理、領班和行政人員。按照協定，那位珊卓拉先發言。她站在餐廳前方、一排半數故障的微波爐和蘇打飲料機之間，對四十來位第一班生產部工人宣讀公司方面的聲明，先用西班牙語，再用英語，工人坐在餐廳中央的長桌旁，公司和工會代表站在四周牆邊。

她很緊張。宣布簽卡工人若占多數，公司將承認工會時，她一直把宣讀的文件舉到面前，使得語聲模糊不清。其中一位公司律師不停打斷她，要她把紙往下移，好讓大家聽到她的聲音。「珊卓拉，珊卓拉，」他不斷叫喊，彷彿在吼一條狗。她把文件從面前移開，讀到工人有簽卡或不簽卡的權利，有權在工廠或家裡與工會代表交談，也有權不跟工會代表談。她雙手顫抖，說話時文件也跟著抖動。

發生這狀況時，我望向你，你臉上浮現一絲詭笑，然後便牢牢交抱雙臂，瞪著地板，彷彿全神貫注在聽她說話。我們都曉得，看見那位珊卓拉這副模樣——緊張又受氣，好像頗值得同情——會使在場眾人產生複雜的反應，根據我們計算，這個核卡程序已遭嚴重玷汙，幾乎無法取勝，要是再有人覺得她是個「傷心的上司」，我們的處境只會更糟。

她唸完腳本後，你用西班牙語宣讀工會方面的聲明，然後換我用英文讀一遍，內容簡短平和，告訴工人：組工會意味著公司將與他們協商，工會是代表全國洗衣工人的組織，旨在幫助他們提高薪資並改善工作條件。接著那位珊卓拉、律師、經理、領班和工會代表離開餐廳。你走到前面，亦即那位珊卓拉剛剛站的位置，在新的聯合服務工會授權卡上簽名，委員會成員也都一一簽好他們的卡，我們隨即執行在桑迪亞哥的院子裡擬定並練習過的計畫——當時我們畫出餐廳的桌位分布圖，將自己編組，分派到各區，接觸通常坐那裡的工人。幾位工人那天當場簽了卡。絕大多數都不肯。

指導員堅持讓國際餐旅工會的夫妻檔組織者——我們理論上的同志——參與閃電戰。由於他們不諳西語，也不太瞭解工業洗衣廠、廠裡的實際工作，或那些工作引發的各組特定議題（跟我兩年前一樣），因此有必要將他們與我們最強的工人領袖配對。被派來掌管支部的組織者要求跟你一組，雖然我們都不喜歡這個主意，但你說，老天，還是別把他跟其他任何人擺到一起吧，於是你就這樣在他的車裡度過最初兩天。

第一天，我們跟龐大的家訪隊伍開晨會，將裝有地址、工會卡和傳單的資料袋發給各組，之後我把你拉到一邊，告訴你如果他開始表現得像個混蛋，如果他開始問一些讓你不舒服的問題，就打電話給我。你誇張地挑著眉說：什麼樣的問題，他會問我內衣的顏色嗎？你這麼說是為了逗我笑，我明白——我們正承受極大壓力——但也是要提醒我，像你這樣的人不會為這種安排困擾。

那晚，在當天出動的二十來組家訪員進行十點鐘匯報之前，我把你拉到一旁詢問情況。沒事。他幾乎沒說話，你說，然後微笑著揮舞一小疊簽了名的工會卡。

我們被允許於契約生效後的頭五天待在餐廳，但兩天後就沒人肯在那裡簽卡了，家訪小組已敲遍每扇門，大部分的門都敲過兩、三遍。第一個週末結束時，我們拿到的卡才剛過百分之三十。組織指導員、工會談判代表和飛來支援的組織者都回家了。來自其他工會的戰友也回到自己的運動中。那個星期一，所有人離開後，我們去辦公室，坐在小房間裡，牆上貼滿圖表和地圖；隔壁較大的房間放著荷黑、麗莎和國際餐旅工會組織者的辦公桌。四周很安靜，我們坐在椅子上轉圈子。他們走了比較好，你說，彷彿我們剛清理棋盤，以便好好設想下一步該怎麼走。然後我們花一個早上繪製關係圖：如果艾米里亞簽了，瑪莉亞．歐也會簽，假使羅伯托簽了，他在洗滌部第二班的兩個朋友也會簽，諸如此類。

你回到汙物分揀部上第一班。白天我獨自家訪，或與西西莉亞一道，她被工廠解僱的狀態並未改變，但對某些老同事仍有足夠的影響力，使他們看見她時會打開門。你在工廠利用休息時間盡力而為，找同部門中少數未簽卡的同事談。你最需要談的對象是其他部門在不同時段休息的人，卻很難接觸到他們。領班監控你去廁所的時間，只有在確定洗手間沒人時才准你離開崗位上廁所。能觸及的同事有限令人沮喪。夜裡我們在圖表環繞下擬定策略，你在辦公室來回踱步。協議的時限剩五週，我們數算還需簽多少張卡才會贏，再拿這數目加五，因為我們知道驗證卡片簽名的人（某位雙方咸認立場中立、或夠中立的當地神職人員）將比對這些簽名與公司的聘僱文件，過程中肯定會篩除至少幾張卡片——例如某人當初讓英語流利的子女代為填寫工資年結表（W-2），或某人曾在表格上以「X」代替實際簽名，[1]這些人的工會卡都不算數。我們記著那個數字仔細爬梳名單，圈出可能說服其簽字的工人姓名，無論希望多渺茫。雖然我們每晚都努力這麼做，幾週下來仍一籌莫展，達不到需要的數目。

我們忙這些事時，國際餐旅工會的組織者常躲在另一間辦公室。有時他會等我們做完才進來告訴我他想再跟我開會，說他被派來亞利桑那當我的領導、我的主管、我的導師，而縱使我不明白，我也必須跟他開會。但我不同意。

核卡程序進行到第四週，我們仍在百分之四十上下徘徊，已經好多天沒收集到新簽的工會卡。我早上去辦公室拿家訪單和當天要拜訪的名單，他就在那裡，看著我們的地圖、數字和計畫。*你們不會成功的*，他說。

他看得出我們的委員會能觸及的範圍有限，除了你的汙物分揀部、波洛的洗滌部，以及安東妮雅和安娜莉亞的熨燙部——而且全在第一班，大多數人都沒簽卡。他知道，正如組織性工會的所有職員都被訓練要懂得：這表示其他部門和其他班的固有工人領袖——那些能左右同事者——並不站在我們這邊。他用流露優越感的語氣對我指出，輸了這仗將永遠毀掉這些工人組工會的機會，也將毀掉我們在亞利桑那州組織洗衣業的計畫，更不可能再推動與索迪斯的全國勞資和諧協定。他指出如果我們不確定會贏，當初就不該啟動核卡制。他指出他不會明知將傷害工人還同意接下任務，他強調組織者不應損害工人成立工會的機會。他還說，想想你們失敗時阿爾瑪會有什麼下場，公司很快就會找到方法再度開除她。

距協議期限只剩一週，我們還缺五張卡才過半數，這表示就算拿到那幾張，也沒有緩衝帶可補抵驗證過程中出現的無效卡。每個沒簽卡的工人我們都登門拜訪了至少五、六回。有時自己前往，有時帶著與他們同部門的人一道去。我們找來必潔的工會幹部同行。當這些步數都沒用，我們便找支部這個小圈子以外的人：去某家拜訪一位女工時，我們帶著她的鄰居，這鄰居跟她同事的先生是朋友，而那位先生是鋼鐵工會的成員（她簽了）。有天下午，我們在一位牧師陪同下接連拜訪許多家，牧師是我在土桑的朋友的朋友的朋友。他的牧師領幫助我們進了幾戶人家大門，簽卡的工人又多兩位。

關於工廠，有件事是國際餐旅工會的組織者無法從我們的圖表看出的：不肯簽卡的工人中，最強的「領袖」就是那位珊卓拉，她利用人力資源經理的職位，在選舉後這兩年培養出一群對她忠心耿耿的工人。她稱他們為「同志」，我們管他們叫「老太婆」，這些人常離開工作崗位，花許多時間遊走廠房，找同事談為何不該簽工會卡。藉由這麼做，他們宛如封鎖了其餘所有工人，在我們和工人之間築起堅硬的障壁。

我們來到其中一位老太婆盧姿的家時，她正從貨卡後方卸下雜貨；一年前她曾在法庭上懦弱地向法官指認我。後來幾個月我們不時對彼此提起這次幸運的突破，因為她或其他任何老太婆都不可能開門見我們，儘管我們並未因此停止敲門。你要我去跟她談，你坐在車裡等。她對自己能講英語很自豪，你說。

在核卡程序最後一週的那個下午，我走出租來的車，她隔著草坪對我大喊她不想跟我談，但我走近時她仍站在原地。我舉雙手作投降狀，告訴她我們只是想問她協商契約的事，徵詢她的意見，因為她是廠裡的重要人物，許多人敬重她，聽她的話——這是實情。我說核卡程序本週就會結束——這是實情。我告訴她下一步就是談判——這是部分實情（我們得贏了才能談判）——不管她願意與否，契約將規定工廠中每個人的工作條件和薪資，無論他們是不是工會成員。我告訴她，我們認為只聽取廠裡半數員工意見就進行談判並不合理，我們需要知道她和她部門的婦女想優先考慮哪些事項，她們最想改變什麼。

她的回答很簡短，所以我拉開話題，照著我受過的訓練，問起她院子裡的玫瑰、門廊花盆種的辣椒，還有她的家人。我們聊了很久。有位青少年出來拿剩下的雜貨，然後不斷打開前門，探頭問她問題——洋芋片在哪裡？某某人稍後會過來嗎？——我猜他是在確定她沒事。那是我的教子，她說，他擔心我。

我們將在沒她參與的情況下談判契約，這念頭想必令她很不舒服，因為最後她問起協商的事：進行程序、誰有資格出席、何時開始。她把工會卡按在貨車窗上簽名，然後你下車走到我們交談的地方。你們倆彼此不講話。從你膝蓋打直、單手叉腰的姿勢便看得出你對她在法庭撒謊仍無法釋懷。雖然我試了幾次改用西班牙話交談，好讓你知道我們在說什麼，她卻不肯配合。第二天她拿兩張空白卡片進工廠，之後交給安東妮雅，上面簽了另兩位老太婆的名字，並警告安東妮雅「閉緊你的臭嘴」，不許告訴任何人她們簽了名。

簽名驗證員花了幾星期才宣布核卡結果：我們贏了。你當時正在上班，之所以發現此事，是因為那位珊卓拉開始把一組組老太婆叫進辦公室，顯然是要告訴他們這個消息。

過了幾個月，在契約獲得追認並生效後，工會因管理所需，向公司提供一份繳納會費的成員名單，那位珊卓拉愕然發現上面有三個老太婆的名字，於是把她們叫回辦公室，她們矢口否認簽卡。那位珊卓拉試圖要公司律師介入，調查或推翻我們以兩票獲勝的核卡結果，但他們拒絕受理。

宣布那天，餐廳裡哭聲不斷。彷彿有人死掉似的，我來停車場接你下班時你這麼告訴我。我們站在一小群第一班支持者當中互相擁抱。桑迪亞哥和我各自在車上按了幾聲喇叭。我們不想太耀武揚威——未來數週、數月，我們仍須努力擴充會員人數。我們把慶祝活動保留到接下來的每月餐會，特別為孩子們添加一座充氣式彈跳城堡和幾樣遊戲，並買肉類和蔬菜讓荷黑在停車場燒烤。

我幾乎不記得契約的協商過程，雖然上談判桌是我們這些年共同努力的目標。我記得機場旅館的那間小會議室。記得我們用的同步翻譯耳機，如果太靠近無線電裝置就會發出刺耳尖鳴，但因房間小，大家擠在一起，實在很難與它保持距離。這是我第一次做同步翻譯，邊說邊聽的怪異和困難使我腦中一片混亂。而且由於我在翻譯，就沒記下談判內容，進行談判的是在啟動協議時一直吼珊卓拉的公司律師，以及搞定全國「勞資和諧」協定的工會談判代表。就算我記了筆記，也不會有太多內容，因為對一份新契約來說通常需好幾星期的協商，在我們這裡只花了兩個下午，共約六小時。

我們在核計卡片獲勝後的幾天得知，工會與你們公司之間的全國協議包含一份預先制定的契約，其中只留下幾處小空間可進行談判代表所謂的「地方微調」。那是我在筆記本寫下的最後四個字，雖然後面還有許多空白頁；儘管我不記得為何擱下那本筆記本不用，但現在猜想，是因為看著那幾個字，知道那就是最後剩下的——這些年我們向工人承諾你們會談判契約內容，你們會決定哪些改變優先、要爭取什麼，結果只落得「地方微調」——實在太令人難過。

這份契約並不太糟——三十多頁的保護及改善措施，包含加薪、正當理由與申訴程序。我們無法談判具體的安全改進項目，因為那會增加公司的契約價金，而此價金已估算在履約費用內，並且被視為換取勞資和諧的合理條件；但會有個健康與安全委員會，由廠裡的工會成員經選舉產生，該委員會將接受工會培訓，並能努力執行聯邦安全標準。

不管怎樣，你跟我還是帶領委員會完成真正的談判步驟：我們對你同事展開調查，詢問他們最想在契約中著力改善的項目，再將結果轉達給工會談判代表。我們告訴自己就談判過程進行溝通還是很重要，儘管明知調查所顯示的內容都不會出現在契約中，除非它碰巧已被納入。我們選出一個跟工會代表一起上談判桌的談判小組，以及一個據稱在談判期間協調廠內訊息發送與行動的契約行動小組，這在當時純粹是作戲——儘管現在回想起來，我不確定這場戲是演給誰看，也許觀眾只有我們倆。比起這些年為工會而戰，表演的空洞似乎更傷你元氣，那之後你好疲倦，我從沒見你這麼累過。

我們在餐廳做了十五分鐘報告，之後契約以無記名投票獲得追認，大部分工人都投空白票。

我們決定你不要立即請工會假，雖然契約中包含這項福利——可以請假離開工廠去組織其他洗衣廠，而不會失去工作。更正確地說，是我決定的。你想離開，你想去旗桿市的洗衣廠幫忙準備運動，想參加安潔的閃電戰，想在米綸建立名冊。面對仍嚴重分歧的同事，你需要暫時脫離那種緊張氣氛。但我說服你留下，堅稱若無人在那裡讓管理階層遵守契約、啟動健康與安全委員會、爭取沒簽卡的半數工人加入工會，一切努力都會白費。

所以你留下來，我開始每週去旗桿市幾天，在那裡展開運動，住西佳旅館（Best Western）。有幾週達里歐會飛來幫忙，倒是哈瓦蘇湖城的工人領袖瑪莉安娜．李維拉向工廠請了工會假。有些週末旗桿市有工作要做，我會從亞利桑那北邊的聖弗朗西斯科峰（San Francisco Peaks）邊緣開車南下，接你一道回去做家訪。那裡的工廠很小，只有一班，僅僅兩個月後我們就贏了那場仗。

我清理旗桿市汽車旅館房裡的掛圖、家訪單和工會卡，把它們裝進紙箱，動身開回鳳凰城。那天下了場暴雨。高速公路上有輛摩托車突然切到我前方，我車輪打滑，衝出路邊陡坡，租來的車一路翻滾，直到引擎蓋撞上一棵樹。我從破碎的後車窗爬出，回到高速公路叫救護車，卻出於反射動作撥你的號碼，然後很驚訝地在電話另一端聽到你的聲音。

確定我沒事後——有沒有骨折？有沒有流血？——你問工會卡是否還在車上。是，於是我們掛斷電話，我爬下邊坡，取出那箱文件，抱著它沿高速公路走到下個出口，在一家餐廳等計程車從鳳凰城開來，載我回那裡的汽車旅館。

第二天，我鎮日躺在床上。手機沒電了，但我沒充電，因為不想跟任何人說話。下午，你轉了三班公車，送蔬菜熬的湯來給我，用浴缸的水龍頭把毛巾弄熱，敷在我脖子上。我小口喝湯，你一面從我頭髮中挑出碎玻璃。

荷黑已獲得工會的區域聯會許可，將地方支部遷到一棟新建築，空間足以讓國際餐旅工會的組織者、荷黑及我們團隊各自擁有獨立的辦公室。瑪莉安娜和達里歐幫我在那裡掛起我們的安潔與米綸圖表，並在一組貼牆而立的金屬櫃中為我們的新、舊運動設置一套歸檔系統。我沒用掛在舊辦公室裡的那張「兩萬人抗爭」複印照片，而買了同樣畫面的海報，連同另一張有三角工廠火災後工會抗議照片的海報，一起裱框掛在新牆面上。

這些都發生在指導員與國際餐旅工會高層協商出某種停戰協定後；他們通知被派來掌管的組織者他不再是負責人，或者他仍可負責旅館的組織工作，但不負責洗衣廠的組織工作，也不能指揮洗衣廠組織團隊的任何人，他們指示他不要干涉這個團隊。指導員從我們每晚的電話匯報發現我不進辦公室、且大半在車裡工作後，便積極促成此協定，不過她也明白表示對這種她稱為「嫌隙」的狀況感到不耐，並告訴我，為了洗衣廠支部著想，我需要回辦公室工作。

每週我大概有三天可去工廠接你，你仍會在這些下午來辦公室，但那裡的圖表其實已與你無關。你花時間審視同事的紙本試算表，並與荷黑討論你提出的申訴，荷黑協助你解決這些問題，或按程序將它們移送至下一階段。

與此同時，紡織成衣工會這邊的職員工會——我考慮在下輪選舉時競選工會幹部——正大力招攬國際餐旅工會那邊的職員。距我們與工會領導層就下一份集體契約進行談判還有一年，因合併之故，加入職員工會的員工比例已降至一半以下。美國大部分地區的國際餐旅工會組織者都拒絕加入——基於其工會結構，國際工會聘僱的所有組織人員皆由他們那邊的全國組織指導員負責，其中許多人是他一手訓練的，他在他們心目中有如巨人，被當成神話崇拜。他是他們的頭號領袖，這在其工會文化中無比重要。他們談起他時會敬畏地壓低聲音，紡織成衣工會的組織者老愛模仿那種語調來取笑。假如他到你家吃晚餐，或者更棒的，你受邀到他家吃晚餐——據傳會喝很多酒，講許多知心話——你便是員工當中的寵兒，被視為明日之星，成為眾人羨妒的對象。國際餐旅工會的組織者不願簽工會卡，因為那會破壞這個忠誠、逢迎和施恩的制度，他們被訓練將其理解為信賴的基石，而工會的其他部分都建立在這種信賴上。

然而，當國際餐旅工會組織小組中的妻子邀我喝咖啡談談，我答應了，覺得至少可跟她單獨相處，請她加入我們的職員工會。儘管被告知不再掌管我們辦公室，她丈夫卻即將升遷至協商單位以外的層級，進入工會管理階層（我想那是用來安撫他的獎勵，因為他失去了自以為擁有的下屬：我們）。當我問她是否考慮過加入工會，她嗤之以鼻，然後用敬畏的語氣說——幾乎跟紡織成衣工會組織者模仿的一模一樣：我絕不會對我們的指導員（她直呼其名）做出如此不敬之事，她問，那會向工人發出什麼信號——如果我們不信任自己的工會領導人，又怎能要求工人信任他們？我問，如果我們不願為自己和同事挺身而出，又憑什麼到處要求他們這麼做？她問，挺身對抗什麼呢？

我們坐在一間老屋改裝的嬉皮咖啡店裡，桌子搖搖晃晃，談話時我不斷俯身把糖包塞到桌腳下。我們喝著咖啡，我抽著菸，發現她比丈夫更擅長用國際餐旅工會的方法提出私人問題。她膝上沒有問題清單，她提問的方式顯示她對我和我的生活真心感到好奇。我刻意含糊作答（我明白她在做什麼），她沒記下我的回應，不過我事後得知她回到辦公室，將這些回應輸入他們為紡織成衣工會這邊的職員設立的資料庫。

此外，她也願意就事論事地談這個方法。你和阿爾瑪的連結顯然很強，她說，她信任你。而這，她接著解釋，就是那份問卷的唯一目的。問卷又稱「粉紅單」，是國際餐旅工會的一套方法，用以從工人身上取得個人故事，記錄下來，成為工作人員共享的資訊。這組看似有助於喚起故事的問題一度印在粉紅色的紙上。後來的問卷不再是粉紅色——至少我看到的不是，但問題與方法仍維持不變。

理論上，粉紅單是個過程，目的在與工人建立連結，並以某種可傳授亦可複製的方式獲取工人信任，這樣組織者才能透過訓練學會操作。她說她想像我跟你分享我的人生經歷，然後在你反過來對我吐露私事時用心傾聽，藉此獲得你信任。就是這樣而已，她說，接著十分嚴肅地描述：在指導員引導下，國際餐旅工會已琢磨出如何訓練組織者辨認並講述其最重要且動人的個人故事，好讓工人對其敞開心扉而分享自己最重要的個人故事。我們將這些故事記錄在資料庫中，她說，這樣我們就會記得，而且，沒錯，這樣我們就能與彼此分享，當運動變得艱難，我們知道什麼可以激勵各個工人，並能幫助他們克服恐懼。

合併發展至此，粉紅單已自成一種傳說，至少對紡織成衣工會這邊的組織者而言。問題是紡織成衣工會的組織者見識過此技術的效果，在某些地方甚至被要求參與其中。大家傳述那些涕淚俱下的漫長小組聚會，會中組織者要向領導人袒露個人資訊，理由是這會讓他們成為更好的組織者。除了這做法看起來很折磨人，著重辦這些冗長的聚會似乎也使其實際組織工作進展得非常緩慢。接下來的問題是，他們試圖培養工人成為同事間的領導者時，也把同樣的問卷用在這些工人身上——只有那些同意做完上述練習，從而最清楚表明自己信任工會及其組織者的工人，才會在最後受邀加入各職場的組織委員會。

對他們來說，領導所涉及的與其是個人與同事們的關係，不如說是這些工人與工會專業組織者的關係；這種偽科學的想法令我不安。令我困惑的想法還有：我與你歷經各種危急艱辛而建立的友情，竟能被解析得如此乾淨俐落，使其元素與階段符合理性並可分類，因而能被輕鬆地學習／訓練／複製。我能理解這想法的魅力——團結可以被組裝和包裝，完美地大量生產，工人階級的運動能以此方式有效率地建立——但我不相信。我相信我們一起做的工作——連同做的方式及理由——勝過相信任何事。我相信我們親手建立的團結，深受感動，甚至為其所驅。而今有人說我根本不瞭解它，或太天真而沒意識到它只是一套技能，面對這種說法使我發生轉變。我看著他們拆解我們打造的一切，雖知它並不屬於我，仍覺得這拆解是衝著我而來。我驚慌失措，而我對他們、對其方法的憤怒變成了一種新的驅力。

有天，我跟瑪莉安娜一起做家訪時，他們約你出去吃午餐，你答應了，沒告訴我。後來你跟我說，我不想讓你擔心。但當你跟他們一起回到辦公室，然後請荷黑、而不是我載你回家時，我知道發生了一些事。荷黑要跟一位支部長期代表的空廚工人會面，所以最後還是由我送你回家。你坐在車裡背向我，看著窗外不說話，肩膀鬆垮。到你家時，我說除非我知道他們做了什麼，不然沒辦法叫他們去死之類的話。

他們只是一直問胡立歐的事，你說，他支持工會嗎，他支持我嗎，為什麼他從不來辦公室，為什麼我們從沒在任何餐會、會員大會或集會上見過他？你告訴他們那是你跟胡立歐之間的事，但他們不必擔心——他不會妨礙你在工會的工作。你以為他們是在問胡立歐會不會限制你花在組織工作的時間，所以向他們保證不會。但組織者接著問，你在工作上是如此奮勇的鬥士，為何能忍受胡立歐對工會缺乏熱忱，為何讓別人壓制你，為何不挺身反抗。我不曉得怎麼回答，你說，聲音微弱而淒涼，因為他們說的是實情。

到你家時，胡立歐在裡面，所以我沒進去。我們隔著中控臺擁抱，我說我真的很抱歉。抱歉讓你經歷那番談話，跟兩個幾乎陌生的人；抱歉讓他們以那種方式進入你的私人空間；但我也很抱歉我們要等到他們問你才談起這件事；抱歉我從未直接問起胡立歐，雖然我早知出了問題。別擔心，你一直說，試圖把整團混亂拋開。那不重要，你說，隨即下車進屋。

我開車回工會大樓，衝進他們辦公室。我叫他們離你遠一點。叫他們別跟你、瑪莉安娜、達里歐、我們洗衣廠支部的任何成員、或我們正在組織的任何工人說話；我告訴他們，我們不是給他們玩心理遊戲的實驗品，假如他們必須死背一份問題清單及其個人故事的腳本，才能訓練自己與人交談，那麼他們所建立的不是工會，而是邪教。說完我走出辦公室，開車回汽車旅館，氣憤、顫抖又驕傲，儘管仍有足夠的理智知道自己不該這樣。

那晚我接到指導員電話，她已聽說這次事件——她收到的通報說那是言語攻擊。她用歇斯底里一詞，我寫在筆記本上，圈了好幾圈，雖然我現在看不出那是她的話或別人告訴她的。上級派給她任務：飛到鳳凰城去調解紛爭。

這在我看來頗公平——團隊間禁止接觸的約定，在她邀請他們參加核卡閃電戰時便已打破。我猜那位組織者覺得，與你在車裡度過近乎無語的三天後，找你談談、由他太太協助翻譯沒什麼錯。但指導員對這趟額外行程感到惱怒，也讓我知道這點。她正忙著指揮對抗安潔的全國運動，運動逐漸升溫，而且謝天謝地，發生在沒有合併衝突的工會內部空間——這些衝突正開始在全國的幾個支部辦事處愈演愈烈。她已經訂了機票，她說，兩天後會到。而且我有好消息，她說。

兩天後，我跟她一起坐在瑪莉漢堡店，因為她堅持要邊吃邊談——也許是因為她注意到我瘦得不成人形——而我想不出還有哪裡可去。食物送來後，組織指導員說她有幾個任務要給我：德州和俄亥俄州的地盤迫切需要經營，然後是加州的一場工運，此外，有家全國性制服公司的工運日漸式微，需要人接手並注入新思維與活力。那是美國最大的洗衣企業，完全沒有工會，是我們提高整個產業的工資並改善安全條件的最大阻力。多年來工會一直在其少數幾間工廠發動工運，亟需獲勝才能繼續推進。她想要一個準備好自組團隊、獨立展開這些運動的人。看得出她希望我感到受寵若驚，而我的確這麼覺得。

這表示我會晉升為組織協調員，一個不屬於職員工會協商單位的職位。沒錯，你會進入管理階層，她說，但這其實沒那麼糟。管理階層也有好人，你知道。她搞笑地把頭歪向一邊，指她自己。我記得她說要提高全國組織團隊的權能，我們必須這麼做才能擴展工會，使其得以為整個產業制定標準，真正讓洗衣廠變成不那麼危險的工作場所。（此時此刻，我們是兩個白種女人，在鳳凰城的一家同志餐館吃素食漢堡，所以很難理解她說的我們究竟指誰。）

她沒說我認為也是實情的部分：工會高層已決定要我擔任這職位。我其實沒什麼選擇。支部辦公室的情勢太緊張，一觸即發，沒人會要求剛來不久且自認將掌管此處的其他組織者離開。儘管如此，她不必費太多力氣就說服了我。她說：你可以擺脫鳳凰城。以及：工會並非處處都像這樣。以及：這裡的組織者只是盲從，中粉紅單的毒太深。以及：國際餐旅工會那邊的許多大支部並不搞這套。事實上，他們的大多數員工都認為它荒謬透頂。以及：達里歐和瑪莉安娜應付得了安潔，你可以每週飛回來一趟——見阿爾瑪，開員工會議，辦餐會，讓宣傳活動持續進行。我沒拒絕這個職位。我完全沒爭取留下來。

次日，我告訴達里歐和瑪莉安娜我將離開，盡量不讓自己顯得難為情；德州有緊急狀況，我說，我下週末就回來，再過兩週又會回來。當我仔細解釋檔案、列表和計畫，說明每樣東西放哪裡，達里歐點著頭做筆記。他沒提醒我他們去年打的賭：像我這樣受過大學教育的白人何時會升遷。

隔天我去工廠接你下班。我打算在去辦公室的路上告訴你，但我沒說。我打算在辦公室告訴你，但我沒說。你需要提出申訴——老大把休假機會優先給他的一個朋友，而非更資深的工會成員——我們一起處理其文書工作。這申訴要贏不難，因為它明顯違反契約，但要提出並在工廠中談論卻頗棘手——強迫受偏袒的婦女讓出休假可能會激怒許多人。我們製作了一份傳單，說明資歷優先於個人偏愛的重要性，並用辦公室的機器複印，你挑了藍色的紙，因為你說那是令人平靜的顏色。說不定它能讓那些老太婆消消氣，你說。

那晚我載你回家時，你告訴我你也要休假去墨西哥探望一位姊妹。你原本打算下個月的週末去，但剛好有較早的空檔沒人排休，於是你就拿了那個假，這表示你過幾天就要離開。我知道你走之前我不會再見到你，但仍未告訴你我要離開，你回來時我將不在。你下車，我只勉強擠出我們經常說的話，也許再加句「一路順風」之類。我告訴自己反正我下禮拜、最晚下下禮拜就回來了，雖然接下來五個月我都沒回來，之後回來也只待三天，因為事實證明，亞利桑那州以外的工會工作也可能同樣緊張刺激，令人沉浸其中。

這就是我幾乎不告而別的經過。最後我確實有跟你說，卻只透過電話，而且是從機場打的。我寫下要說的話，但把紙條放進口袋隨身帶著，華氏一百多度的天氣，我汗流浹背浸溼了衣衫，使得字跡模糊難辨。紙上寫著一堆關於手段、權力、長期而言鳳凰城將有更好的契約等內容——是實話但也是廢話。我知道那是廢話，也曉得你會知道那是廢話。

我找了個安靜的登機區撥你的號碼。當時你還在用預付卡，我希望它的通話額度用完了，或者你在墨西哥那邊不接或無法接電話。我希望你之後回撥時我可以找藉口不接電話，藉以爭取一些時間。我會找到更好的方式談離開的原因。

但你接起電話，用唱歌的語調說「小蛾～」，聲音一如往常緩慢而低沉，聽起來既疲倦又堅定。我用你的名字叫你，你一聽便明白出了問題，也叫我名字，我知道我們不會再稱呼彼此「蛾啊」，也不會一起去刺青了——我們開著玩笑設計了蛾的圖案，然後比較正經地考慮要紋在左肩上。

譯注

1 依美國法律，當事人若因受傷或不識字而無法寫出完整姓名，可在有見證者的情況下以X符號代替簽名，使該簽名文件具法律效力。

十二——火

在我成長過程中出沒於俄亥俄州的舞毒蛾，其直系祖先就是從艾蒂安·特魯夫洛的實驗中逃逸的蛾。牠們初抵此地時，人們設陷阱誘捕，清點數量，並繪製分布圖，用毒藥和某種真菌防堵。但我還是知道，就像人人似乎都知道，牠們終將大舉入侵，不受任何方式遏制。

迨我上高中，牠們已滋擾該州大片地區，並開始蔓延到我和兄弟、母親及繼父居住的農業郡。我那動輒對照顧工作失去耐性的母親常告訴我們——多半在突然爆發的狂怒下——她但願自己選擇了不同的人生。我參加過每項我還有點才能的課後活動，連完全不具天分的也去報名：越野和跑道徑賽、樂儀隊、管樂團和助陣樂團、鼓隊、年度音樂劇——所有書呆子會做的事。大多數夜晚我都等到九點或十點才離校。然後，為了確保返家前父母已入睡，我——有時帶著弟弟——會在蜿蜒於田野間或沿波蒂奇河（Portage

River）而行的某條石子路中央停下，下車躺在引擎蓋或石子路上，任碎石尖刺進後腦勺。有時我們聽錄音機播放的音樂（暴力妖姬、小恐龍、小紅莓、非凡人物），[1] 有時什麼也不聽。有些晚上我們聆聽蛾的幼蟲不斷咀嚼周遭樹林，那聲音聽起來像下雨。

一九八一年，《紐約時報》一篇題為〈學習與吉普賽蛾共處〉的文章中，生物學家羅傑．斯溫（Roger Swain）——其最為人知的稱號也許是「穿紅吊帶的男人」與公共電視節目《勝利花園》（*The Victory Garden*）主持人——認為接連幾代被派去遏制蛾的工人所遭受的灼傷、潰瘍和神經損傷等職業傷害，連同多年來花在對付蛾上的數億美元，都是徒勞。事實證明與他口中「某些人，尤其是殺蟲劑製造商」的說法相反：蛾並不會毀滅森林。牠們淘汰衰弱的樹，縮短其壽命，但森林會長回來。那些初夏落葉的森林，通常到勞動節、最晚次年春天便再度綠葉成蔭，蛾已乘風遠颺至另一片樹林。不僅如此，他聲稱跟蛾鬥是沒意義的；蛾已經贏了。不管拿什麼戰術對付牠們，蛾都已擴散至每一州，一直到西岸。與其繼續使用毒氣、毒藥和誘騙牠們的費洛蒙，我們應該默許牠們存在，讓牠們安頓下來，予其天敵追上的機會。

遠離鳳凰城，擺脫了重複的日常工作，我依舊忙得不可開交，卻無所適從，彷彿在反覆循環的雜務外，我其實不知要建立什麼樣的工會、如何建立；折疊再展開金屬椅、開車在城裡繞來繞去、敲門、坐上沙發、一談再談該如何改善現況——我們展現的團結親密，其結構即由這些雜務組成。真正的組織工作發生在「地面」，遠離了它，遠離每天在洗衣廠冒著危險工作的生活和身體，我如今置身「空戰」——我們這樣稱呼工會與洗衣企業之間的壓力遊戲，亦即反覆盤算如何對公司造成足夠的損害以致勝。

令我困惑的並不是這遊戲的策略，雖然我得在短時間內學會許多新技能，起步相當吃力。令我困惑的是，我必須藉由建立一種不同的權力來獲勝，那是從老闆手中奪取的權力，而非我們腳踏實地從頭建立。我也學不會以某種仍具真實意義的方式在廣大的工會組織內部推展運動，與它的預算、董事會和穿昂貴西裝的人周旋。從這高度很難解析工會的語言——其所謂的我們鮮少指廠中工人的生活和身體。這些困難不是好跡象。若非我尚未準備好承接這項工作，就是我的個性太不切實際，不符其所需。我至今仍不知是哪種狀況。

取消第一趟回鳳凰城的機票後，我不停地打電話。你不接。幾天後你打回來時，我在德州領導的團隊正進行每夜匯報，你明知我無法在那時間接電話。你沒留言。

我聽瑪莉安娜和達里歐說，鳳凰城的國際餐旅工會組織者提議讓你休工會假，離開工廠跟他們一起進行旅館業工運。你接受了。我打電話問你這事——想告訴你我瞭解你的決定，儘管我曾勸你在工廠多待一陣子，直到那裡的工會夠強大，不再需要你時時守護。我想跟你一起擬定計畫，在你們工廠選舉並訓練新的工會幹部，你不在時這個人可以維持運作順利。但你沒接也沒回電話。

我又試了一次，在一個對鳳凰城來說太早的時間，因為我清晨驚醒，發現自己不再夢見蛾。我想更具體地警告你那些組織者及其粉紅單的事，因為我之前一直避免跟你談我與他們互動的任何細節。我並不想勸阻你與他們共事——我只想讓你瞭解狀況。你沒接電話。那時我已經離開兩個月了。

有天瑪莉安娜打來說你在另一個房間哭泣，當時你正與組織者及其團隊開會。她猜你們在進行「群組逼供」(group push)——那也是他們訓練方法的一部分：組織者被要求在團隊面前自我批判，接受領導和其他組織者嚴厲質問——你則是那場拷問的箭靶；我後來在全國新聞讀到，這麼做目的在誘使組織者坦承其缺點，以及此方法認定這些缺點背後必然存在的情感或心理因素。我請瑪莉安娜偷聽你們開會，寫下她聽到的一切，晚點再打給我。再度通話時，我在筆記本寫下她回報的內容：你為何抗拒？以及你為何不聽從他的命令？以及你到底有沒有盡心盡力在旅館組建工會？以及看樣子並沒有。以及你不想學習成為領導者嗎？以及你究竟在怕什麼？

那晚我又打給你，你接了，聲音聽起來比我記憶中更低更遠，彷彿來自內心某個隱祕處。你說你不想談。我沒強迫你說，那是我們的相處模式，雖然我不再確定這種模式到底好不好。而且你說不，你不要我為此打電話給任何人或做任何事。有什麼好做的？你說，我又不能說走就走，離開鳳凰城。

＊＊＊

克拉拉・萊姆利希在一九一〇年被趕出工會後——再過七年，范妮亞・科恩的課程才會鼓動婦女反叛——並沒打算回去，因為她相信女工應掌控自己的組織。她不像羅絲・施耐德曼那樣認為可以信任強調跨階級團結的婦女組織會改善勞動婦女的生活——即使是把倡議重點放在立法保障勞工權益的組織也不例外。她也不像范妮亞那樣相信可以從男性領導人的控制下奪取工會，將其轉變成賦予女工權能的適當管道。所以克拉拉退出這兩種組織，開始組織布魯克林的主婦同胞，她們在她的引導下變成一支實力強大的隊伍。她帶領她們發動罷租（rent-strike），抵制索價過高的食品，並要求更安全的住屋與受教育的機會，後來她說，這些都是為勞動人民創造變革的工具，比所有的組織——包括勞工與婦女組織——加上政黨更有用。

克拉拉・萊姆利希的三個孩子從小認識的母親便是激進的主婦組織者和忠誠的共產黨員，而非製衣工人或工會組織者。但一九四四年，克拉拉的丈夫中風了，所以五十八歲的她三十多年來首次回到成衣業上班。她婚前的姓名克拉拉・萊姆利希還在黑名單上，但婚後的姓名克拉拉・沙維爾森不在，因而受僱於一家斗篷工廠當手工修整師。數月後，她開始到國際女裝服飾工會的地方支部辦公室參加工會會議。她已經三十一年沒出席過工會會議了。同事不曉得她是克拉拉・萊姆利希，即使他們坐在一起學習工會的起源故事，亦即那名「纖弱少女」的傳說和兩萬人抗爭；他們日後回述當時覺得很訝異：這樣一位小老太太在廠裡彎腰縫繡那麼多小時後，竟還能在會議中火力十足地發難倡議。

一九五〇年，國際女裝服飾工會籌備五十週年慶，某工作人員想必想像：若能找到當初那名女孩——她組織了工會最重要的地方支部，並發動那場使工會成為現今面貌的罷工——把她帶回這圈子，縱使只出現在幾個精心編排的時段，該會是多動人的故事。就像所有的故事（包括這本書講的），這故事的建構有其目的，可強化或具體化我們的自我認知，有時也發揮調整或擾亂此認知的作用。故事是瞭解並思考我們的一種方式。不論誰想到讓神話般的克拉拉・萊姆利希在工會成立五十週年之際親自露面，以此作為國際女裝服飾工會自我呈現的方式，都一定在慶祝活動的策畫會議上討論過，然後，出席會議者想必斷定這是個好主意（的確，不是嗎？——英雄歸來總是有助於炒熱氣氛），並決定工會應在紐約各地的一系列雜誌上刊登尋人啟事——「有人知道克拉拉・萊姆利希在哪裡嗎？」——因為那正是他們所做的。

在《常識與星星之火》中，安妮莉絲・奧列克引述克拉拉的一個女兒講接下來發生的事：「她到工會去，敲敲門，說：『聽說你們在找克拉拉・萊姆利希。』他們說：『是，你知道她在哪裡嗎？』她說：『知道。』他們說：『她在哪裡？』她說：『她在哪裡？她在這裡。就站在你們面前。』」此時，克拉拉已在支部參加工會會議六年了。

接下來幾週，工會記者廣泛採訪她，五十週年紀念冊出版時，內含一篇長文，描述克拉拉在一九〇九年抗爭扮演的角色；該文似乎盡力在彌合兩種版本間的差距：一個故事講述為罷工做準備的真實工作，另一個則由其演說衍生成強調勇氣與自發性的工會寓言。直到此書出版後，工會總部的領導層才明白，那個「過去十年來一直在地方支部製造麻煩，年紀一大把還咄咄逼人的斗篷女工」克拉拉・沙維爾森，就是他們希望在沉寂多年後再度露面，像一幅安靜的畫布，讓工會將其歷史故事投射在上面的克拉拉。明白克拉拉就是克拉拉後，「他們敬而遠之，一點都不想招惹她，」克拉拉的女兒說。

但克拉拉又堅持了四年，在小廠房裡鼓動同事，並在地方支部的會員會議上激勵工會要更大膽、更透明、更民主。六十八歲退休時，她申請退休金，卻遭工會拒絕——只有連續十五年持有會籍的工人才具領取資格。但克拉拉需要這筆退休金，不肯罷休，根據奧列克的說法，這次爭端變成「與工會領導層的正式對決，他們長久以來一直對這個發動一九〇九年抗爭的女人愛憎交織」。克拉拉公開提醒工會領導層她是誰，以及她這個人對工會的起源、故事與自我認知有多重要，非得等到這樣給工會難堪之後，她才贏得此仗。

退休金讓她能搬到孩子們已遷去多年的加州長灘。從那裡，她將與一位研究生通信，對其描寫庫珀聯盟學院講臺上的「女孩」，詳述那個從她的組織行動蛻變而成的傳說。

打贏安潔之役後，我回到鳳凰城協商契約。我離開了近六個月，其間我想我們只說過三次話；每次你的聲音都比前一通電話更輕、更低沉、更遙遠。我想再跟你共事，而且需要你幫忙；你的經驗大有助於引導被選入談判委員會的安潔工人。所以我打電話給組織指導員，她致電國際餐旅工會那邊的指導員，他再打給鳳凰城的國際餐旅工會主要組織者，他放你離開旅館團隊一星期，並派你去談判團隊，連同頂格的一名工人帕洛瑪，她是新的志願組織者，與國際餐旅工會的團隊一起推動旅館業工運。

我在抵達前一天打電話給你，但你沒接。飛機降落，我去取租車時又打去看能否到你家載你，但你沒接。當我到地方支部，你在那裡，在位於辦公空間中央的大會議室，其他小辦公室都從它幅散出去。你和旅館團隊的人坐在金屬折疊椅上圍成一圈。帕洛瑪也在其中，她坐得比較前面，使圓圈內縮了一兩英尺。她雙手放在大腿上，肩膀起伏顫抖。這是我第一次目睹「箭靶」或群組逼供，不管它當時叫什麼。領導、他太太和另兩名從國際餐旅工會的洛杉磯支部派來的組織者把焦點對準帕洛瑪，但你沒有。你看著地板，彷彿不想目睹她哭泣，也不想目睹任何讓她哭泣的事。

我走進會議室，半坐在一張被推到牆邊的桌上——我想讓你和帕洛瑪知道我在那裡。會議暫停，但你們倆都沒抬頭看我。我在那間靜默的房裡坐著，直到被派來掌管的主要組織者說要換一間小辦公室繼續開會，你們全部起身，拿著椅子走進側邊房間，關上門。

進行協商時，主要組織者告訴我，他會接送你去安潔工廠，談判被安排在那裡舉行。

這樣一來，他說，他就能讓你瞭解旅館業工運的進展狀況。我回說他大可透過電話提供你任何必要資訊。他回說他比較想開車載你，何況他現在是你的領導，所以這事其實該由他決定。

談判是辛苦的工作。西部各州區域聯會的區經理從洛杉磯飛來，由於跟公司敲定這第一組談判日期已十分困難，她決意盡可能避免未來尚需與公司安排第二梯次會談的必要；所以我們花了整整一週連日進行漫長的協商。不在會議室跟公司代表及其律師談判時，我們便與談判委員會一起計劃、策謀，撰寫、翻譯並印出提案，帶著傳單趕到工廠交給契約行動小組，分發工會徽章，召開輪班會議——這一切都表示你我沒多少時間可交談。

主要組織者早晨到你家接你，載你去協商，晚上再去協商處接你，送你回家，直到某天發生了什麼事——跟他家人有關，我不記得——他必須回家而無法載你，才輪到我。一路上你都很安靜。我問你過得怎樣，工廠和家裡情況如何，你幾乎不回應，或僅答短短幾個字。我覺得很沮喪，在駛進鳳凰城南區時開始大發牢騷。他以為他在教你什麼？我說，你已經是他永遠比不上的好組織者了。還有：阿爾瑪，你為什麼要受他們擺布？——這當然是不該說的話。

你說，親愛的朋友，聽好，你不用擔心我。（*Querida amiga, mira, no te preocupes por mi.*）那句親愛的朋友滿含輕蔑。之後我們保持沉默。就算我試圖開口也講不出話。我記得當時感覺必須很努力集中精神才能繼續呼吸。我記得路上的其他車尾燈好亮，新租的車打方向燈時聲音好大。我記得停在你粉橘色屋前的路邊。我記得你好輕地關上車門。

網路上有部《晦澀的憂傷辭典》（*The Dictionary of Obscure Sorrows*）匯整了一些新詞與自創字彙，旨在填補語言中對於「疼痛、心魔、氣氛、喜悅與衝動」無以名之的漏洞；辭典中，*chrysalism*[2]一字被定義為：

> 名詞。暴風雨中待在室內，有如置身羊膜中的安寧感，聆聽陣陣雨聲敲打屋頂，像是樓上有人爭論，雖聽不懂其含糊的話語，卻完全能瞭解那愈漸緊繃的張力劈啪釋放的感受。

我想知道如何把繭想像成羊膜般安寧的地方：當蛾在裡面消化自己，直到只剩原始的成蟲盤——為了長出翅膀而把自己變成漿液。

那次開車送你回家後，我們很久沒再說話。二〇〇七年春天，我升任組織指導員，負責組織全美國的洗衣廠。不出差住汽車旅館時，我就待在工會租給我的布魯克林公寓或土桑的新房子裡。我的組織團隊正對一家制服洗衣公司的兩萬五千名工人展開運動，並與加州另一家制服洗衣廠的數千名工人一起罷工，此外還組織鳳凰城的米綸與其他城市的幾家計次收費洗衣店。我大部分的工作都得在全國飛來飛去——去紐約見工會的研究與通訊人員以策劃網路空戰；去加州為罷工擬定策略；去國際餐旅工會在波士頓、芝加哥、舊金山和拉斯維加斯的大型地方支部，試圖說服他們對其會員任職的旅館施壓，要這些旅館把生意轉給有工會的洗衣廠，藉此支持我們在洗衣業的組織工作。這些支部大多對協助我們的運動不感興趣——無論透過何種方式。部分是因為國際餐旅工會那邊的高層不喜歡工會花這麼多錢組織洗衣廠；他們致力組織旅館業，而我們跟洗衣公司在紅州小廠進行的這些鬥爭，在他們看來吸走工會太多關注與資源。他們不感興趣的另一原因可能源自合併後的緊張狀況——這些狀況曾被樂觀地視為成長必經之痛，只發生在幾個分散的地點，如今卻難以化解且愈演愈烈。除了組織文化與方法的嚴重衝突，還有即將舉行的領導層選舉，紡織成衣工會這邊的主席很可能會失去他在合併後的國際工會擔任的總主席職位。

工會的兩邊都在召開祕密會議與電話會議，為這次選舉做計畫。雙方都想提高自己在工會結構頂層的影響力，以掌控組織工作的優先權與資源分配。紡織成衣工會這邊也同時進行著層級較低的祕密會議與電話會議，因為組織者愈來愈擔心國際餐旅工會的組織人員所使用的方法，隨著時間過去，我們與其團隊交流日增，如何保護我們團隊中的組織者不受影響，如何確保我們協助組織的工人能避免參與這類活動——我們已開始認為它們嚴重侵犯隱私且操弄手法粗暴，但對於至少某一派系的國際餐旅工會組織者來說，它們卻是組織方法與文化的根基。

我在組織部門的職位很高，但在行政主管當中不夠高，無法瞭解這兩個不同層面的內訌如何併到一起。我懷疑紡織成衣工會這邊的領導者把我們對於使用粉紅單和把人當箭靶的抱怨視為良機：在適當的操縱下，他們可從一種鬥爭轉向另一種，前者要除掉實行這些粗暴方法的國際餐旅工會組織者，後者將使其在領導階層選舉中握有更大勝算。他們開很長的會，在會中擬訂計畫——似乎是要除去奉行粉紅單的組織者，決定步驟與日期，並審查和批准它。我躲掉大部分會議，不是因為我不想讓那些組織者被踢出去（我絕對想），而是因為我相信這計畫只是浪費時間，它只會在爭奪制度性權力的內鬥中成為能影響局勢的支點，不管我們依此計畫在組織工作投入多少心力，都會被更大的鬥爭吸收利用。我確信這項關注會在最後一刻被出賣，高層各派系會達成協議，某個權力分贓計畫將要求我們所有人得過且過地再混幾年，像現在一樣容忍粉紅單與箭靶的存在，直到再度出現誰將繼續執掌工會的危機。

所以，當我在預定進行「收復」（那是我們對這計畫的稱呼，要把奉行粉紅單的組織者踢出地方支部辦公室，這些支部皆隸屬紡織成衣工會這邊的區域聯會）的那天早晨接到聯會經理來電時，人還在土桑，雖然按計畫我應該已經由十號州際公路抵達鳳凰城的地方支部。她很不高興。我坐上租來的車，一面駕駛一面撥電話給你，再撥給荷黑，然後又撥給你，再撥給荷黑，持續了一個半鐘頭的車程。我知道唯有跟你們倆並肩作戰，才有可能與國際餐旅工會的組織者斷絕關係而仍保持工會完整，但你們都沒接電話。我在土桑和鳳凰城之間唯一的休息站停下，它位於高原上，俯瞰一望無際、風景如畫的沙漠。我在那裡坐了很久，不想到達，心知等著我的將是一場殊死戰。

我到辦公室時，區經理在那裡，怒氣沖沖，因為照計畫，她指示國際餐旅工會的團隊離開時，我應該跟她一起，但我沒來，她只得在瑪莉安娜和達里歐陪同下這麼做。他們說你不在——現場只有來自東北部的那對夫妻及其來自洛杉磯的組織者，他們聽到要求隨即離去，沒有提問、爭論或遲疑。他們走後，區經理發現辦公室已被清理過；檔案櫃是空的，辦公室電腦中的組織檔案、資料庫和申訴資訊全刪得一乾二淨。當天早上，兩個分別在密西根與佛羅里達的地方支部也發生類似行動，這次「收復」並未令國際餐旅工會感到意外。

我到達後不久，帕洛瑪也來辦公室。她告訴我們，國際餐旅工會的主要組織者已在另一個工會辦公室召開會議，他說她必須在國際餐旅工會與紡織成衣工會之間做選擇，且必須立即決定，他說他們要繼續開會，但若她不跟他們一起，就得離開。她走出去。你也在那裡。你留下來。

那天下午和第二天一整天，我們走訪加入工會的工廠，區經理和我輪流在餐廳宣布：我現在是工會的亞利桑那區指導員，自合併後，此職位一直由荷黑擔任，但因國際餐旅工會的組織者接到指示離開時，他決定跟他們同進退，所以這個位置空了出來。有些洗衣廠試圖拒絕讓我們進入，他們拿出一封荷黑寫的信，信上聲稱他才是工會的合法代表，因此他們不能允許我們入內。我們站在外面，等紡織成衣工會這邊的律師打電話給公司律師，指明是我們的區經理在公司與工會的集體談判協議上簽字。他們這才讓我們進去。

國際餐旅工會的團隊在城裡到處追著我們跑。有些洗衣廠的經理也讓他們進餐廳，接著便是大量叫囂，對於在鳳凰城最忙碌的工作期間試圖休息的工人來說，這場景有多荒謬和討厭，我實在無法想像，雖然對本來就不喜歡工會的工人來說，這場秀大概頗具娛樂性，更不用說公司主管了。

在你們洗衣廠，那位珊卓拉利用兩邊工會皆主張自己才具合法代表性的爭議，同時拒絕讓雙方進入，且巧妙地持續了好幾個月。那裡的情況比其他工廠複雜，因為你和同事並非紡織成衣餐旅工會的會員。你們屬於聯合服務工會，即專為服務業三巨頭設立的工會，它付費給紡織成衣工會這邊的區域聯會，請他們在綜合服務業各職場「支援」會籍及契約等事務。

頭兩天我肯定打了上百通電話給你，你都沒接。我在走訪各工廠途中順道繞去你家，你不在。

區經理在收復行動的隔天離開，我送她去機場時，荷黑與國際餐旅工會的組織者回到支部辦公室。瑪莉安娜在那裡，她打電話告訴我他們進了大樓。我要她告訴他們不許待在那裡，然後就別再說任何話，我要她坐在他們看得見的地方，記下他們做的每件事——基本上就是四處走動，收拾他們上次顯然沒帶走的幾樣東西。

那晚，我打電話找鎖匠換辦公室的門鎖。因為是下班時間，我不得不先付帳，價錢是平常的兩倍。國際餐旅工會組織者的鑰匙不能再打開門。你的鑰匙也不能用了。

鎖匠離開後，我睡在辦公室，連同達里歐和另一名組織者——上面派了一組人馬來支援已陷入混戰的內鬥，他是其中一員。空調預設在夜晚關閉，只有荷黑和麗莎知道如何變更設定。時值隆冬，沙漠在日落後陡降四、五十度。我蜷進一張辦公桌底下，但無法入睡。組織者和我輪流出去，在租來的車裡開暖氣取暖。

次日洗衣廠發生更多衝突，我們在停車場跟各廠的委員會開會，國際餐旅工會那邊的組織者衝過來阻撓，隨著他們的後援從拉斯維加斯和洛杉磯抵達，其隊伍也愈來愈壯大。更多的叫囂，許多近距離指著鼻子叫罵的場面，有人互相推擠，達里歐在其變成真正的暴力前及時將他們分開。這些襲擊發生時你都不在場，所以我不斷打電話給你，希望這表示你還沒決定跟他們一起。

那晚，國際餐旅工會那邊的人突襲辦公室。他們進不來，因為鎖換了，但四十個人衝撞門，搥打門上的玻璃和旁邊的窗戶。紡織成衣工會的組織者擔心鎖門撐不住，又再把門堵上。我在他們後面，但可穿過堵住門的椅子和玻璃門看到你。你也看得到我。我們站在那裡對視了不曉得多久，我感覺我們彷彿滑落到周遭風暴的靜止中心。

最後，國際餐旅工會的主要組織者帶著那群人，以及你，一道離去。

＊　＊　＊

隔週我便開始設法搞清楚，如何指揮一個組織者團隊經營兩個地方支部的業務——二七三二支部，以及長久以來都是荷黑與麗莎在管理的國際餐旅工會六三一支部。我們把十幾個工會職場劃分成不同責任區，訓練自己熟悉契約，我們開始與工會幹部會面，討論正在進行的申訴，我們提出新申訴，我們就自認能贏的議題策劃廠房行動與請願，並贏了幾場，我們擬訂計畫，為其中兩家工廠即將到期的契約做準備。

有個男人在辦公室電話語音信箱用英語留言給我，威脅要「幹掉」我，隔天我從自己的手機接到另一通電話，由不同的男人打來，只複述我在土桑的地址就掛斷。聯會僱了保全人員坐鎮辦公室，還有一位尾隨我駕車在城裡繞來繞去——辦公室、洗衣廠、汽車旅館。當國際餐旅工會的組織者跟蹤我們到汽車旅館，我們就換一家。當他們又跟來，我們再換一家。這種情況持續三個月，其間鬥爭擴大至整個工會，波及美國和加拿大每個由此工會代表工人的城市。

國際餐旅工會那邊的組織者在工會洗衣廠散發傳單，先是鳳凰城，接著在洛杉磯，之後便擴及全國各地——攻擊紡織成衣工會這邊的組織者，聲稱那些收復支部辦公室的行動是政變的一部分，他們相信是為了效忠紡織成衣工會這邊的主席而精心策劃；這信念在其工會結構與文化中或許有道理，但在紡織成衣工會卻說不通，因為效忠領導者並非我們受訓的基礎。傳單呼籲工人讓其支部脫離紡織成衣工會控制的聯會，這促使我們在全亞利桑那州舉行公投，讓工人投票決定繼續留在紡織成衣工會控制的聯會。這些地方上的爭鬥升級至紐約的工會總部，一晚國際餐旅工會的組織者占領總部，把紡織成衣工會這邊的主席及其手下鎖在外面，再僱用警衛闖進辦公室，洗劫檔案與電腦。此舉促使我的團隊回到亞利桑那各地的工會工廠舉行另一次投票，這次是為了脫離紡織成衣餐旅工會並另組新工會，我們辦到了。

二〇〇九年三月，工人聯會（Workers United）成立，擁有超過十萬名工人，之前皆為紡織成衣餐旅工會的會員。此壯舉之所以能完成，主訴求是洗衣工人之賦權與獨立：洗衣工人應掌管自己的工會，以確保會費被用來組織其所從事產業中的其餘廠家，並能就工廠安全、薪資、健康保險及退休計畫制定標準。你們繳的會費不該被一個無意繼續組織你們產業的工會所掌控，我說，在工人聯會成立的那個月裡重複這個訊息無數次。我們團隊中的組織者在員工會議上練習這套說辭，也同樣重複講了幾百次。

我們所承諾的並不會發生——洗衣工人將不會掌管自己的工會和控制其資源——但我們當時並不知道。工人聯會甫成立隨即與國際服務業工會合併。紡織成衣工會這邊的主席加入了美國最強大工會之一的執行委員會。

我沒再見過你。

你曾為建立這個地方支部奮戰，在它的辦公室，我每天跟一個二十人組成的團隊開員工會議，他們來為工會工作，以幫助非工會工人組建工會，而我指示他們做很惡劣的事，因為紡織成衣工會這邊的主席要求我們這麼做，藉此手段以更低的代價順利與國際餐旅工會分道揚鑣。我們強行介入機場餐飲服務人員的契約協商。我們破壞了一場旅館組織運動。我們試圖破壞第二場旅館組織運動。我們計劃破壞第三場旅館組織運動。大多數的組織者都不願做這種事，但他們義無反顧地做了，因為他們相信讓工會崩解是拯救它的唯一辦法。他們會相信是因為我告訴他們：讓工會崩解是拯救它的唯一辦法。我告訴他們出走的工人愈多，工會就愈好愈強，儘管在地方支部與全國性支部（如你們工廠的聯合服務工會）、以及各區域聯會和國際工會的糾結中，我不再確定自己說的「工會」究竟指哪個。我很憤怒，也憤怒地指揮團隊。我告訴組織者，假如他們做不出這種事，就滾出鳳凰城。我告訴他們，選擇留下就不許抱怨。我開除了一個抱怨的組織者。

這段期間我吃不下也不睡覺，皮膚愈來愈黃。一位曾參加三日培訓、有數十年組織經驗、對我來說有如導師的組織者，某天早早來辦公室叫我回家，他說組織者不想直接面對我，所以去找他，請他來跟我講。他叫我好好睡個覺，去看醫生，等身體好些再回來。

我開車回土桑。到那裡後，我請一路跟隨並駐守在我家門前的保全人員離開。我連睡幾天都沒做夢。我去看醫生，他說我病得很重，所以我留在土桑。我想再待幾天就好，然後再一個禮拜就好，一面看著大量新聞湧入，先是經由工會電郵，然後透過媒體頭條，報導工會決裂的衝突逐步升高。有各種禁令和反禁令，一堆訴訟，為此我透過電話對律師做陳述，然後到家附近的金科影印店拿傳真過來的書面陳述，簽名再傳回去。我跟紡織成衣工會這邊的主席與在其他城市領導攻擊的人開電話會議，但我自己從土桑沒什麼好報告的。我不再參加這些會議，然後我停止接電話，然後不再登入電郵，然後將工會配發的電話和電腦關掉，再也沒打開。我到土桑機場交還租車，搭公車回家。

工會比我還早知道我幹不下去了。終於，有位非常和善的女士從新的工會——即工人聯會／國際服務業工會的營運部打電話給我，指示我將筆電和手機寄回。當我表示意外，她說她被告知我不會回去工作了。我沒搞錯吧？她問。我知道她沒有。

然後我什麼也不做。睡覺。帶狗散步。當侍者和酒保。我到社區大學修藝術課程，到處搜尋蛾。

約莫兩年後的某天，我到亞利桑那大學逛美術館，在禮品店發現一本書，內容是關於約瑟夫・希爾（Joseph Scheer）的裝置藝術作品，多年前曾在該館展出，當時我們還在鳳凰城駕車兜圈子，聽一〇六・三頻道，後車箱載著折疊椅，從加侖裝的塑膠桶直接喝在車裡放到發燙的水。那件被希爾題為《飛翔、光與欲望》（*Flight, Light, and Desire*）的作品，蛾的照片以高解析度印在大張紙上，懸掛於展覽空間四處飄動。書名叫《*Mothing*》——其實沒這個字；裡面有這件裝置藝術的圖像，穿插以一群藝術家和科學家寫的文章，提供關於蛾的資訊；他們所描繪的細節深奧難解，近乎神祕。其中一篇文章裡，蛾被戴上擴音器，牠們被放大而更豐富的聲音變成尖叫。另一篇文章說蛾會藉顫抖來使肌肉溫暖、鱗片乾燥，以便飛行。這本書的最後一篇文章改寫了賽姬和邱比特的故事：賽姬答應不看，但心知自己非看不可，而蛾與靈魂是同一個字。

不久後，我看見那個曾在工會選舉準備期間對我們咆哮「婊子！」的卡車司機。我上班的那家酒吧開始將毛巾外包給非工會洗衣廠後，他便定期過來收件。那是在二〇一一年三月——離三角工廠火災整整一百年，離你我相遇八年又一個月，離我們在你的洗衣廠核卡獲勝六年，離我升任組織協調員而離開鳳凰城五年，離工會分裂兩年。我去醫院，還在生病，或者又病了，自從我辭職後，便一直被同樣的毛病糾纏。我裹在層層被毯中，這些被毯隔天將沿著你的汙物分揀帶行進。

同樣於二〇一一年三月，克拉拉．萊姆利希．沙維爾森的女兒在紐約參加三角襯衫工廠火災的紀念會，以及一場有三十名女性獲獎、獎項以她母親命名的儀式。這些活動中，許多人上前慰問她，哀悼她母親慘死——於三角工廠火災，他們說——這令她十分困惑，因為她母親並不在三角工廠工作，而且其實活了很久。一九八二年，她以九十六高齡在睡夢中於洛杉磯猶太養老院去世，不久前還協助該院員工組工會。

三角工廠火災的一位倖存者羅絲．柯恩（Rose Cohen）在逃離烈焰後，驚魂未定、跌跌撞撞地走回她家公寓，倒在床上哭著睡著。其他人都不在家。她堂兄聽說發生火災，出門去找她。當他回到公寓，因為沒找著羅絲而在廚房放聲大哭，結果吵醒了她。後來她敘述自己「從床上爬起，開始走向廚房，走了好久好久，經過一個又一個房間，彷彿在夢中」。她母親看了她一眼便癱倒在地。之後很長一段時間，羅絲都會夢見自己在尖叫，不是從一扇窗「掉下」，就是從一扇窗「跳下」，雖然她不確定是哪個。在對於這些夢境的陳述中，她交替著使用「掉」和「跳」二字。

譯注

1 暴力妖姬（the Violent Femmes）是一九八〇年代來自美國威斯康辛州的另類龐克樂團；小恐龍（Dinosaur Jr.）是一九八四年成立於美國麻州的另類搖滾樂團；小紅莓（the Cranberries）是一九九〇年代成立的愛爾蘭另類搖滾樂團；非凡人物（the Smashing Pumpkins，又譯「碎南瓜」）則是一九八九年成軍於美國芝加哥的搖滾樂團。

2 chrysalism 去掉末尾的 m 即成 chrysalis，為「蝶蛹、蟲繭」之意。

後記

退出工會一年多後，我開始念研究所（修習寫作，我之前不曉得有這種學程，直到與多年前同住的詩人室友復交）。開學前一晚我在餐廳上班，我服務的那桌有位女士正在等同伴前來。她把菜單拿得離燭焰太近，結果著火了。

第二天，我與亞利桑那大學榮譽學院（Honors College）副院長會面，要申請成為該院助教。我們立刻認出對方——她就是前晚讓菜單燒起來的女士。我得到那份工作，完成學位後，她聘我當兼任教師，講授一門我曾協助她設計的課。本來念研究所是想休息一下，花幾年思考、閱讀、睡覺和恢復體力，再回到精采而辛苦的組織工作。但我喜歡教書，喜歡我那些認真又好奇的學生，也喜歡晚上大多睡得著覺，所以我留下來，在大學教了六年。我交到朋友。我愛上一個無比善良的人。我們共組家庭。

二〇一八年，我在熟人臉書上看到阿爾瑪的照片，這人剛開始為工人聯會／國際服務業工會（工會慣常以冗長的頭銜反映其前身）的西部各州區域聯會做組織工作。照片中，她跟一群從鳳凰城北上旗桿市的工人一起，試圖阻止那裡唯一的工會洗衣廠取消認證；那是我們多年前組織的洗衣廠，在該廠贏得多數工人簽卡後，我於回程中車輪打滑衝出高速公路，滾落路邊深溝。

我從臉書私訊那位組織者，詢問阿爾瑪的電話號碼。他不曉得她是誰，我只得解釋她創建了亞利桑那州洗衣工人的地方支部，在過程中遭到解僱，她挑戰富有的跨國企業，而且贏了。我簡直無法相信他不知道她是誰。我得描述她在照片中的位置：左邊數來第二個。我從新手機撥他傳來的號碼，沒人接聽，也無語音信箱可留言。我發了一則簡訊，等待，但沒回音。

二〇一九年，我篩揀這些材料——寫給阿爾瑪的東西，筆記本和檔案，以及我製作的時間表——大部分裝進紙箱，連同幾件關於蛾的美術創作。我在打包，準備搬到美國另一頭，想著阿爾瑪，所以又傳簡訊給她。阿爾瑪，我是黛西，你好嗎？（*Alma, soy Daisy. Como estas?*）（我手機上沒有西班牙文的標點符號。）她立即回覆：你好，黛西，我不太好。（*OLA DAISY NO ESTOY MUY BIEN.*）她在墨西哥被車撞，傷得很重，幾週後返回鳳凰城，但仍不太能活動。她說她覺得孤單，記不住事情，總是很悲傷。她很害怕。我們每天傳簡訊，直到阿爾瑪的外甥女帶著三個小孩搬進她家。她不想講電話。

如今我們每隔一陣便透過密集的簡訊交談。她回訊息，但從不主動開啟長達數小時的往復傳訊。因行動不便而請假五個月後，她回到工廠上班，但手臂仍因車禍而酸疼，無法從汙物分揀帶提起床單。醫師開立工作限制，指定她只能負荷極輕的職務，仍在工廠管理人力資源的那位珊卓拉對她說，工業洗衣廠不存在這種工作，讓阿爾瑪回家休無限期的無薪假。工會業務代表無法——或據阿爾瑪說是不肯——對公司提出任何形式的指控。他們終於在這麼多年後擺脫了她。

我們不太談工會，但我知道她們廠裡的工人最後加入工人聯會／國際服務業工會——基於分裂協議而非他們自己的選擇。我知道阿爾瑪自二〇〇九年後便不再與國際餐旅工會的組織者共事。她告訴我，就在我們隔著辦公室大門對視後不久，她結束工會假，回工廠上班。壓力實在太大了，她說。她再也不想跟那個主要組織者一起工作。我知道幾年前她們工廠被另一家公司收購，新公司強迫所有工人重新申請工作，以新員工的身分就職，福利減少，年資歸零。我知道阿爾瑪試圖拒絕簽約受僱為新員工，試圖組織同事抗爭，但工會力量薄弱，且自工會分裂後，十年來新僱的工人多為索馬利亞難民。阿爾瑪沒辦法跟他們交談。工會領導指示她照公司說的做。

有天我傳簡訊問候阿爾瑪，看看她沒有工作過得還好嗎，外甥女是否仍與她同住，請阿爾瑪照顧小孩而以付帳單交換。她要我傳兩個孩子的照片給她，傳過去後，她寫道：多美麗的孩子。他們**可愛極了**。（*Que hermosos estan BELLISIMOS*）我寫道：美麗又瘋狂，精力旺盛！（*Hermosos y locos, con tanta energia!*）她寫道：那表示他們會像你一樣堅強。（*Es k van estar fuertes como tu*）我寫道：說不定更像**你**。（*O mas como TU*）她寫道：新的蛾。（*Las nuevas polillas*）孩子在樓上午睡，所以我在匹茲堡新家的沙發上盡可能壓低聲音哭了起來。

二〇二〇年，工業洗衣工人的平均時薪為一〇・一三美元，美國最大洗衣企業執行長的年薪則為九百七十七萬八千三百六十九美元。這在當今經濟中是典型的差距，現在是美國史上最少數人擁有最多數財富的時期，而工會已崩潰：工會密度在私營部門已降至百分之六・四，占總體約百分之十一，接近一九〇〇年國際女裝服飾工會成立時的百分比。這些數字顯示出工會與貧富差距的關係：自從工會密度在一九七七年跌破百分之二十五，收入不均的狀況年年呈指數成長。事實上，整個美國歷史中，前百分之十的人所持有的收入占比，只有在工會密度高於百分之二十七的一九四二至一九七三年是下降的。

就在一個多世紀前，美國勞工組織運動出現一次大爆發，發生在礦工、運輸工和製衣工人之中。他們發動狂暴而強悍的罷工，建立了至今仍為勞工支柱的工會：鋼鐵工會、貨車司機工會，以及後來演變成紡織成衣工會的國際女裝服飾工會。導致組織運動爆發的所有條件至今猶在，相似到近乎詭異的程度：工會密度盤桓在百分之六上下，前百分之一的人擁有的財富占比呈指數增長，實際工資[1]在過去二十年間穩定下滑，為平息百年前日益激烈的勞資衝突而在一九三五年創制的法定組織權，經過數十年來政客持續將權勢讓與企業以換取競選獻金，已被侵蝕殆盡。正如一世紀前的工人以大規模罷工的形式採取激進行動，近三年（二〇一八至二〇二〇）的工人也積極發動罷工，參與人數與獲勝次數之多，為三十年來——自一九八一年雷根破壞航管人員工會罷工之後——所未見。

隨著其行動日趨驍悍，這波新的工運浪潮中出現令人驚奇的現象。雖然某些罷工為「傳統」工會與勞動法所支持，如二〇一九年通用汽車罷工，另一些卻是大規模非法罷工。二〇一八年在亞利桑那州和西維吉尼亞州罷工的教師，有三分之二非教師工會成員，他們在沒有任何法律保護下、甚至是在工會勸阻之後罷工。我有位朋友是亞利桑那教師工會的主要組織者，她告訴我記者打電話到工會辦公室，問一些關於罷工訴求的問題。她只好告訴他們工會不知道訴求為何，而且還在設法弄清楚是誰領導這場似乎在臉書上組織的罷工。

這波新的罷工潮將成長茁壯，擴展到別州和其他產業。它會壯大部分是因為美國的勞動法已破產，就像在一九〇〇年代初，罷工是工人僅有的法寶，唯一能迫使公司坐上談判桌的手段。勞動法改革與最低工資改革可望實現——因為新的自由主義白宮明白其勝利要歸功於勞動人民，部分歸功於工會；至少在執政初期，喬・拜登（Joe Biden）總統的政府曾對要求最低時薪十五美元的運動「為十五元而戰」（Fight for $15）表示支持，並支持《維護組織權法案》（*Protecting the Right to Organize Act*，簡稱PRO Act），這套由工會倡導的勞動法改革將擴大組織權，並賦予國家勞工關係局一些威勢，包括對違法老闆處以罰鍰的權力。

但即便有這些改革，罷工潮仍將（或者——這是我的希望——必定要）成長，因為工人要保有這些戰果，並以之為基礎繼續發展，就必須留在街頭，縱使在贏得權益之後也不能懈怠。

一九三〇年代，紐約的「機器洗衣廠」（power laundries）大多僱用黑人女工，其中一位工業洗衣工人兼工會組織者朵莉．羅賓森（Dollie Robinson）說，她協助組織的工人一旦「被逼到極致……當他們再也無法在那種工資和待遇下生存」，便會開始反擊。這些罷工也會日益壯大，因為愈來愈多工人處在「極致」。他們會抗爭，因為沒有其他生存方式。該是變態的時候了。正如納博可夫描寫最終階段的毛蟲：到了「蛻去那層緊繃的乾皮，不然就會死」的時候。

這一刻充滿機會，充滿神聖的責任，追求正義的運動已在進行，工會必須站在最前線，確保工人位於定義並創造其解放的核心。

當我在紡織成衣工會、以及後來的紡織成衣餐旅工會與工人聯會／國際服務業工會工作時，被教導——因而相信——憤怒是驅使人戰鬥的主要情緒，是唯一強烈得足以克服恐懼的情緒。憤怒的力量誠然強大，但相互關懷的力量也很強大。而且不像憤怒（或者不像我所認識的憤怒），人與人間的關懷可生生不息——它既成為戰鬥的引擎，亦為其目標，對於這場戰鬥所要求的新世界來說，它是不可或缺的要素。（如果蛾本身就是驅力，牠不必受任何因素驅使也會飛向光。）相互關懷之所以能發揮這種作用，主要因為它讓人懷抱希望，而希望是團結的實質。

如今我認為發自憤怒的戰鬥，在那種滿足於從老闆手中奪走權力、稱之為工會的組織工作中最為有效。此類型的組織工作由上而下，一心想切開眼前的柳橙，更甚於創造一種從關懷、希望和團結產生的新養分，這種養分僅憑其存在便能削弱壓迫的力量，卻是由不同的實質所構成。

我漸漸把這種由希望與關懷混合而成的團結設想成某種物理力或力場，無形地作用於隨時經過它的所有事物上。它是那些遊行、歌唱、罷工或以其他方式共同行動的身體之間的空間。也許你曾感受過它，在某場抗議或某條糾察線上。我聽人們說它感覺像做禮拜。身體——我們的身體以這種方式集體運作，改變彼此之間的空間性質。這是最重要的事。

你在哪裡工作？

那裡的薪酬差距是多少？你對此有何看法？

如果你能改變一件與工作有關的事，那會是什麼？

改變它需要什麼？

假使你自己去找老闆要求改變，會發生什麼事？

假使十個人一同要求會怎樣？

若是一百個人呢？

如果你工作的地方每個人都一起來呢？

如果你工作的地方每個人都參加，而且受到同樣在此產業工作的數千人團結一致的支持呢？

那就是工會。

如果你已是工會成員，請挑戰它——在每個層面，時時刻刻——要它更透明，更民主，更具代表性且對成員負責。

倘若你尚未加入工會，去組織吧。真的。現在就做。書末列有各種資源，下一次的飛行正在醞釀中，我們需要你。

後來，阿爾瑪和我通了電話，我告訴她我正與美國鋼鐵工人聯合會（United Steelworkers）合作，在匹茲堡參與一場抗爭。太好了。我搭下一班飛機過去，我要加入你們，她開玩笑說。我告訴她我考慮回工人聯會，再次組織洗衣工人，她說，你應該這麼做，朋友，要做的工作很多。我告訴她我在寫東西，我想寫一本關於工運的書，談工會發生的事，她說，不錯啊。我說部分內容與蛾有關，她說，我的天，為什麼呢？——她以為工運的故事已經夠長了，十本書都寫不完，我說我不曉得怎麼寫它而不提到蛾。那會有點奇怪，她笑著說，但你本來就有點奇怪。然後她說，寫吧，這是很棒的事（*Sí, está muy bien*）。

譯注

1 實際工資（real wages）指根據物價指數調整後的工資，顯示工資代表的實際購買力。

誌謝

所有的書皆為集體努力的成果。本書之創作得益於家人、同事、朋友和導師們的建議、啟發與精闢回饋。我將永遠感激方濟各・坎圖（Francisco Cantú）、蘿拉・貝里（Laura Berry）、莎拉・邁納（Sarah Minor）、阿摩・卡迪爾（Ahmer Qadeer）、瑪麗安娜・帕代斯（Mariana Padias）、潔西卡・弗里椎希（Jessica Friedrichs）、安・拉什德（Anne Rashid）、大衛・希爾（David Hill）、貝琳達・席冷（Belinda Theilen）、布萊恩・卡拉齊（Brian Callaci）、彼得・杰・皮特金（Peter Jay Pitkin）、阿米莉亞・法蘭克—維塔里（Amelia Frank-Vitale）、凱特・盎格（Katie Unger）、達里歐・阿曼札（Dario Almanzar）、艾莉森・戴明（Alison Deming）、亞莉安・茲瓦傑斯（Arianne Zwartjes）、理查・賽肯（Richard Siken）、莎拉・荀布倫（Sarah Schoenbrun）、艾莎・薩巴蒂尼—斯隆（Aisha Sabatini-Sloan）、彼得・拉赫列夫（Peter Rachleff）、大衛・奇歐尼・摩爾（David Chioni Moore）和莎拉・唐納利（Sarah

Donnelly）。

致我在寫作路上的好姊妹：潔思、安、希薇亞與荷莉，謝謝你們支撐我走完這段歷程。我很榮幸能當你們的朋友。

特別感謝弗萊徹出版社（Fletcher and Co.）的維若妮卡·葛斯坦（Veronica Goldstein）在這漫長過程中的大力支持。也感謝萊恩·哈林頓（Ryan Harrington）與艾咪·葛許（Amy Gash）的編輯智慧，將手稿打造成體面的模樣。這本書在面世前還經過強納森·布許（Jonathan Bush）的創意設計、伊莉莎白·強生（Elizabeth Johnson）的編輯審視，以及尼克·喬利摩爾（Nick Jollymore）嚴謹的法律查核。

我要感謝亞歷桑那州的夥伴協助爬梳這項工作早期雜亂又反覆的內容：瑪格麗特·金柏（Margaret Kimball）、貝瑟妮·麥勒（Bethany Maile）、克雷格·任柏德（Craig Reinbold）、勞倫斯·倫哈特（Lawrence Lenhart）和諾姆·多爾（Noam Dorr）。也感謝莫妮克·維蒂格（Monique Wittig）獎學金委員會對此計畫初綻光芒的信心。

假使沒有吾愛史考特（Scott）和孩子們的鼓勵及無比體貼，這本書不可能存在。謝謝你們讓我在閣樓待那麼多時間。

致休戚與共的A，感謝你讓我講這個故事。

關於索迪斯的注記

索迪斯（Sodexo，在阿爾瑪的工廠發動抗爭時，公司名為Sodexho）並未回應我們希望它評論此書的請求。二〇一〇年，人權觀察（Human Rights Watch）發表一份一百三十二頁的報告《奇怪的案例：歐洲跨國企業侵犯美國工人的結社自由》（*A Strange Case: Violation of Workers' Freedom of Association in the United States by European Multinational Corporations*），其中詳述索迪斯對我們在鳳凰城推動組工會的反應。該公司在報告發表前向人權觀察做出以下聲明：

位於亞利桑那州鳳凰城的索迪斯商用布巾換洗公司，其狀況證明了索迪斯尊重員工選擇集體談判代表的權利，並承諾在員工已透過正當程序選出談判代表的情形下秉持誠信進行談判。二〇〇五年二月十五日，索迪斯承認聯合服務工會為其位於亞歷桑納州鳳凰城的商用布巾換洗公司員工的集體談判代表。索迪斯基於雙方商定之核卡與中立程序的結果承認聯合服務工會。索迪斯與工會遂就初始契約達成協議，隨後並在那裡協商出續延的勞工契約。

索迪斯與工會之間的合作已使過去可能存在的任何紛爭一筆勾銷。貴方信函可能提及的判決與命令源自二〇〇三年發生的事件。根據二〇〇五年四月七日發布的命令，行政法官所做的那些判決和那道命令皆已撤銷。……那些判決乃根據索迪斯旗下單一工廠管理人員的行為。指控所涉之其中兩名經理已不在索迪斯任職。其餘兩名經理已接受扎實的後續培訓及輔導，事實上在過去這幾年與工會合作，頗有建樹。由於索迪斯與工會攜手化解雙方在此事上的各種分歧，所有指控均已撤銷，整個訴訟程序於二〇〇五年四月十二日遭駁回。

索迪斯的完整回應，以及人權觀察的報告本身，可見於人權觀察網站：www.hrw.org。

主要參考書目

下列資料，連同我自己的檔案、筆記與公開的法庭文件，對於我為了寫這本書所做的研究助益良多：

1. 《常識與星星之火：美國的婦女與工人階級政治，一九〇〇至一九六五》（*Common Sense and a Little Fire: Women and Working-Class Politics in the United States, 1900-1965*），妮莉絲・奧列克（Annelise Orleck）著。
2. 《改變美國的「三角」大火》（*Triangle: The Fire That Changed America*），大衛・馮・卓黑爾（David Von Drehle）著。
3. 《蛾與人：樺尺蛾與科學不為人知的故事》（*Of Moths and Men: The Untold Story of Science and the Peppered Moth*），茱迪絲・霍珀（Judith Hooper）著。

4. 《絲綢的故事》（*The Story of Silk*），約翰．菲特威爾（John Feltwell）著。

5. 《*Mothing*》，約瑟夫．希爾（Joseph Scheer）著。

6. 康乃爾大學（Cornell University）的三角工廠火災檔案，及其工業與勞工關係學院（Industrial and Labor Relations School）的基爾勞工管理文獻及檔案中心（Kheel Center for Labor Management Documentation & Archives）。

7. 猶太婦女檔案（Jewish Women's Archive），為一全國性組織，致力於收集並宣傳猶太婦女的故事。

8. 《勞工筆記》（*Labor Notes*）與《紐約時報》（*New York Times*）二〇〇五至二〇〇九年關於紡織成衣餐旅工會的報導。

9. 「工人階級史」（Working Class History）網站暨播客，勞工史學者製作，獻給「過去那些為了改善世界而奮鬥的人，以及現在仍繼續奮鬥者」。

組織資源

你在工會組建期間的權利

美國國家勞工關係局網站（nlrb.gov）聲明：「你有組建、加入或協助工會的權利。你有權組織工會，與雇主就僱傭條款進行協商。這包括你有權分發工會文宣，穿戴工會徽章、T恤或其他標幟（除了在不尋常的『特殊狀況』），徵集同事簽署工會授權卡，並與同事討論工會。主管與經理不得就你或同事的工會活動監視你（或表現得像在監視）、以脅迫的方式質問你、威脅你或賄賂你。你不會因從事這些活動而被解僱、懲戒、降職或以任何方式處罰。」

關於如何在職場成立工會的資訊

許多工會都在網站上提供基本的組織指南。勞聯—產聯（AFL-CIO）的「如何成立工會」(How to Form a Union)可作為一有用的起點，見於下述網址：aflcio.org/formaunion。

《勞工筆記》(*Labor Notes*)為一媒體與組織計畫，四十多年來一直是工運人士與組織者的寶貴資源。其雜誌、網站與書《成功組織者的祕訣》(*Secrets of a Successful Organizer*)皆極具參考價值。我發現配合該書製作的講義和練習特別有用，見於下述網址：labornotes.org/secrets/ handouts。

組織工作所需之支持及聯繫組織者

當你準備好要組建工會，可以透過勞聯—產聯在其「成立工會」(Form a Union)網站上與工會組織者聯繫：aflcio.org/formaunion/contact。

另一個聯繫組織者的管道是美國電氣、無線電暨機械聯合工會（United Electrical, Radio, and Machine Workers of America）與美國民主社會主義者（Democratic Socialists of America）協作的「緊急職場組織」(Emergency Workplace Organizing)計畫，該計畫的網站 workerorganizing.org 也提供資源和培訓材料。

儘管我對大多數旨在幫助工人組織的數位平臺（尤其是營利事業）抱持懷疑，但這類工具中，有一個受到我所信任的運動者推薦：coworker.org。它不為營利，致力協助人們凝聚集體力量以解決職場問題。你可以在coworker.org聯繫其工作人員，就職場議題運動尋求支持。

提出健康與安全投訴

聯邦法律賦予你在安全的工作場所任職的權利。雇主必須確保你的工作場所沒有已知的健康與安全隱患。你有權舉報這些隱患而不必擔心遭報復。

如果擔心工作場所的健康與安全問題，你有權投訴，並可透過美國職業安全與健康管理局的網站osha.gov或電話800-321-6742（OSHA）匿名進行。

組織名詞對照表（依本書出現順序排列）

紡織成衣工會	Union of Needletrades, Industrial, and Textile Employees, UNITE
美國勞工聯合會－產業工會聯合會（勞聯－產聯）	American Federation of Labor and Congress of Industrial Organizations, AFL-CIO
國際女裝服飾工會	International Ladies' Garment Workers' Union, ILGWU
勞工騎士會	Knights of Labor
航管人員工會	Professional Air Traffic Controllers Organization, PATCO
製衣紡織聯合工會	Amalgamated Clothing and Textile Workers Union, ACTWU
美國製衣聯合工會	Amalgamated Clothing Workers of America, ACWA
美國紡織工會	Textile Workers Union of America, TWUA
聯合服裝工會	United Garment Workers, UGW
衣領洗衣工會	Collar Laundry Union
美國鋼鐵工會	Amalgamated Association of Iron and Steel Workers
貨車司機工會	Teamsters
全國婦女工會聯盟	Women's Trade Union League, WTUL
礦工工會	United Mine Workers
婦女選舉權受薪者聯盟	Wage Earners' League for Woman Suffrage
工會代表聯盟	Federation of Union Representatives, FOUR
國際餐旅工會	Hotel Employees and Restaurant Employees International Union, HERE
西部各州區域聯會	Western States Regional Joint Board
國際服務業工會	Service Employees International Union, SEIU
紡織成衣餐旅工會	UNITE HERE
世界產業工會	Industrial Workers of the World
聯合服務工會	Service Workers United, SWU
工人聯會	Workers United
美國鋼鐵工人聯合會	United Steelworkers

導讀——下一次的飛行與變性——思考組織方法與工會如何持續戰鬥

孫窮理／《焦點事件》記者

蛾為什麼會撲向火？到今天，科學家也沒有定論。

有一種說法被許多人接受，認為蛾的「趨光性」只是一種誤解，牠們將月亮的光線作為導航的指引，保持與月光呈一定的角度，可以讓牠維持直線前進。但如果是人造的光源，像是火光、燈泡，光束呈現放射狀，這個時候，如果要跟每一道光束保持一定角度，飛行路線就會開始打轉，或者呈螺旋狀接近光源，最後甚至撞到光源上。

黛西．皮特金《飛蛾撲火：兩個女人組織工會的故事》裡，提到了橫向定位理論。如果觀察蛾在燈光附近的飛行狀況，就會發現牠們並不是直直地「撲」向燈火，而是在燈光附近不斷地打轉，無法脫離，有的時候，就會不小心撞到燈上，這種說法有一定的說服力，也被許多人接受。

在這本書裡，充滿了各種各樣的「蛾」，有的時候，是某種隱喻；有的時候，像是一種蛾類生態的科普教材；有的時候，詳細描述了蛾類造成的災難，以及與蛾相關的不同抗爭。

蛾，也是書中的兩個主角：黛西和阿爾瑪對自己和對方的稱呼。阿爾瑪是索迪斯（Sodexho）公司在美國亞利桑那州鳳凰城洗衣廠的工人，在這本書裡，她是第二人稱的「你」。這本書，也是兩隻「蛾」的故事。

在吐絲結繭自縛之後，毛蟲歷經一個使自己變性（denature）的過程，分泌出酶，把自己身體的組織溶化，把自己分解，蛻變成蛾。

對於二〇〇三年紡織成衣工會（UNITE）的菜鳥組織者黛西，和從墨西哥來到鳳凰在索迪斯洗衣廠工作，最後因工會抗爭也成為組織者的阿爾瑪來說，這本書講的就是她們如何一起完成這個變性成蛾的過程。

跨國企業洗衣廠的水下運動與閃電戰

索迪斯是一間巨大的法國公司，主要業務是餐飲服務和設施管理，二〇一〇年時，它在全球八十多個國家，僱用了近三十八萬人，在北美就有六千多個據點，十萬個受僱者。法國的資本著眼美國的市場，索迪斯另一層意義的「跨國」，就是在像鳳凰城洗衣廠這樣的地方，它的受僱者，高比例地來自操西班牙文的墨西哥裔移民。

洗衣廠承接來自旅館、餐館、醫院等布巾的洗滌工作，在阿爾瑪的生產線上，帶著各種汙染的被服衣物，經過洗滌、烘乾、熨燙、包裝，各個環節都充滿高溫、有毒化學物、電力、機械等危險。

二〇〇三年，索迪斯鳳凰城洗衣廠在紡織成衣工會的協助下，開始組工會。由黛西這樣的組織者，在工廠裡找到阿爾瑪這樣積極的工人，然後避開資方視線，祕密拜訪工人，說服他們加入工會，等到時機成熟就發動「閃電戰」(blitz)，向工人發出「工會卡」，填寫之後，成為工會的準會員。

美國的工會，主要不是「索迪斯鳳凰城洗衣廠工會」這種臺灣人比較熟悉的「廠場工會」，也沒有依照產、職業或者地域劃分工會的限制，概念上比較接近大型的全國工會聯合會，隨著組織的擴大與合併，一個工會包含了多職種、多產業的工人。

像是鋼鐵工人聯合會（USW），組織範圍早已超越金屬工業的工人，而跨足到運輸、醫療、公用事業等產業；汽車工人聯合會（UAW）也有航空業、零售業，以及學術工人等；紡織成衣工會裡除紡織業工人，也組織零售通路的工人，在這本書裡，則是把組織拓展到洗衣業。

工會組織的方式，就是在廠場裡獲得一定數量的工人簽工會卡，依二〇〇三年的法律規定，還要經過勞工局舉辦的投票過半數後，這些洗衣廠的工人才能加入紡織成衣工會，成為它的一個分會。而「組織者」，就是受僱於紡織成衣工會，負責組織沒有工會的工人，以擴大工會組織的人。

經過幾個月「水下」運作後，黛西和阿爾瑪等人快速取得相當數量的工會卡，在二〇〇三年五月一日，支持工會的工人停工，舉著標語和手舉牌到管理辦公室示威，工會浮上檯面——這個動作，屬於美國《國家勞工關係法》所保障的工會集體行動。

不過資方立即展開反制，開除了包括阿爾瑪在內的四名工人，雖然法律保障工會的行動，然而但書是「除非工人的職位，資方已經找到永久替代者填補」。資方隨即利用這個有點胡扯的理由，宣稱在被開除的人離開工作崗位的二十分鐘空檔內，已馬上找到了替代者。資方的想法似乎是：反正先開除，達到破壞工會的目的再說。

由於工會還必須經由勞工局主辦的投票，才能正式成立（加入紡織成衣工會），組織工會的動作已浮出水面，資方製作攻擊工會的影片、直接約談已經簽署工會卡的工人施壓，設法在投票之前，讓工會無法達到半數同意的門檻。勞工局設定的投票日是五月二十九日，在行動曝光後，資方有近一個月的時間可以反制工會；不出意料，工會最後以二十八票之差輸了。

此時，工會的命運，就完全懸於對資方威脅手段所提出的「不當勞動行為」訴訟。除了反覆出庭、提供證據之外，什麼事也沒辦法做。二〇〇四年三月，法院做出判決，資方「不當勞動行為」成立，工會勝訴。除了一個在示威中推了管理者的工人西西莉亞，其他三人復職。不過，這個判決距停工已經十一個月，距投票也過十個月，公司在這段時間全力破壞工會、拉攏工人、扶植親信，甚至在工會投票失敗之後，舉行廠內慶祝活動。即使取得勝訴，尚未完成成立程序的工會，已經是半殘狀態，而且公司還提出了上訴。距離工會真正成立，路途仍十分遙遠。

講到這裡，索迪斯工會的事情得擺在一邊，因為這本書的主題不全然在此。像黛西和阿爾瑪這樣的「蛾」，如何在她們所屬的大工會的「官僚化」和「鬥爭」中完成「變性」，可能更重要。

工會的權力鬥爭與指導性

紡織成衣工會的前身之一，「國際女裝服飾工會」（ＩＬＧＷＵ），是一個具有百年以上歷史、擁有深厚抗爭傳統的工會，對黛西來說，這個傳統還留在紡織成衣工會的血液裡，最明顯的表徵，就是「工會是不是還積極組織沒有工會的工人」。

二〇〇三年黛西剛到鳳凰城時，美國大多數工會已陷入「生計工會主義」，及官僚化的「事業工會主義」，只服務自己工會的會員，不再積極拓展非工會成員；在黛西和阿爾瑪經過通宵繁忙工作，早晨筋疲力竭地離開辦公室的時候，同一棟大樓，勞聯－產聯（AFL-CIO）的「業務代表」剛好才朝九晚五地來上班，他們的工作，就是處理各種會員申訴、確保契約履行；看到黛西她們，總是親切地揮手打招呼。

就在索迪斯工會陷入漫長的訴訟循環時，二〇〇四年七月，紡織成衣工會忽然宣布和「國際餐旅工會」（HERE）合併，成為「紡織成衣餐旅工會」（UNITE HERE）。基層組織者事前僅被告知這件事，「據說，紡織成衣與餐旅工會的合併起源於兩位主席某次在糾察線上的交談，背景是遊行的腳步聲」。

為什麼合併？檯面上的理由是，國際餐旅工會組織的餐旅業，與紡織成衣工會組織的餐旅業下游洗衣廠，兩者連結具有戰略意義；另一個理由是，國際餐旅工會有野心，但是經費短缺，而紡織成衣工會有錢；上不了檯面的理由是，黛西覺得紡織成衣工會主席想要領導更大的工會，但是搞組織太慢了，合併，是最快的方法。

這有什麼問題嗎？兩個工會在意識形態、工作方法與組織文化上的差異，嚴重干擾了工會的行動路徑，也讓黛西與阿爾瑪這一對好搭檔因此分開。

合併之前，二〇〇四年五月，紡織成衣工會和「國際服務業工會」（SEIU）合作，針對索迪斯、英國金巴斯（Compass）和美國的愛瑪克（Aramark）——三間都是全球五百大企業的綜合服務業「三巨頭」——發動跨越英、美、法、加的公眾壓力運動。

與這場大規模運動一同推動的，是向法律與資方訴求，工會不需透過勞工局舉辦的投票，只要在籌備階段，收集到足夠比例的工會卡，就可以取得合法的地位。像索迪斯工會，已經取得相當比例的工會卡，籌組工會的動作浮上檯面，到投票之前的那一段時間，剛好是工會最脆弱、資方打壓力道最強大的時候，如果根本不需要進行「投票」程序，就可以立即給予工會法律保障。

在二十一世紀的第一個十年，推動「核卡制」成為美國工會界很重要的修法倡議。一直到二〇〇九年歐巴馬上臺，也是民主黨推動的重要政策，歐巴馬政府推動「核卡制」，著眼於近年美國的工會覆蓋率急劇下降。

如書中所述，一九六〇年代前，即便遭到無情打壓，工會覆蓋率還在百分之三十左右，到了二〇二〇年，已經降到百分之六左右。更根本的問題是，一九九〇年代後隨著全球化趨勢，生產線外包、大量工作崗位外移到具有廉價勞動力的國家，而美國本土的工作機會，也都優先聘僱工資低的少數族裔移工或移民。這種狀況，使得大量白人男性失業，甚至生活在貧窮線邊緣，而這個仍主導美國政治，具有不可侵犯優越感的族群，產生了矛盾情結，一部分的人出現歧視少數族裔、反對全球化的情緒，也造成日後共和黨川普一類右翼政治勢力興起。

民主黨歐巴馬改善失業問題的對策，是希望提升國外代工產線以及國內少數族裔的薪資，並藉由發展邊緣勞動者工會組織，增加他們與雇主的議價能力。美國傳統的工會經常由白人男性主導，對於女性、少數族裔、非典型勞動者的組織工作興趣缺缺，加上組織門檻的法律限制，更不願邁出腳步。「修法」大概是聯邦政府最低限度可以做的事情之一。

歐巴馬政府提出《員工自由選擇法案》（*The Employee Free Choice Act*, EFCA）：組織者只要獲得百分之三十員工的工會卡，勞工局就可同意其進行祕密投票以成立工會；如果拿到百分之五十的工會卡，就可免經祕密投票選舉的程序，直接成立工會。

二〇〇四年七月紡織成衣餐旅工會合併後，正是在推動上述「核卡制」的實行與制度化，而索迪斯工會成立與籌組的過程，成了說明「核卡制」重要性的重點案例，於是黛西和阿爾瑪被工會派到各地，作為政策宣傳的看板。在工會進入訴訟的等待期，這也成為她們重要的組織工作。

推動上級工會的政策沒有什麼問題，問題在後來工會高層要求索迪斯工會也與資方協商，透過實行「核卡制」承認工會，換取「勞資和諧」。親身示範，比起到各處宣講的效果要好得多。這個決定對黛西和阿瑪爾來說有如晴天霹靂。

推動新的「核卡制」協商，之前簽的工會卡當然不能作數，必須重新找工人簽署。二〇〇三年經過「水下」行動與「閃電戰」，工會取得了百分之五十左右的工會卡，足以抗衡資方，但也讓參與籌組的工人曝光，資方早已做好反制工會的準備，在這種情況下，要重新簽到一定比例的工會卡非常困難。即便工會在「不當勞動行為」訴訟一審判決中占有優勢，但公司提出上訴，所以工會高層認為在施壓「三巨頭」運動的聲勢下，以「核卡制」逼資方低頭承認工會，才是更好的選擇。

紡織成衣餐旅工會的說法，是希望索迪斯工會出來「試駕」，這樣「核卡制」的引擎才能開向全國。黛西沒有辦法抗拒工會高層的要求，當她在電話裡告知阿瑪爾，阿瑪爾只冷冷地回了聲「好吧」。見了面，兩人都快哭出來，阿爾瑪說「我們不可能找到足夠的人簽卡」。

推動「核卡制」或設法衝高工會覆蓋率，可能對整體工會運動及日後《員工自由選擇法案》的立法有幫助，基層工會的組織者配合是理所當然，但以工會的大政策需要，而非基層工會的實際情況來下指導棋，所有的後果，還是由基層工會來扛。

讓工人簽署新「工會卡」所要加入的，不是已經被合併而消失的「紡織成衣工會」，也不是合併後的「紡織成衣餐旅工會」，而是紡織成衣餐旅工會針對「三巨頭」另外成立的新工會——「聯合服務工會」（SWU）。就算不考慮資方的動作，光是要跟工人解釋這些差異就非常困難。

不過，該扛的還是得扛。黛西、阿爾瑪、各地調動過來支援的組織者，開始推動簽署新的工會卡，這次完全是在檯面上直接和資方角力。即便在這種不利的情況下，新工會卡的簽署，在期限前只差五張就可以過半數。

讓人印象深刻的是，她們直接找上與資方關係良好、在訴訟中作不利工會證詞的工人，她們稱為「老太婆」；黛西描寫阿爾瑪與一名「老太婆」盧姿的會面：「你們倆彼此不講話。從你膝蓋打直、單手叉腰的姿勢便看得出你對她在法庭撒謊仍無法釋懷」，她們說服盧姿的關鍵是，工會即將成立，如果不參與，就會在契約談判中被邊緣化。最後盧婆「把工會卡按在貨車窗上簽名」，並且帶著空白的工會卡，去找另外兩個「老太婆」，她們也簽了名。

最終形勢逆轉，公司領導看到「老太婆」們的簽名，驚訝不已，但已阻止不了工會卡過半的事實。索迪斯工會扛住了。

反思由上而下的組織方法與組織界線

不過，組織方法和意識形態的衝突，就沒那麼好解決了。

相較於紡織成衣工會，國際餐旅工會更有「野心」，而這種野心，我的看法是，建立在工會組織擴大的效率上，這也是它們積極推動「核卡制」的重要原因。工會組織擴大可以增加領導層的影響力，而國際餐旅工會的文化是「由上而下」，用臺灣的脈絡來理解，就是更加「頭人化」。

合併之後，上級工會派出來自國際餐旅工會的組織者到鳳凰城「領導」黛西，而黛西的精力就耗在冗長的爭論裡。對於「工人為何要為組工會而戰？」，黛西腦中縈繞的，是阿爾瑪在工會培訓時提出的一個重要問題，也是貫穿全書，她想要追尋的答案：「是什麼給予一些人戰鬥的意志，即使當別人在恐懼中倒下？」

對黛西來說，如果只是「憤怒壓過了恐懼」，這樣是不夠的。無論是「憤怒」或「恐懼」，都是來自工人和資方之間的關係，而促成工會持續戰鬥的，應該是在這一組關係之外，其他的東西。

面對來自國際餐旅工會組織者的問題時，黛西回答「人們對生活與工作狀況感到厭倦，他們所懷抱的憤怒與希望，足以讓他們冒著失去工作的危險來改變那些狀況」，在「憤怒與恐懼」之外，工人擁有的是「希望」。到了二〇二〇年，黛西為本書所寫的後記裡，提到「人與人間的關懷可生生不息——它既成為戰鬥的引擎，亦為其目標，對於這場戰鬥所要求的新世界來說，它是不可或缺的要素」。

對黛西來說，「相互關懷之所以能發揮這種作用，主要因為它讓人懷抱希望，而希望是團結的實質」，不過，對於國際餐旅工會的組織者來說，答案卻完全不同，他說「根本不是這樣」，「是因為他們信任我們的領導」。

國際餐旅工會的作風，是要求組織者充分瞭解工人的狀況，甚至包括工人的私生活，這與黛西的工作方法背道而馳，即便是在她與阿爾瑪緊密的夥伴關係裡，也將私領域和工作切割得很清楚。

舉例來說，她從不追問阿瑪爾死於街頭暴力的兒子——與她年齡相仿的胡立歐．馬丁的細節，也總是避開阿瑪爾的丈夫胡立歐，不去瞭解他們夫妻相處的情況，或者有關胡立歐的個人資訊，在書裡，胡立歐彷彿是一個遙遠的路人那樣的存在。

同樣，黛西也不想對阿爾瑪解釋自己的私領域，原本與女性交往的黛西，忽然交了個男朋友，被阿爾瑪撞見，阿爾瑪有些生氣地問，我以為妳是個女同志，怎麼會跟男人交往，黛西有些敷衍地回答「沒錯，他是男人，但他生來就有個女人的身體」，阿爾瑪也胡亂地理解，說「跨性別（Transgénero）」，但黛西只是不加解釋地點點頭，接著，雙方陷入了很長的沉默。

黛西認為，這是「紡織成衣工會內部刻意為組織工作營造的文化」，「我們其實不該變成朋友」。

這種組織者與被組織者的關係，是不是現在黛西所接受的？在書裡面，沒有更多著墨，但是國際餐旅工會的組織模式，顯然不是她要的。

國際餐旅工會要求組織者必須「能讓工人告訴你他們的故事」，以及「要建立工會，一定得讓工人追隨我們」，以及「如果你不瞭解工人的故事，就無法推動他們」，對於阿爾瑪，他們一直問與她丈夫胡立歐有關的事，並質疑「你在工作上是如此奮勇的鬥士，為何能忍受胡立歐對工會缺乏熱忱？」。

在組織訓練上，黛西稱國際餐旅工會的方法是「群組逼供」（group push），「組織者被要求在團隊面前自我批判，接受領導和其他組織者嚴厲質問」，這種方法與對私領域的介入，是假設組織者「缺點背後必然存在的情感或心理因素」；而他們也要求組織者在「粉紅單」上記錄工人的故事，輸入在與其他組織者共享的資料庫裡，這樣就「知道什麼可以激勵各個工人，並能幫助他們克服恐懼」。

這是國際餐旅工會讓「他們信任我們的領導」的方法論，也是「管理」或「效率」上的成果，但是這種科層化的管理方法，讓黛西很快地在各種「我們、你們、他們」的游移轉換與權力關係下瀕臨崩潰。

她衝進工會辦公室，要求國際餐旅工會的組織者離阿瑪爾和索迪斯工會的幹部們遠點，「我們不是給他們玩心理遊戲的實驗品，假如他們必須死背一份問題清單及其個人故事的腳本，才能訓練自己與人交談，那麼他們所建立的不是工會，而是邪教」。

黛西的憤怒，看起來是源自工會對於阿瑪爾等人的對待，但是卻難以從黛西的描述中看到阿瑪爾所思所想，當黛西觸碰界限問到，「阿爾瑪，你為什麼要受他們擺布？」時，書中這麼寫：

「親愛的朋友，聽好，你不用擔心我」。那句「親愛的朋友」滿含輕蔑。之後我們保持沉默。就算我試圖開口也講不出話。我記得當時感覺必須很努力集中精神才能繼續呼吸。我記得路上的其他車尾燈好亮，新租的車打方向燈時聲音好大。我記得停在你粉橘色屋前的路邊。我記得你好輕地關上車門。

二〇〇七年，黛西已經因為工會工作的升遷，與阿瑪爾漸漸失去交集，而組織方法和文化的衝突，最終爆發。「粉紅單」成為重要的引爆點，紡織成衣工會和國際餐旅工會的鬥爭檯面化，甚至在廠內發生直接衝突，搞得連資方都啼笑皆非，最後紡織成衣工會發動「收復」工會地方支部的行動——奪取工會辦公室。

在鳳凰城，黛西和其他紡織成衣工會的組織者進入工會辦公室，國際餐旅工會的幹部早已得知訊息，清空資料徹出。行動前，黛西「肯定打了上百通電話」給阿爾瑪，但她都沒有接，黛西等人給辦公室換鎖，徹夜駐守，第二天晚上，國際餐旅工會四十多個人衝撞門、搥打門上的玻璃和旁邊的窗戶，紡織成衣工會的人用椅子堵住門對峙。

透過玻璃，黛西看見了阿爾瑪在另一邊的隊伍中：「我們站在那裡對視了不曉得多久，我感覺我們彷彿滑落到周遭風暴的靜止中心」；最後阿爾瑪和國際餐旅工會的人一同離去。

兩個主角的故事，在這裡戛然而止，留給讀者錯愕和遺憾。

我們需要怎樣的「傳奇」

在整本書裡，有一個高光到無可逼視的存在——美國工運史上一位傳奇的組織者克拉拉·萊姆利希。一九〇九年，紡織成衣工會前身國際女裝服飾工會在庫珀聯盟學院大會堂舉行的大會裡，克拉拉站出來，呼籲總罷工。身形瘦小，年僅二十三歲的她，當時甚至是被群眾舉著上臺的，這個呼籲改變了工會逐廠鬥爭的策略，而發動了「兩萬人抗爭」(Uprising of the 20,000)。

這一場主要由紐約市、說著意第緒語的製衣廠女性工人發起的罷工，震撼了整個美國社會，但是罷工進行十一週之後，遭到工會高層「斷然取消」，黛西說，罷工者並未受邀參加談判，他們很多是文盲，而「社會黨」與「全國婦女工會聯盟」等「高層」，則取得與老闆們談判的籌碼。

如黛西所說，這場罷工，「依消息來源而被視為『成功』或『非常成功』或『大獲全勝』或『僅部分成功』或『算不上全勝』」事實上，後來於一九一一年，沒有簽署前述談判協議的「三角工廠」發生大火的慘劇，就已經說明了罷工的目標沒有完全達成。

同樣在一九〇九年，面對工業快速發展下，工作條件惡劣、薪資低廉，社會黨在芝加哥發動「麵包與玫瑰」(Bread and Roses)遊行，以萬名女工為主體，訴求縮短工時、增加工資及女性選舉權。與這場被認為是三月八日「國際勞動婦女節」起源的遊行相較，同樣具女性工人抗爭意義的「兩萬人抗爭」，更不廣為人知。

但是對於克拉拉來說，這些遠不是重點，重要的是「持續的戰鬥」。「兩萬人抗爭」之後，克拉拉與國際女裝服飾工會二十五支部持續戰鬥，不斷顯示出由白人男性所領導的工會運動的荒謬性。

更有趣的故事是，到了一九四四年，五十八歲的克拉拉因為丈夫中風，重回成衣業上班，雖然從父姓萊姆利希的她仍在工廠黑名單裡，但是她改從夫姓沙維爾森後，沒有被辨識出來，而順利進工廠工作。同樣認不出她的，還有國際女裝服飾工會，當它們在工會五十週年，想要找回這位傳奇人物炒熱氣氛時，克拉拉敲開工會大門，「聽說你們在找克拉拉．萊姆利希？」、「她在這裡，就站在你們面前」。工會才發現，「過去十年來一直在地方支部製造麻煩，年紀一大把還咄咄逼人的斗篷女工」克拉拉——就是那個克拉拉。明白這件事後，工會「敬而遠之，一點都不想招惹她」。

這個故事何其諷刺，當「傳奇」出現在他們面前的時候，他們才赫然發現，「傳奇」的存在，就是對他們的一項挑戰。

這個傳奇，是屬於過去的，也是屬於現在的；總是有某些在工人與老闆這組關係之外的力量存在，能夠讓工人的憤怒，壓過恐懼，挺而行動。克拉拉代表的是一種來自底層，而非那種屬於白人男性、由上而下、善於權鬥的工會版本；這也對應了阿爾瑪曾經的提問。

黛西說，那是「關懷、希望和團結產生的新養分」。在書的末尾，她依舊極力號召，已有工會的人，要讓工會更透明、更民主、更具代表性且對成員負責；沒有工會的，去組織，「下一次的飛行正在醞釀中」。

在飛行的時候，蛾需要光。

如果依照「橫向定位理論」，人類製造的光源，給蛾的飛行帶來了導引，卻也錯誤地替代了月光，使蛾繞著光源團團轉，甚至撲火而喪生。

這太容易讓人想起柏拉圖的「地窖之喻」，地窖中的囚犯看著牆上火把的投影，發現它的虛妄，再發現火把，同樣也是虛妄，最終囚犯得走出地窖，看到太陽，這個真正的光源。

而對於夜行的蛾來說，大概月亮就是牠的太陽了，有沒有可能，透過演化，產生出不再被人造光源迷惑，或者能夠區分人造光與月光差別的新品種？

這一點沒有答案。

推薦文——組織者的絮語與提問

陳素香／臺灣國際勞工協會理事長

本書是一個工會組織者的故事，書寫時作者已離開工會，在第一頁她就說因為目睹奮力打造的一切分崩離析，「我疲憊、厭倦又悲傷，而且不知怎麼就決定這些感受可以讓我心安理得地不再做組織」。她把自己封守起來，直到有一天因病住院，獨自在醫院病床上過夜，身上裹著薄薄的床單，那間醫院的床單、布巾恰是外包給八年前她協助組織工會的鳳凰城索迪斯旗下的洗衣廠。塵封的人事物一一襲來，於是她開始書寫八年前在鳳凰城組織「紡織成衣工會」支部的回憶。毫無疑問的，這是一個曾在工會組織／工人運動中受到嚴重創傷的組織者自我療癒的書寫。

作者的文筆極為細膩，回憶鉅細靡遺，文學性的隱喻（蛾）也非常貼切而引人低迴深思。同樣作為工運組織者，我在書中特別留意「組織者」的角色遭遇了什麼問題，她如何思考、行動，而我又怎麼想這些組織者的命題。

我與本書作者素昧平生，所以純粹根據文本展開組織者的對話練習，也算是一個勞工運動組織者因閱讀此書而產生的絮語。

抗爭非關偶然

每一個抗爭行動都不是偶然發生，也非登高一呼即風火燎原，其背後都是大量的組織工作。本書首先讓我深入著迷的是，對於組織者工作的紀錄：瑣碎的、重複性的、動態性變化的、不斷調整的策略、人的分析、情勢的判斷，日以繼夜投入的精神和體力勞動，作者把工會組織者不為人知的工作內容，以民族誌的方式記錄得完整又仔細。「紡織成衣工會的組織者每晚開會的標準時間是晚上十點」，開完會之後，組織者又得分頭進行任務，幾乎讓人懷疑這些工會組織者不需要睡覺。看過這些描述之後，大概不會有太多人覺得組織者是一個不錯的職業。

那麼，是什麼讓人選擇做一個工人運動組織者？是什麼支撐著組織者繼續留在工作位置或是中途離去呢？

作者並沒有給出明確的答案，我認為也沒有簡單的答案。但是作者說了一個歷史故事，其中含有深意。這是與克拉拉．萊姆利希及一九〇九年「兩萬人抗爭」的歷史敘事有關的故事。「兩萬人抗爭」是如何發生的？

帶頭反叛的瘦小女孩突然從數千名觀眾中站起來號召罷工，好幾萬人跟隨她走上街頭。

這樣的敘事似乎在說，啟動兩萬人抗爭純屬偶發事件。然而事實並非如此，克拉拉也並非「突然起來號召罷工」。事實上，在一九〇五年，身為製衣業女工的克拉拉，即因不滿「國際女裝服飾工會」的領導層只有興趣組織男性（熟練的裁剪師及打版師），而與被壓在最底層的女工成立了自己的支部：國際女裝服飾工會二十五支部。然而男性領導層仍不承認女工自組的支部。宣稱沒有更高職級的男性幹部在場，她們就不能開決策會議。克拉拉與女工們經過數個月抗議，才迫使領導層正式承認。

於一九〇九年的群眾大會號召總罷工之時，克拉拉與二十五支部已經領導紐約市最大的三家女式襯衫工廠罷工，且罷工已進入第十一週。而罷工剛開始不久，工廠的老闆便僱用打手，在暗巷裡打斷她六根肋骨，一週後她帶著傷回到罷工糾察線。她曾被逮補十七次，被法官教訓婦人與女孩本該聽命行事。在群眾大會之際，二十五支部的罷工基金已用完，她向工會高層尋求支持，希望將罷工擴展到紐約市的六百家工廠，但是工會領導階層卻建議她結束罷工。然而克拉拉與二十五支部的其他領導人沒有放棄，她們在數百家製衣廠展開組織工作，建立組織委員會，並為更大規模的罷工爭取支持。在群眾大會當下，克拉拉知道現場工人有戰鬥意志，在場工人也很清楚她是誰。

一九〇九年兩萬人抗爭的歷史真相，並不是「瘦小女孩突然站起來號召總罷工」，而是自一九〇五年女工自組二十五支部開始，組織者做了大量的組織工作，才讓醞釀聚集的抗爭力量爆發開來。一呼百應的背後，是無數組織者馬不停蹄、沒日沒夜工作的成果。

順法的困境

組織工作會呈現在工會運動的能量上，但並非都能獲勝，因工會的對立面——公司也自有一套策略和方法。以本書的洗衣廠工會為例，資方得知工人在組織工會（簽工會卡）時，即透過兩百多場個別強制會談，威脅利誘工人撤回工會卡，並開除帶頭的工人領袖。經此鎮壓後，在勞工局核定的工會投票日，反對組工會的票數贏過同意組工會的票數。雖然紡織成衣工會提出索迪斯違反「不當勞動行為」的訴訟，但是等待訴訟的漫長過程，就足以讓工會瓦解崩潰。因此當我讀著索迪斯洗衣廠組工會的經驗時，腦中浮起的問題是：在勞動體制／法律規範內的工會／工人運動，對工人是有利的嗎？能保障工人整體的權利嗎？我個人是十分質疑的。

以本書背景的美國為例，依據《國家勞工關係法》，從簽完工會卡到投票的數星期間，「公司可以進行反工會宣傳，包括在強制工人出席的會談中公開表示反對，對工人投票支持工會後可能發生的情況做負面預測，並告訴工人他們若參加經濟性罷工，可能被永久取代。」換言之，公司可以公開威脅工人，甚至僱用工賊「永久取代」支持工會的工人。而在這樣的體制／法律裡，工人能有多少勝算？

臺灣的勞動體制／法律規範的建置，其實與美國大同小異，特別是《勞資爭議處理法》、《工會法》、《勞動事件法》逐年修訂，愈來愈將工人的抗爭行動納入法定的遊戲規則，藉此消弭無法預期或控制的法外爭議手段。

然而，作為一個工人運動組織者，對於工人運動被收納進「守法抗爭」的框架，我有深深的憂慮。

組織者的課題：負面情緒、領導關係、內部民主

作者的書寫還觸及幾個組織者會遭遇的主題，譬如組織者的負面情緒、組織者如何

面對工會的合併／分裂、工會的民主實踐、工會組織的路線差異、組織者與被組織對象的關係界線，每一題都是非常重要的功課。

什麼是組織者的負面情緒？組織者的情緒累積通常都從隱微之處慢慢發酵，若沒有適當處理，必然會導致組織者內爆而離開組織的結局。情緒來源可能涉及組織內的人際與權力、價值衝突、工作成敗、路線差異等問題。作者在第二章描述，她在某次三日密集訓練時，對著受訓工人幹部講授紡織成衣工會歷史，談到發生於一九一一年的紐約三角襯衫公司大火，造成一百四十六名名工人死亡的事件時，因為情緒激動聲音哽住，而尷尬地站在教室前方，無法繼續。她說「我對自己講述這故事的反應令其他工會的培訓者不舒服。接下來一整天他們都保持距離，彷彿怕染上我的敏感脆弱。……人們不是透過情緒爆發來學習組織，一位培訓者說」。

在這裡，我已讀到作者抵抗其他資深組織者、指導員的負面情緒。與此相關的還有組織裡的權力關係，組織者與被組織者間、組織者彼此之間的上下領導關係。這些關係稍有不慎，也可能形成壓迫或反壓迫的情緒來源。然而關於負面情緒的描寫，作者寫得隱微，除了故事後段紡織成衣工會與國際餐旅工會合併之後，國際餐旅工會派來一對夫妻組織者前來「掌管」鳳凰城工會辦公室，與作者產生劇烈衝突，最終造成作者身心俱疲離開鳳凰城，並與一起經歷戰鬥的阿瑪爾（即書中的「你」）分屬分裂陣營的兩邊。故事走到這裡，作者的創傷已難癒合，她選擇離去，在他處又做了幾年組織者，最終離開了工會。

然而組織裡的權力、領導關係都是負面的嗎？就我個人經驗，也並非如此。一個組織若無明確的領導決策核心，容易產生權責不明，以致事務無人推動，組織運作停滯不前等狀況，這對於時時需要回應政策、推進運動的團體，其弊害尤其明顯。組織需要決策領導核心，那麼組織裡的上下關係，是平等的同志或是服從領導？作者起初因資歷淺，處於組織裡的底層位置，然而在敘事行文間，可以發現作者對於這種關係是敏感的，她對於資深組織者、指導員的「指導」，藏有隱晦的叛逆。這說明作者對於組織裡的權力與領導，更希望是平等的同志關係。

組織裡的權力與領導決策，同時涉及工會民主。大家不要忘了本書描繪的是「民主國家美國的工會」，但從一個資淺組織者的位置觀察，她經驗的工會運作，幾乎沒有民主可言。書中至少有兩處地方明顯提出質疑，兩個事例相隔百餘年，卻反映相同的「由上而下」工會決策機制。一是書寫「兩萬人抗爭」首日，成千上萬的工人湧上街頭，各地都在收集工人的訴求清單，然而在工人訴求還未彙整出來前，國際女裝服飾工會的領導者已發表他們自己的訴求，包括調高薪資和縮短工時，但完全沒有提到改善安全條件或工廠衛生，「克拉拉與數千名隨她步出工廠、走上街頭的人，跟他們的老闆同時得知這些訴求，方式也一樣：從報紙上看到。」而克拉拉這時正領導著一場已罷工十一週的抗爭，但因國際女裝服飾工會已與三百三十九家工廠簽訂契約，罷工被斷然取消。但克拉拉對協商條件不滿，而且不願或無法保持沈默，結果被國際女裝服飾工會的領導者開除。

第二個例子是關於工會合併的決定。作者在第九章中寫到，在她與指導員的通話中，「順便」被告知紡織成衣工會主席已宣布，將與國際餐旅工會合併，作者說「這種由高層發布指令的宣告合併方式在我看來很奇怪。我知道紡織成衣工會對其編制一向謹慎，擅長營造民主形象，重大決定皆由基層民主方式產生……，不過合併可能先由雙方高層拍板定案，然後才讓工會成員參與執行。」僅僅三週之後，兩個工會就在芝加哥召開聯合大會，正式合併。

作者顯然對於工會高層決定合併的做法十分不以為然，「據說，紡織成衣工會與餐旅工會的合併，起源於兩位主席某次在糾察線上的交談，背景是遊行的腳步聲。」

由高層先做決策，再交由基層會員追認的做法，在組織運作上屢見不鮮，美國應該也不是只有這兩個工會不民主而已，而大部分的臺灣工會運作大概也相去不遠。為什麼總統都能直選了，工會的民主卻停留在「兩個主席就能決定」？這是需要被深究的問題，也是臺灣工會組織者的功課。它不只是核心價值的問題，有時更是操作面的實踐問題，畢竟涉及成千上萬人的直接民主，意味著必須投入更多的人力和組織工作。

重新思考「我們」

「要組一個什麼樣的工會？」這是每個組織者在參與工會時都會面臨的思考和抉擇。而這些抉擇，也會決定整體工人運動的走向。

作者在第九章非常生動地記錄頂格工會在贏得核卡認證之後，準備展開契約協商。紡織成衣工會主席與公司老闆在原則上達成共識後，細節由工會從紐約派來的談判代表擬訂。因此在上談判桌之前，大部分內容已被決定，一些在工作現場真正激怒工人的事，全都上不了談判桌。而當無法發聲的資淺組織者（作者）質疑紐約來的談判代表時，對方說「這不會是最好的契約，但我們不必為了得到它而奮戰三年」。然後責難作者：「這些工人，他們不必纏鬥三年，每天來戰區工作，即使你認為那對他們是最好的安排。」「我們到底要不要把這個產業組織起來？如果我們每兩百個人的團體都得打三年的仗，我們就無法將十萬名洗衣工人納入工會。」

這段描述裡涉及組織工會的根本性差異：組織者及工人想要的是能打能戰，追求理想化契約的小規模工會？或是以溫和的契約內容與產業雇主協商，爭取更多工人納入工會？這不是無意義的提問，在臺灣也有類似的工會組織差異性：要戰鬥性工會嗎？或為了結盟更多人，應適度修正戰鬥路線？

組織者與被組織者的關係界線應劃在哪裡？我認為這是組織者命題中最難回應的一題。紡織成衣工會的組織文化是「組織者不介入被組織對象的私人生活」。然而這是好的方式嗎？為何需要劃這一條線？

作者寫到組織者們在不同場合及不同聽眾間，切換使用「你們的工會」、「他們的工會」、「我們的工會」時，都在界定著組織者與被組織者的關係。與這命題有關的，還有「知識分子與工人的關係」、「白人組織者與墨西哥移民工人的關係」、「臺灣組織者與外籍移工的關係」，而差異如此明顯的個體，因著工會組織／工人運動的洗禮，能夠或終究不能夠跨越界線，交融成休戚與共的共同體？

就我在臺灣從事移工維權工作二十年的體會，集體性的跨越界線難如登天。橫在界線兩端的因素如國籍、族群、語言、經濟先進／落後、勞力輸出／輸入國等，不僅使得日常性的交流不易，整個社會更滋生著明顯的排他性，歧視現象處處可見。而最尖銳難以克服的是「利益衝突」，移工與本地勞工在勞動力市場上的競爭、臺灣雇主（本身也多為勞動家庭）與移工看護的階級位置置換，在在使有形與無形的藩籬難以跨越。

雖是難如登天的願景，但我認為一個沒有藩籬界線的平等社會，仍是值得追求的運動理想，它也驅策著許多組織者持續默默前進。

組織，是漫長的實踐

最後我想再回到作者書寫的另一個女性組織者／運動者的故事，藉此向「組織者」這個志業表達崇敬與追隨之意。

范妮亞．柯恩是克拉拉密切合作的戰友，不僅在發動罷工的各個製衣廠建立罷工委員會，也在紐約布魯克林組織「國際女裝服飾工會四十一支部」。她在一九一六年成為首位當選工會執行委員的女性，然而那時國際女裝服飾工會雖然會員絕大多數為女性，卻由男性領導，男性甚且堅決反對讓女性領導工會。范妮亞拒絕成為工會的花瓶，她說服工會其他執行委員資助成立教育部門，提供經濟學、文學、歷史與時事課程給數千名工人，課程的信念是：工人，尤其是女工，不該滿足於微小的改變，而應尋求最廣義的賦權。一九一七年，工會裡的婦女開始要求在領導層擁有代表權。女性會員反叛的聲勢浩大，她們突襲工會會議、占領支部辦公室、堵住大門將男性鎖在門外。一九一九年，女工們節節進逼，工會領導層的男性展開反擊，他們闖入二十五支部辦公室，更換門鎖，並將其一分為三，分別由男性託管人來管理。

這場女工反叛的「男女惡鬥」，持續了五年之久，直到一九二三年工會開除女性反叛者，並引進兩萬名男性會員加入國際女裝服飾工會，同年則有四萬五千名女性會員離開。但是，范妮亞沒有離開，她選擇留下，在工會裡孤軍奮戰四十年。她七十七歲時仍然是男性工會領導層的眼中釘，工會主席為她辦一場溫馨的午餐會，要強送她退休。但是隔天及接下來的每一天，范妮亞都回到工會工作。作者引用一篇描寫范妮亞的文章：

大衛·杜賓斯基十分惱火，命人打包她的私人物品，清理她的辦公空間，以便給接替她的人使用，還把她辦公室的門鎖換了。不屈不撓的科恩（范妮亞）繼續進工會總部。她會穿著外套，戴著帽子，挺直而靜默地坐在她原本辦公室外的走廊上，一連好幾小時。這番對峙持續整整四個月，直到一九六二年十二月二十三日那天，她沒出現。朋友們去她的公寓找人，發現其屍體。這位身材嬌小、堅毅不移的社會運動家死於中風。

我無法揣想在鳳凰城組織工會，因目睹奮力打造的一切分崩離析，而帶著悲傷、厭倦離開組織工作的本書作者，在書寫范妮亞的故事時，是否情緒波動？是否稍能治癒她的運動創傷？而我個人則是看著范妮亞的故事，忍不住發出讚嘆！范妮亞必然也有很多負面情緒，她曾精神崩潰，一生經歷運動起伏、工會分裂、性別壓迫等組織者最嚴峻的考驗，但她堅定走來、纏鬥到最後，其強大信念與韌性，真是組織者的最高境界，我輩難望其項背。

推薦文——漿液與修復——進入他人之痛苦是「飛蛾撲火」

周聖凱／桃園市空服員職業工會祕書長

我從一個文學創作者，改投身進工人運動的這幾年，時而想起，美國哲學家桑塔格曾經探問，如何「更有道德」地旁觀他人之痛苦，她將旁觀的情感分為兩種：憐憫和同情。前者是站在更高的位置俯瞰，疏離地停在，「我知道你痛苦」。後者要投入更多想像力，將自身放在和他人平等的位置，感同身受他人之痛苦。兩種情感的道德價值或有高下，但都意味「責任的局限」，觀看者對事件當下無能為力，已經和被觀者拉開時空的距離。

但，如果越過旁觀的位置，嘗試以實際行動，改變他人之痛苦時，人應該為他人之痛苦負責到什麼程度，又應該抱以何種情感面對他人呢？這並不只是，文學和藝術如何介入社會的抽象辯證，對工人運動而言、對組織者如我而言，是實際鬥爭存亡的路線選擇，也是黛西．皮特金《飛蛾撲火》欲探究而未竟的核心命題。

黛西二十五歲的時候，投身為美國紡織成衣工會的組織者，第一個協助的，是跨國集團索迪斯位在鳳凰城的洗滌工廠，並在其中結識了工會頭人阿爾瑪，兩人並肩作戰、組織工會，共同經歷各種困難，建立起無比深厚的革命情感。

從外觀來看，《飛蛾撲火》分成「蛾」和「火」兩條線交互敘事，前者是黛西和阿爾瑪的故事，後者則上溯美國女工抗爭的歷史傳統。寫作手法上，黛西採用書信體，承載她對阿爾瑪的叨叨絮語，然僅能為單向的通訊，因其敘事伊始，是黛西和阿爾瑪的組織關係已然裂解、個人關係隨之崩壞的其後。通書情感充滿對主體修復的深盼，想對阿爾瑪告解，昔日在鬥爭中，組織者「不能」或「不敢」讓工人知道的內面私我。

究竟什麼是組織者呢？表面來看，工人理所當然是工人運動的抗爭主體，組織者多為知識分子，像是來自外部的「他者」。資本或社會大眾的模糊理解，組織者更像「滋事分子」，是在抗爭現場靠衝撞換取議題曝光之人。然而實際上，組織者真正的工作，或說更深層、更日常的工作，其實是「培力」，協助以為自己沒有條件反抗、只能安分認命的工人，去改變自己和資本的關係，轉化為工人運動的抗爭主體。也賴於此，組織者才能在工人運動中成為主體。

要將工人轉化為抗爭主體，是一件非常難的事情。

諸多以勞動為題材的文學作品，例如臺灣讀者熟悉的林立青《做工的人》，大多會描述工人在勞動現場經歷過的苦難，然其以為改變工人苦難的方式，是寄望社會大眾能有更多同情的理解，進而影響國家法制，而非工人團結起來抗爭。少部分意識形態偏左的作家，例如楊逵的〈送報伕〉、陳映真的〈雲〉等，描述工人在苦難中，體悟到社會結構或勞資關係的不平等，最終起身反抗，但這是種簡化的敘事方式，反抗的結果是成或敗，楊逵和陳映真都略過了中間的過程，也略過了抗爭主體內心的反覆和成長。《飛蛾撲火》誠是以非虛構寫作，去補足這個在文學中、在報導中都較少被再現的部分，其作為起點的提問是：為何承受同等苦難的工人，選擇會截然有別？

顯然，從痛苦到反抗，並非線性的過程。阿爾瑪問黛西，也問自己，我和其他工人為何不同，是因為有人比較憤怒、有人比較害怕嗎？黛西當下以為，戰鬥者和不戰鬥者的差別，不在憤怒或恐懼，而繫乎願景，繫乎人能否想像到戰鬥的好處。戰鬥的好處，就像懸在驢子眼前的一根蘿蔔，對大部分工人而言，指的是直接的經濟利益，吃到了，就可能停下來，一直吃不到，也很難撐下去。然而，戰鬥的好處難道只是存乎人外部的事物嗎？黛西在多年過後反思，戰鬥的意志，「可能是一種變態，一種極度渴望改變，以致自己被改變了的狀態。」黛西用一個唯美的譬喻，來形容這種由內而生的改變：抗爭者就像毛蟲，要徹底溶解自己原有的身體，爆發成全新的存在，化作撲火的蛾。

「蛾」象徵抗爭主體，「火」象徵工人運動，兩者的對位關係，也是工人和組織者的關係。

在《飛蛾撲火》中，黛西屏棄在美國的工人抗爭傳統中，常被放在歷史主線以男性工人為主的鐵路工會，而以國際女裝服飾工會為起點，對阿爾瑪娓娓道來，一九〇九年的紡織女工克拉拉，在群眾大會公開反對男性頭人的妥協路線，發動史稱「兩萬人抗爭」的總罷工。但一場總罷工並不足以改變所有紡織工人惡劣的勞動條件，幾年後，不顧勞動現場安全的三角襯衫工廠，發生一場導致上百人死亡的大火，成為美國社會深刻的集體記憶。

克拉拉的故事，代表工人運動中的性別不平等，女工想反抗資本，要先反抗滿足現況的男性頭人。且不只是工人的身分，克拉拉而後如黛西成為組織者，也要面對和其他男性組織者間的不平等。黛西的取捨，是藉性別位置，拉起她和阿爾瑪間更多的共同點，更是以自身選定的路徑，引領阿爾瑪從勞動現場的微觀鬥爭，往上走進更高維度的工人運動，這同時意味著思考座標和時間座標的新生。

然此際的新生，終究也存在著權力關係。明明阿爾瑪是在工廠內部更有影響力的頭人，何以傳道授業者，反而是年少資淺的黛西呢？工人通常是身體歷經痛苦，而後改變了思想，知識分子則反過來，是被思想感召，選擇成為組織者，組織者通常具備更好的論述能力、更高的文化資本，也更有條件占有工人運動的領導權。

工人真的都能信服組織者的領導嗎？在抗爭張力最強的時刻，阿爾瑪也會反問黛西，你和我們不同，你領著工會的薪水抗爭，你不會因為戰鬥而被解僱。

我作為空服員工會的主要組織者、長榮空服員罷工小組召集人，也時常被質疑：推空服員前進，是在推空服員去死。然而，我曾因對時機的判斷不同，幾度勸說她們不要罷工，我也曾在罷工只有部分成果，空服員想採取更激烈方式抗爭時，再度強烈反對。同一時間發生的故事是，在連日暴雨終於暫停後的罷工棚，某個空服員靠著我肩膀，用忍著淚和鼻涕的聲音說，「我不想放棄，我真的不想放棄。」我問，「為什麼？妳會這麼說，就是想放棄，那為什麼還不放棄呢？」她說，「因為我覺得不甘心，因為會員覺得不甘心。」

我擦乾自己的眼淚告訴她，「妳想哭、妳要覺得害怕都沒有關係，沒有人知道罷工最後會變成什麼樣子，但妳一定要答應我，去見董事長的時候，絕對不可以哭，因為妳是空服員工會的幹部，代表空服員工會的時候，就算全世界都不認同，也要相信自己是一個可以跟董事長平起平坐的人，妳的尊嚴，就是空服員工會的尊嚴，也是我的尊嚴，所以妳去見董事長的時候，絕對不可以哭。」

她說，「好。」然後，她直到現在都沒有放棄。

何時要繼續、何時要放棄，對單純的旁觀者而言，只是程度和策略不同的方法論，但對工人運動而言，是人如何決定自身的存有論。如果不選擇行動，工人可以繼續用抱怨作為抒解，知識分子也可以只是站在高位消費弱勢的政治正確，但這麼一來，現實永遠不會發生質性的改變。工人運動是動員工人以改造社會的過程，改造外部社會的前提，繫乎在每個行將爆破的時刻，組織者能否協助工人，工人能否起身完成自我的內部改造。

這個過程，或比單純被剝削更讓人難以忍受，是以許多的組織者、許多的工人，像黛西和阿爾瑪，培力有時，裂解更有時，畢竟進入他人之痛苦，也意味著自我被他人進入，要承受更多一分他人之痛苦、集體之痛苦。面對集體之痛苦，阿爾瑪是「毛蟲」，黛西也是「毛蟲」，都要溶解原有的身體，都可能在化蛾以前，中途被剖開繭，只餘下一團漿液。

《飛蛾撲火》羅列了美國女工抗爭的歷史傳統，也深描了組織者和工人相互面對痛苦的過程，像臺灣工人運動組織者吳永毅的《左工二流誌》，要解決的難題是「人如何繼續運動」，黛西所欲之路線，如其後記言，她主張工人運動應由下往上，以關懷取代憤怒來驅動人，想望一隻蛾不靠外部因子，自身就能飛行向光。這條路線是否能通過檢證尚未可知，或只是理想，或只是象徵，但應可作為你我進入他人之痛苦時，面對殘酷之餘，有份溫暖的私存。

《飛蛾撲火》是一部漿液之書，也是一部修復之書，黛西終能在多年過後返身工人運動的集體隊伍，漿液得以修復為毛蟲，或可期盼，黛西下一部真正的「蛾」和「火」之書。同為組織者，更盼，眾生作繭千百度，皆終能化蛾開翅，讓嚙咬葉子的聲音，於焉響滿人間的樹林。

春山之巔 022

飛蛾撲火：兩個女人組織工會的故事
On the Line: A Story of Class, Solidarity, and Two Women's Epic Fight to Build a Union

作者　黛西．皮特金（Daisy Pitkin）
譯者　楊雅婷
總編輯　莊瑞琳
責任編輯　莊舒晴
行銷企畫　甘彩蓉
業務　尹子麟
封面設計　廖韡
內頁排版　張瑜卿
法律顧問　鵬耀法律事務所戴智權律師

出版　春山出版有限公司
地址　116臺北市文山區羅斯福路六段297號10樓
電話　(02) 2931-8171
傳真　(02) 8663-8233

總經銷　時報文化出版企業股份有限公司
地址　桃園市龜山區萬壽路二段351號
電話　(02) 2306-6842

製版　瑞豐電腦製版印刷股份有限公司
印刷　搖籃本文化事業有限公司
初版一刷　2023年7月
定價　480元

國家圖書館出版品預行編目（CIP）資料

飛蛾撲火：兩個女人組織工會的故事／黛西．皮特金（Daisy Pitkin）；楊雅婷
__初版．__臺北市：春山出版有限公司，2023.07
__面；14.8×21公分．__（春山之巔；22）
譯自：On the Line：A Story of Class, Solidarity,
and Two Women's Epic Fight to Build a Union
ISBN 978-626-7236-29-1（平裝）
1.CST: 工會 2.CST: 勞工組織 3.CST: 美國亞利桑那州
556.752　112007193

春山出版　填寫本書線上回函

EMAIL SpringHillPublishing@gmail.com
FACEBOOK www.facebook.com/springhillpublishing/

World as a Perspective

世界作為一種視野